SUSANNE VON LOESSL

IN JEDER ENTE STECKT EIN SCHWAN

SUSANNE VON LOESSL

IN JEDER ENTE STECKT EIN SCHWAN

ROMAN

HERBIG

Besuchen Sie uns im Internet unter
http://www.herbig.net

Umschlaggestaltung: Wolfgang Heinzel
Illustration: Silvia Christoph
Satz: Typographischer Betrieb
Walter Biering Hans Numberger
Gesetzt aus: 10,75/13 Punkt Minion
Druck und Binden:
Graphischer Großbetrieb Pößneck, GmbH
Printed in Germany
ISBN 3-7766-2140-0

Die Liebe ist die Köchin,
die am meisten anrichtet auf der Welt.

Nestroy

In dreams I walk with you … schmuste Chris de Burgh wohlig sanft aus dem Radio durch das Haus, über die Terrasse, in den Garten.

Sophie Bernbacher saß bei einem Kaffee nach dem Kaffee. Das war der Kaffee nach dem morgendlichen Familienchaos, genannt Frühstück.

»Wo sind die Autoschlüssel … Gibt's heute keinen Quark … Wieso ist die Butter steinhart, Telefon … Wo sind meine dunkelblauen Bermudas? Hat jemand die flache braune Tasche gesehen … Teeleefoon … An meinem Hemd fehlt der obere Knopf … Die Semmeln sind zäh … Nennst du das dunkelblau … Kann vielleicht mal einer das Telefon abheben … Ich brauche eine Unterschrift … Sieht so etwa eine flache braune Tasche aus, etwa … In der Ausfahrt liegt ein Fahrrad … Ein Fünfminutenei sollte fünf Minuten gekocht werden … Geht heute jemand zur Reinigung … O Gott, ich muß in zehn Minuten in der Klinik sein … Könnte einer deiner Söhne die Ausfahrt freimachen … Bitte …« Und so weiter und so weiter, bis einer nach dem anderen mit Ciao, Tschüs, Bussi das Haus verließ.

Die Ruhe danach fetzte einem nur so um die Ohren. Nervenzerreißende Stille. Unheimlich, aber nur für Nichtfamilienmitglieder – oder allenfalls Tante Edith.

Doch Sophie hatte ihren Kaffee nach dem Frühstück, den trank sie bei schönem Wetter auf der Terrasse. Allein!

Frühstück im Garten oder auf der Terrasse hatte sie kategorisch abgelehnt. Marmeladeverrückte Wespen *und* ihre Familie – das hielten selbst ihre Nerven nicht aus.

»I radl zur Reinigung, Frau Bernbacher«, verabschiedete sich Rosl Fischer, ihre Zugehfrau. »Pfüad Eahna.«

Auf dem Grundstück links schubberte sich ein asthmatischer Rasenmäher durch die morgendliche Stille, und weiter rechts kläfften Queene und Martha, die Pekinesen von Lilly Mayreder, und signalisierten: Bodensteiner, der Postbote, radelt an.

… in dreams I walk with you … in dreams I talk to you … in dreams you're mine …

Wohlig reckte Sophie die Arme in die Luft, strahlte hinauf zum weißblauen Bayernhimmel, erfreute sich an der üppigen Blütenpracht der Hängegeranien, die ihr aus den Blumenkästen unter den Gauben des oberen Stockwerks entgegenwucherten. »Pferdemist, nimm Pferdemist«, hatte ihre Mutter ihr geraten. Das Ergebnis sprach für sich. Manchmal haben Mütter eben doch recht. Sophie lächelte. Sie nahm die Tasse von der Untertasse, ergriff sie mit beiden Händen und schlenderte glücklich durch den morgendlichen Garten. Hier grünte und blühte es in diesem Jahr außerordentlich. Geschäftige Bienen und Falter summten und flatterten durch Beete und Blumenrabatten. Ein Bilderbuchmorgen.

Sophie Bernbacher, du bist eine sehr glückliche Frau, dachte sie. Dachte sie! Denn da läutete Bodensteiner, die Norne der Deutschen Post!

Er drückte Sophie mit den übrigen Sachen einen kleinen gelben Karton in die Hand. Nach kurzem Small talk wünschten sich beide einen guten Tag. Bodensteiner stieg wieder in die Eisen, Sophie schlenderte zurück ins Haus. Das Päckchen hatte sie unter den Arm geklemmt, während sie die Briefe durchfächerte; sie legte die Post auf die Konsole in der Diele, dann besah sie sich das Päckchen.

Absender: Grandhotel Esplanade, Berlin.

Was hatte der zerstreute Bernbacher diesmal liegengelassen? Was hatte er diesmal nach dem Kongreß, wahrscheinlich nach hektischem Aufbruch, vergessen? Bundesweit hatten Hotels Dr. Claus Bernbacher Liegengelassenes nachgeschickt. Sogar aus New York kam einmal ein hängengebliebener Cashmere-Blazer.

Sophie schüttelte leicht den Karton. Sie wollte ihn gerade zu der anderen Post auf die Konsole legen, da fiel ihr Blick auf die Adresse. Da stand: Frau Dr. Claus Bernbacher. Sie wollte ihn gerade zur Seite legen, da flimmerte ihr erneut *Frau Dr. Claus Bernbacher* entgegen. War es am Ende für sie? Ein Präsent der Hotelleitung? Baumkuchen? Pralinen?

Sophie ging durch das Wohnzimmer zum Schreibtisch, nahm die Papierschere, um das Päckchen, Faltkarton Größe S der Deutschen Post AG, zu öffnen.

Oben auf dem Seidenpapier lag ein Umschlag, Sophie ritschte ihn auf. Halblaut las sie:

»Sehr geehrte Frau Bernbacher … erlauben wir uns, beiliegende Fundsache aus Ihrer Suite …«

Suite? Sophie schüttelte verständnislos den Kopf.

»… nachzusenden. Wir würden uns freuen, Sie bald wieder … Mit vorzüglicher Hochachtung, Ihr Grandhotel …«

Suite? … Frau Bernbacher? …

Sophie entfernte das obere Seidenpapier. Abendschuhe. Abendschuhe? Seit wann trägt Claus Bernbacher Abendschuhe???

Sophie hielt einen perlenglitzernden Straßtraum in ihren Händen … Größe 37. Sie hatte 39 1/2.

»Fundsache aus Ihrer Suite …«, las sie erneut. »O Claus Bernbacher, du medizinischer Tagungsschuft! Größe siebenunddreißig. So eine Unverschämtheit!«

Sophie hielt in der einen Hand den Brief, in der anderen den hinreißenden Abendschuh und verstand die Welt nicht mehr. Gedanken von »Ich gehe geradeaus in den Swimmingpool und lasse mich langsam untergehen« bis »Ich klopfe dem Bernbacher die Pumps auf seinen bayerischen Schädel, daß Perlen und Pailletten fliegen« wechselten sich ab. Allerdings, der letzte Gedanke war der beste: Ich brauche dringend einen Schnaps.

Sophie stand vor den Flaschen. Womit sollte, konnte sie sich betäuben? Etwas gegen Vampire? Oder: Ich trinke Jägermeister, weil ... Oder Campari. Was sonst ... Kümmerling wäre passend, aber der war natürlich nicht im Haus. Cognac! Sophie, spinnst du, Cognac bei der Hitze ... Außerdem wollte sie einen Schnaps. Und der stand im Kühlschrank.

Das Telefon klingelte Sophie lautstark in die Gedanken. Je weniger sie versuchte hinzuhören, um so lauter klingelte es.

»Ja doch«, meldete sich die verantwortungsbewußte Sophie unwirsch, um dann zu seufzen:

»Tante Edith.«

»Ja, Frau Fischer hat es mir ausgerichtet, du hast vorhin schon angerufen ... Ich weiß ... Ja ... Wieso klinge ich komisch? Natürlich ist alles in Ordnung ... Kann ich dich gleich zurückrufen? ... Nein, ich kann jetzt nicht ... Ja, in fünf Minuten ... Ja, Tante Edith, bitte ... Bis gleich ... Ja, in fünf Minuten. JA!« Sophie drückte Edith aus der Leitung.

»Edith Bernbacher, andere Leute haben auch ein Schicksal«, sagte sie wütend und ließ sich in einen Sessel fallen. Erneut klingelte das Telefon.

»Ich habe gesagt, in fünf Minuten!« fauchte Sophie. »Weltweit sind fünf Minuten fünf Minuten oder dreihundert Sekunden. Und außerdem bin ich nicht der Familienpsychiater, den man rund um die Uhr konsultieren kann«, schnaubte sie weiter.

»Sophie, mein Herz, ich wollte dir nur sagen, ich fahre jetzt wieder raus zu euch. Brauchst du irgend etwas aus München?« Annina Bernbacher war leicht irritiert.

»Annina-Mamina, ich bin so durcheinander, 'tschuldigung.«

»Was ist los, Kind?« fragte Annina besorgt.

»Claus der ... Claus hat ... Claus war in Berlin«, stammelte Sophie.

»Ich weiß, Liebes, zur Tagung. Aber was ist passiert, Sophie?«

»Claus hat, ich glaube, ich weiß nicht, er hat eine Dings ... eine Affäre«, schnuffelte sie.

»Sophie, bitte bleib ganz ruhig. In einer Stunde bin ich da. Es ist doch nichts bewiesen.« Annina versuchte die verzweifelte Sophie zu beruhigen.

»Doch, ich habe einen funkelnden Beweis in Siebenunddreißig.«

»Sophie, Liebes, bitte trink einen Kamillentee, nein, besser trink einen Schnaps, ich bin so schnell ich kann bei dir, Bussi.«

»Mußt aber nicht rasen, Annina.«

Doch das hörte Annina schon nicht mehr. Sie machte schnell noch einen Kontrollgang durch die Wohnung – Fenster, Herd, Balkontür –, griff Tasche und Schlüssel im Vorbeigehen von der Kommode und war schon auf dem Weg zum Lift, der sie nonstop in die Tiefgarage brachte.

Schnell die Ray-Ban auf die Nase und das Kopftuch gegen den Fahrtwind umgeknotet, denn Annina fuhr überwiegend offen, fast zu jeder Jahreszeit. Sämtliche Familienmitglieder hatten sich in ihrem offenen BMW schon rauhe Hälse und schwiemelige Augen geholt und verweigerten mehr oder weniger diplomatisch – es sei denn, es war absolut unumgänglich – die Mitfahrgelegenheit.

Mit quietschenden Reifen startete Annina aus der Garageneinfahrt. Sie wollte noch schnell frisches Gemüse auf dem Viktualienmarkt einkaufen.

Verkehrswidrig parkte sie halb auf dem Bürgersteig. Die Einkäufe waren schnell getätigt, Gemüse, Obst, Eier und Blumen verstaut, Formel-1-Start, und los ging's Richtung Starnberg.

Das Telefon im Hause Bernbacher läutete erneut.

»Ja, Nina ...«, meldete sich Sophie.

»Was heißt hier: ja, Nina? Und wieso ist bei dir laufend besetzt?« belferte Tante Edith, der Familiengeneral.

»Ist denn etwas Wichtiges passiert?« fragte Sophie höflich, aber völlig desinteressiert.

»Na, hör mal!« empörte sich Tante Edith mit leichtem Hintergrunddonnergrollen in der Stimme. »Das fragst du mich?«

Edith holte für mindestens eine Viertelstunde Luft und übergoß die arme Sophie mit ihrer Jammersuada über das Wetter, das gestrige Fernsehprogramm, ihren verlorengegangenen Briefkastenschlüssel – »Mit der Petits-fours-Zange mußte ich nach der Post angeln.« – und jammerte über ihren schlechten Blutdruck: »Wartet nur, es kommt der Tag, da liege ich irgendwo tot im Koma herum, und ihr guckt, jawohl!«

So walzerte sie sich weiter durch Belanglosigkeiten.

Energisch klopfte Sophie verbal gegen die Klagemauer.

»Bitte, Tante Edith, was ist so wichtig, daß du mich dringend sprechen mußt?«

»Na, hör mal, Sophie. Ich berichte dir, und du fragst, was es Wichtiges gibt? Ich fasse es nicht. Hörst du mir überhaupt zu? Niemand hört mir zu, seit mein Alwin – Gott sei seiner Asche gnädig – verblichen ist, mich allein in dieser schnöden Welt, nach glücklicher, einfühlsamer, hormonischer Ehe gelassen hat.«

Geziert schickte sie einen quiekenden Ausatmer nach. »Niemand.«

Dann holte sie erneut Luft, um weitere Strophen Katastrophen einer reichen, verwöhnten, nökeligen, aber gesunden älteren Dame herunterzubeten.

Sophies Blick fiel auf die Glitzerpumps, auf denen die Sonnenstrahlen tanzten. Auch das noch! Alles in ihr krampfte sich zusammen, Tränen stiegen ihr in die Augen.

Mit gekonntem Schwung zog sie mit der freien Hand das Telefonkabel aus der Wand. In der einen Hand das Kabel, in der anderen das Telefon – so saß Sophie noch, als Annina tütenbeladen ins Haus kam.

»Sophie, Sophie.« Annina stellte die Tüten ab, Zwiebeln, Tomaten, Äpfel kullerten hinter ihr her, als sie zu Sophie eilte.

»Sophie, was ist denn?« fragte sie zärtlich.

»Ach, Annina ... Ich glaube, es ist furchtbar.« Sophie ließ den Telefonhörer fallen und verkroch sich in die ausgebreiteten Arme von Annina Luise Bernbacher, geborene Cronshagen-Walderstatt.

*

Florian Bernbacher hatte damals bei der Einschulung auf die Feststellung seiner Klassenlehrerin: »Das dort drüben sind sicherlich deine Großeltern« geantwortet:

»Ja, eigentlich schon. Uneigentlich aber nicht, denn sie ist eine zugelaufene Verwandte, die meinem Großvater alles gemacht hat. Ihr Sohn ist unser Onkel, verstehen Sie, aber mein Vater ist nicht ganz ihr Sohn, aber Opa hat das gemacht, daß alle das glauben oder denken.« Treuherzig sah er sie aus himmelblauen Augen an.

»Ja, unser Vater ist ihr Sohn. Flo hat recht«, senfte Bastian dazu. »Papi nennt sie ja auch Mamina.« Er grinste. »Tun wir alle.«

»Wir wollen uns setzen, alle miteinander setzen«, sagte die Lehrerin Birte Bieglhauser leicht verwirrt, lächelte schief und unbeholfen und drückte Mittel- und Zeigefinger an ihre Schläfen. Da schien ihr noch einiges bevorzustehen, nicht nur, daß Bastian und Florian Bernbacher eineiige Zwillinge waren, nein, da lag noch mehr Verwicklung in der Luft, so etwas spürte sie.

Dabei war die Aussage von Bastian und Florian Bernbacher absolut korrekt.

Annina hatte in der Tat alles für Ludwig Bernbacher gemacht. Unter anderem seinen damals fast dreijährigen Sohn

Claus großgezogen. Ludwig Bernbacher hatte seine Frau Elena durch einen Unfall verloren. Bei einem gemeinsamen Ausritt an einem nebligen Herbstmorgen war Elena Bernbacher vom Pferd gestürzt. Claus war noch keine zwei Jahre alt.

Ludwig Bernbacher besaß eine kleine Brauerei in Schaernlach an der Donau, unweit von Straubing. Ein properes, schönes Anwesen. Eine Allee, gesäumt von alten Kastanienbäumen, führte zum Hauptgebäude der Brauerei. Malerisch umwucherte wilder Wein das Haus aus gelbem Sandstein. Durch riesige Glasfenster glänzten die kupfernen Braukessel, und in der Luft hing der Duft von Maische und Hopfen.

Links führte ein Kiesweg zum kleinen, aber sehr feinen Restaurant der Bernbacher-Brauerei und natürlich zum Biergarten, der zu jeder echt bayerischen Brauerei gehört. Eine uralte, dicke Kastanie spendete Schatten. Der Biergarten erstreckte sich aber noch weiter, bis hinunter zum hauseigenen Bootssteg, an dem die beiden kleinen Boote der Bernbacher-Brauerei in der Donau dümpelten.

Das einstöckige Privathaus lag versteckt hinter einer Hecke aus dicken Rhododendronbüschen. Dort zog 1960 mit Baby Lars und Sack und Pack Annina Meyer geborene Cronshagen-Walderstatt in den ersten Stock.

⁂

An einem graupeligen, grauen Tag Anfang Dezember 1957 heiratete Annina aus Liebe, aber – mit Ausnahme von Tante Hetty – gegen den Willen der Familie Cronshagen-Walderstatt Gottfried Johann-Jacob Meyer, Fischgroßhändler aus Hamburg. Hummer-Meyer! Das war ein Begriff, weit über die Grenzen Hamburgs hinaus.

Kennengelernt hatten sich Annina und Gottfried beim Silvesterball 1955 auf 1956 im Atlantic-Hotel in Hamburg.

Auf beiden Seiten war es Liebe auf den ersten Blick. Sie wußten, sie gehörten zusammen! Jetzt und in alle Ewigkeit.

Gottfried stand in Flammen, und gleich in der ersten Januarwoche brachte er seine bildhübsche Annina zum Fünfuhrtee in die elterliche Villa nach Othmarschen. Sie wurde mit großer Herzlichkeit in die Familie aufgenommen, eine Herzlichkeit, die sie in der Cronshagen-Walderstatt-Familie, außer bei Tante Hetty, nie gespürt hatte.

Eine angehende Frau Doktor ist Gottfrieds Zukünftige! Stolz hatte Frau Luise Meyer es die Hamburg-Othmarscher Waitzstraße rauf und runter erzählt.

»Fräulein Annina Luise, sie heißt Luise wie ich, ach, ist das aufregend, also Fräulein Annina Luise Cronshagen-Walderstatt kommt aus Bayern, aber sie ist bildhübsch.« Sie nickte glücklich. »Und aus gutem Hause!« setzte sie noch hinterher. Das ist bei einer hanseatischen Eheschließung vergleichbar mit fünf Kochmützen.

Nur stieß in der Cronshagen-Walderstatt-Sippe, Feine Tuchspinnerei seit 1789, Hummer-Meyer auf Widerstände mit Kette und Schuß.

Trotzdem setzte Annina durch, ihren Gottfried Anfang Februar anreisen zu lassen, um ihn der Familie vorzustellen.

Gottfried kam, sah … und siegte nicht.

Gottfried Meyer (!), Fischhändler (!) aus Hamburg, der dazu noch wie Hägar der Wikinger aussah, der soeben aus der Rah seiner Galeere geklettert zu sein schien, das war zuviel für den in Vorurteilen badenden Cronshagen-Walderstatt-Clan.

Anninas Mutter Felicitas legte sich prompt noch am selben Abend für die nächsten drei Tage mit schwerer, nein: schwerster Migräne in die Stickereikissen ihres Mahagonibettes.

Die Familie war gegen die Verbindung Gottfried – Annina. Warum? Hauptsache dagegen! Besonders Anninas Schwestern, aber das war verständlich. Nur Tante Hetty hat Anninas Partei ergriffen und hielt, im Alter von stattlichen neunundsiebzig Jahren, eine flammende Rede auf die Liebe.

Oh, Tante Hetty wußte, wovon sie sprach, und manchmal sprach sie davon …

1904 oder 1905 weilte Tante Hetty – damals pflegte man »weilte« zu sagen – mit Mama und Großmama im Adlon in Berlin. Sie wollten die Verlobung von Tochter beziehungsweise Enkeltochter Henriette Cronshagen-Walderstatt mit Dozent Josko von Wallerstaller im Detail mit seinen Eltern besprechen.

Tante Hetty stand unter dem Baldachin auf dem roten Teppich vor dem Adlon und wartete auf Mama und Großmama, als der Kaiser, begleitet von einer Eskorte, hoch zu Roß vorüberritt.

Da stand die gertenschlanke Hetty, gehüllt in ein Tailleur aus cremefarbener Seide, auf dem Kopf einen wagenradgroßen Florentinerstrohhut, üppig garniert mit Bändern, Seidenrosen und Schleifen, alles Ton in Ton. Und Hettys Gesicht war wie das Gesicht eines Raffaelschen Engels aus feinstem Meissner Porzellan.

Der Kaiser lächelte und grüßte mit einem angedeuteten Nicken. Beider Augen trafen sich für den Bruchteil einer Sekunde, einer Ewigkeit.

Hetty, ein Traum auf rotem Velours. Da mußte selbst ein Kaiser spüren, daß er nicht nur Kaiser ist …

Leider hat Tante Hetty sich von des Kaisers Blick nie mehr erholt und blieb fortan Fräulein Henriette Cronshagen-Walderstatt. »Mir hat der Kaiser zugelächelt, Mama, Großmama, das ist nicht durch das Lächeln des Dozenten Wallerstaller auszugleichen. Ich will ihn bitte nicht heiraten.«

Wohl oder übel waren sie abgereist, aber Tante Hetty trug den Kaiser im Herzen.

Hetty schrieb die nächsten Wochen und Monate Prosa in lindgrüne Moiréalben, gab Nichten und Neffen Unterricht in Französisch, spielte stundenlang Klavier, malte Aquarelle, kümmerte sich um die Belange des Hauses, um eines Tages, von heute auf morgen, ihren Vater Konsul Edmund Cronshagen-Walderstatt um einen Platz in der Bambergschen Tuchspinnerei zu bitten.

Dort war sie schon nach kurzer Einführungsphase nicht mehr wegzudenken. Noch heute, im Alter von neunundsiebzig Jahren, ließ sie sich zwei-, dreimal die Woche in die Fabrik fahren.

Doch jetzt ging es um Annina.

Nachdem die Wellen hochgegangen waren, erhob sich Tante Hetty. »Abschließend möchte ich euch sagen, legt dem Kind keine Steine in den Lebensweg. Und im übrigen sind alle Wikinger rotblond, meine Lieben. Und ich frage euch, was sollen sie bei soviel Wasser tun?«

Sie sah in die Runde. »Na fischen. Und wenn es nach Hummer ist.« Sie zuckte mit den Schultern und schüttelte den Kopf über die Verständnislosigkeit der Cronshagen-Walderstatt-Sippe.

»Die werden doch gezwungen, mit Fisch zu handeln«, fuhr sie fort. »Und Hummer-Meyer, liebe Felicitas«, sie sah Anninas Mutter spöttisch an, »ist doch akzeptabel und hat, wie soll ich sagen, etwas Frisches, stimmt's? ... Oh, ich weiß, ich ahne, euch schwebt die große Fusion mit Hans Herbert Fuchs, Betten und Möbel bundesweit, vor. Da hat euch das Kind nun einen Strich durch die Betten gemacht ...«

Felicitas seufzte erschrocken auf und schloß die Augen.

»Nein, nein, Felicitas, laß das Theater!« Hetty griff das Glas mit ihrem nachmittäglichen Brandy und leerte es mit kühnem Schwung. Aus einem Silberetui nahm sie ein feines, dünnes Zigarillo. Obgleich Anninas Bruder Konstantin bis eben wie versteinert in seinem Sessel verharrt hatte, sprang er auf, um Hetty Feuer zu reichen.

»Danke.« Hetty blies eine bläuliche Wolke in die Luft. Sie sah sich die Inquisitionsrunde hinter ihren Teetassen an und hob leicht die Augenbrauen. Das ist also meine Familie, oh, oh. Die verlangen ja richtig nach einer Breitseite, dachte sie. Nun gut. Laut sagte sie:

»Wenn euch Hummer-Meyer stört, mich stört Betten-Fuchs weitaus mehr. Was meinst du dazu, liebe Felicitas?« fragte sie honigsüß. Mit der freien Hand griff sie sich Kater Paulus und schob ihn unter den Arm, in der anderen die Zigarre haltend, schritt sie aufrecht zur Flügeltür. Um sie öffnen zu können, klemmte sie die Zigarre kurz zwischen die Zähne.

In der Tür drehte sie sich noch einmal kurz um.

»Meine Lieben, sollten euch Gottfrieds zimtrote Locken, die hinreißenden Sommersprossen und die stattliche Größe von einsneunzig stören, sei euch gesagt: In jeder Ente steckt ein Schwan. Guten Tag.« Damit schloß sie die Tür, beleidigte Verständnislosigkeit zurücklassend.

»Wir können doch nicht gemeinsam in die Regnitz springen, nur weil deine Familie so verschraubt ist!« Wütend warf Gottfried Steine von der Brücke, die bis zum gegenüberliegenden Schlachthaus flogen. Zornig war er.

»Müssen wir auch nicht«, sagte Annina zärtlich. »Morgen fahren wir gemeinsam nach Hamburg, da sind wir hergekommen, und da gehören wir auch hin. Meine Familie hat mich bis jetzt gehabt. Jetzt bist du dran. Ich freue mich auf unser gemeinsames Leben ... Gottfried Hummer-Meyer, ich liebe dich.«

Anninas Medizinstudium war abgeschlossen, vorklinisches und klinisches Semester lagen hinter, ihre Assistenzzeit von zwei Jahren vor ihr. Was sollte sie tun? Sie entschied sich für ihren Gottfried Meyer, und das war gut so.

Tante Hetty war als einzige der Cronshagen-Walderstatt-Sippe zur Hochzeit angereist, trotz Wind und Wetter.

Was sind neunundsiebzig Jahre, wenn man jung denkt und fühlt.

Nicht einmal Anninas Schwestern und Bruder Konstantin waren gekommen, von dem übrigen Clan ganz zu schweigen. War das nun feige oder falsch verstandene Familiensolidarität?

1957 war es eine ganz große Ausnahme, gegen den Willen des Elternhauses einen solchen Schritt zu tun. Das Wort emanzipiert gab es zu dem Zeitpunkt noch nicht im täglichen Sprachgebrauch. Es war der mutige Schritt einer liebenden Frau, sagten die einen, skandalös, die anderen. Tante Hetty sagte »Pööh« und lachte. »Meine Großnichte hat viel von mir. Und das ist gut so!«

Sie ergriff ihr Glas. »Alles Glück der Welt für euch, Kinder.«

Die junge Frau Doktor Annina Meyer verzichtete auch weiterhin vorläufig auf ihre Zeit als Assistenzärztin im Krankenhaus. Sie wollte nur Frau Gottfried Meyer sein. Hinzu kam, daß sie mit der Einrichtung und dem Umbau ihrer geräumigen Wohnung in Altona beschäftigt war. Die Wohnung lag in der Palmaille mit Blick auf die Elbe, und Gottfried konnte zu Fuß den Hang hinunterlaufen und war in der Firma am Elbkai, dort, wo täglich kleine und große Kutter anlegten oder auch schon mal dicke Pötte aus aller Herren Länder festmachten, wie es in der Schippersprache heißt.

Große Hallen und Fischauktionshäuser säumten die Altonaer Uferzone mir ihren offenen Kaianlagen. Ging man die Große Elbstraße weiter nach rechts, über die Bahngeleise, die in einen kleinen Eisenbahntunnel führten, durch welche die kleine Dampflock täglich schnaubend ihre Fracht von den Schiffen direkt zum Altonaer Bahnhof beförderte, kam man vorbei an der Seefahrtsschule, wo Schiffsoffiziere ihrem Patent als Kapitän entgegenbüffelten. Ging man weiter durch den Elbpark mit seinen versteckten Wassergrotten, vorbei an den Jahrhundertbuchen bis runter zum riesigen Hamburger Kühlhaus, kam man in das beschauliche Övelgönne mit seinen alten Lotsen- und Kapitänshäusern, die sich an der Uferpromenade bis hin zur Himmelsleiter erstreckten.

An den meist blauweiß gestrichenen Eingangstüren blitzten überwiegend hochglanzpolierte Türgriffe – meistens handelte es sich um dicke Messingknäufe. Auch die Namensschilder, ebenfalls aus Messing, waren spiegelblank gewienert, zwölf Monat im Jahr. Die rosa oder roten Alpenveilchen in den Friesentöpfen, gut sichtbar, weil die Stickereigardinen knapp zehn Zentimeter über den Blüten endeten, blühten ebenfalls zwölf Monate im Jahr, ohne gelbe Blätter. Beschauliches, properes hanseatisches Puppenstubenambiente.

Ging man in die andere Richtung, nach links, kam man vorbei bei den Segelmachern, Kompaßfabrikanten, Schiffsausrüstern, Kessel- und Ankerschmieden. Ging man noch weiter in Richtung Innenstadt, kam man am ersten Body-Building-Studio vorbei, in dem an kalten Wintertagen noch zusätzlich zum schweißtreibenden Hanteln- und Gewichtestemmen ein Kanonenofen bullerte. In dieser Muckibude stählten sich die Jungens von der nahe gelegenen Reeperbahn, um so ihren Mädels zu imponieren oder sie besser beschützen zu können.

Ging man noch weiter, vorbei an den Landungsbrücken, waren da die Handelskontore, Schiffsmakler, Assekuranten, kleine Gasthäuser, die einen preiswerten Mittagstisch anboten, und so weiter und so weiter, und über allem hing der Duft von Wasser, Teer, Scholle, Hering, Bratkartoffeln und großer weiter Welt.

Annina liebte die Elbspaziergänge mit ihrem Gottfried, mal die Tour rechts, mal links, um dann in einem der behaglichen Gasthäuser am Övelgönner Ufer, je nach Tageszeit zu konditern, wie die Hamburger zu Kaffee und Kuchen sagen, oder mit Blick auf die Elbe und die vorbeiziehenden Schiffe zu Abend zu essen. Mit einsetzender Dämmerung leuchteten die Positionslichter und -lampen der Schiffe. Wenn man viel Glück hatte, kehrte an solchen Abenden auch schon einmal eines der großen Segelschulschiffe zurück.

»Hab' ich alles für dich geordert und arrangiert, Annina«, sagte dann Gottfried, über das ganze Gesicht strahlend.

Herr Harmsen, der alte Kellner vom Gasthaus Zum Bäcker, freute sich jedesmal, wenn *seine* Meyers kamen. »Der Jung (er meinte Gottfried) is' verliebt wie Peter in'n grünen Kees'.«

Ja, so war es, beide über beide Ohren.

Anninas Leben war schön. Ende Februar meldete sich Lars an. Der überglückliche Gottfried trug seine Annina auf Händen durch einen wunderschönen Sommer.

Segeln war Gottfrieds Passion. Bis Juli nahm Annina noch teil, wenn es auf die Alster oder Elbe ging mit den Geschwistern von Gottfried und gemeinsamen Freunden. Sogar Schwiegervater Johann-Jacob ließ es sich nicht nehmen, ab und zu dabeizusein. Schwiegermutter Luise blieb am sicheren Ufer und erwartete die Segler mit gutgefülltem Picknickkorb. Ab Juli saß Annina auch lieber am Ufer. »Eine Landschildkröte ist keine Wasserratte.«

Tante Hetty hatte ihren Besuch für September angekündigt. Sie wollte sich Gründgens' Faust-Inszenierung im Schauspielhaus ansehen, und natürlich Gustaf Gründgens als Mephisto, Quadflieg als Faust und Antje Weisgerber als Gretchen.

Alle Welt sprach über das Theaterereignis, und natürlich – welch ein Skandal – die Walpurgisnacht mit Rock 'n' Roll …

Tante Hetty gab nichts auf Kritiken.

»Mich interessiert nicht anderer Leute Meinung, ich mache mir grundsätzlich meine eigene«, sagte sie und plante Hamburg ein. Das kleine Extra, das der Tante-Hetty-Besuch mitbrachte, war, daß Gottfried seine Annina gut aufgehoben wußte und an der Hochseeregatta um Helgoland teilnehmen konnte, ohne das Gefühl zu haben, Annina ein langes Wochenende allein zu lassen.

Tante Hetty wurde am Sonntag vormittag gegen elf Uhr von Chauffeur Brockmann wieder abgeholt, Gottfried wollte am Sonntag abend zurück bei Annina sein.

Er kam nie wieder … Ein plötzlich aufkommendes Unwetter tobte sich mit schweren Böen über der Nordsee und dem gesamten Küstengebiet aus. Gottfried, sein Bruder Claas sowie Hinrich und Jens Nielsen waren mitten im Unwettergebiet. Mit viel seglerischem Geschick waren sie einigermaßen Herr der Lage, doch dann verklemmte sich das Ruder.

Gottfried stieg in die Kajüte runter, um Werkzeug zu holen, als eine Böe das Schiff längsseits erfaßte und seitlich auf das Wasser drückte. Die Tür der Kajüte schlug zu. Die nächste harte Böe drückte das Schiff nach unten, so daß es kieloben in den Wellen trieb. Durch den Druck ließ sich die Kajütentür nicht mehr öffnen. Claas und die beiden Nielsens haben trotz Sturm und der meterhohen Wellen nichts unversucht gelassen, Gottfried zu befreien.

Er war chancenlos … Annina … Annina.

Spät in der Nacht hat die alarmierte Küstenwache Claas, Jens und Hinrich gefunden …

Noch in derselben Nacht meldete sich Lars, drei Wochen zu früh.

»Herzlichen Glückwunsch, junge Frau, och nee, was is' das fürn Schnuckel, nu gucken Sie mal bloß, was Sie für'n süßen, strammen, hummerroten Jung auf die Welt gebracht haben. Da wird sich der Papa aber freuen, was?« Die Hebamme legte Annina das Baby auf den Bauch.

»Bestimmt«, sagte Annina leise, und die Tränen tropften Klein-Lars auf die ausgestreckten, haltsuchenden Händchen.

⁂

Annina hatte ihr Leben immer gemeistert, auch die größten Schwierigkeiten. Was sind da Glitzerlatschen in Größe siebenunddreißig? Lächerlich.

»Das sind die Dinger?« Annina hob mit spitzen Fingern einen der Schuhe am Seidenband in die Höhe und ließ ihn in der Luft pendeln.

»Die waren nicht billig, Manolo Blahnik«, las sie anerkennend das Schild auf der goldenen Innensohle. »Sag, was du willst, Sophie, die Treter sind zauberhaft.«

»Annina, bitte.« Gequält sah Sophie Annina an.

»Tschuldigung ... Was dich am meisten wurmt, ist doch die Größe. Siebenunddreißig, da assoziiert man gleich zierlich, blond, jung – nein, ganz jung. Mhm, ich kann mir denken, was du denkst ... Doch glaub mir, mein Herz, die Welt dreht sich weiter, ob nun mit oder ohne Schuhe in Größe siebenunddreißig. Doch nun stellen wir sie weg.«

Annina wickelte die Glitzerdinger ein und klappte den Karton zu.

»Wir gehen in den Garten, genießen die Sonne und machen etwas Voodoo.« Sie lachte. »Dem Bernbacher werden wir einheizen!«

Sie nahm Sophie das Telefon vom Schoß und steckte das lose Kabel in die Wand.

»Und für die anderen sind wir auch wieder da, Sopherl, gell?« Sie griff Sophie unter das Kinn. »Im übrigen wissen wir noch gar nichts. Also, wo gehören die Mundwinkel hin?«

»Nach oben.« Sophie lächelte zaghaft.

»Genau.« Annina küßte Sophie auf die Nasenspitze. Dann sammelte sie herausgekullerte Zwiebeln, Tomaten und Äpfel wieder ein. Sie nahm den Blumenstrauß, den sie beim Hineingehen auf die Konsole gelegt hatte. »Fang, die sind für dich!«

»Rote Rosen?« Sophie staunte ungläubig. »Und so viele?«

»Jaha, wir wollen doch dem Bernbacher einheizen. Womit geht es besser als mit einem dicken Rosenstrauß? ... Wart nur ab. Großer Strauß, große Wirkung. Sag ja nicht, daß ich sie vom Viktualienmarkt mitgebracht habe!« Lachend verschwand Annina Richtung Küche.

»Kaffee oder was Härteres?« rief sie. »Tante Hetty sagte immer, Krisensituationen und Brandy gehören zusammen. Je größer die Krise, desto doppelter der Brandy. Also, was willst du?«

»Kaffee mit Brandy!« rief Sophie zurück.

Ein Auto ratterte im falschen Gang die Einfahrt hinauf. Ein Unglück kommt selten allein, Tante Edith im Anflug! Ihr Besen war ein alter Alfa Romeo.

»Der ist noch von meinem allerwertesten Alwin«, betonte sie immer wieder. Den durfte auch niemand sonst fahren, außer Schachtner von der Werkstatt.

Der Alfa war Tante Ediths Reliquie, da kam es vor, daß sie schon mal frischen Schnee mit ihrem Cashmereschal hinunterfegte oder Regentropfen wegtupfte.

Der Alfa hatte fast dreißig Jahre auf dem Blech, aber trotz Ediths Fahrkünsten einen eisernen Überlebenswillen. Heiser wie ein Provinztenor krächzte die Hupe im Dauerton, signalisierte: Ich, Edith Bernbacher, erwarte das Empfangskomitee.

»Die spinnt, irgendwann nagle ich sie an die Wand!« Wütend ging Sophie zur Haustür.

»Hört mich denn keiner, seit zehn Minuten hupe ich!«

»Warum?« fragten Annina und Sophie gleichzeitig.

»Weil wie, weil eh, na weil ich da bin.«

»Wie schön«, sagten beide wieder gleichzeitig. Doppelte Freude?

»Euer Telefon ist kaputt, ich bin extra hier, um es euch zu sagen. Seit über einer Stunde ist es ohne Frequenz. Tot, einfach tot.«

»Willst du nicht hereinkommen, Edith, oder wolltest du nur Bescheid geben?« Anninas Augen funkelten listig.

»Natürlich will ich reinkommen. Glaubt ihr, ich mache die Tour nur so? Mein Puls rast, ich benötige ein Aspirin und ein Glas Wasser, aber nicht aus der Leitung.«

Inzwischen war sie ausgestiegen.

Saison in Salzburg in apricotfarbenem Seidentaft, oh, oh, Tante Edith!

Tante Edith sah grundsätzlich so aus, als ob sie aus der Operette direkt in den Alltag geplumpst wäre. Hier ein Schleifchen, dort ein Rüscherl, ein Pompon oder ähnlich modische Kinkerlitzchen mehr.

Mit kleinen Trippelschritten in passend apricotfarbenen Seidenpumps stakelte sie zum Haus.

»Du hast deine Springmaus vergessen!« Annina nahm die Handvoll Hund und drückte sie Edith in den seidenen Puffärmel.

»Da kann man mal sehen«, meinte sie seufzend, »oh, ich verzage ... einen Stuhl ... einen Stuhl und Wasser.« Erneut quetschte sie einen Seufzer raus, dann schnupperte sie in die Luft. »Brüht ihr Kaffee? Dann nehme ich auch einen, bevor ich in Ohnmacht falle und verzage ...«

Sie schnaufte hörbar aus und ließ sich auf einen Sessel gleiten, schloß die Augen und legte den Handrücken an die Stirn.

»Aber keinen Zucker!« kommandierte sie und schnellte aus der schrägen Hanglage, in der sie eben noch verhauchen wollte. »Keinen Zucker, da sind mir zu viele Krinolinen drin!«

Sie sagte tatsächlich und wahrhaftig Krinolinen und meinte es auch so, Edith Bernbacher hatte ihre sprachlichen Eigenarten und ein völlig gestörtes Verhältnis zu Fremdwörtern. Bastian hatte vor kurzem zu seinem Bruder Flo gesagt: »Die ist doof wie drei Eier.«

Kindermund ...

Für Tante Edith außer Haus benötigte man ein gerüttelt Maß an Selbstbewußtsein, denn hinzu kam, die zarte Edith hatte zusätzlich noch zwei bis drei Phon zuviel in der Stimme. Es sei denn, sie »verzagte« und spielte flüsternd, verhauchend Marguerite Gaultier, die Kameliendame. La Traviata Editha.

»Sarah Bernhardt aus Ennepetal«, hatte Schwager Ludwig sie einmal betitelt, und diesen Namen wurde sie nie wieder los.

Ludwigs Bruder, Alwin Bernbacher, hatte die entzückende, bezaubernde Editha Casserelli, Soubrette an der Landesbühne Detmold, auf der Durchreise kennengelernt. Es war ein *coup de foudre*, eine Liebe auf den ersten Blick bei westfälischem Schinken und Sauerbraten in der Scheune in Bad Meinberg.

In der Tat, sie war entzückend anzusehen, aber da waren auch noch die »drei Eier«; doch die waren Alwin zeit seines Lebens nie aufgefallen, und die anderen ging es nichts an. Die Liebe hat eigene Gesetze, außerdem verwischen rosa Brillen, verliebte Weichzeichner und ähnliches mehr den Blick für die banalen Realitäten.

Alwin der Glückliche ist bis zu seinem Lebensende nie mehr aus dieser Trance erwacht. Editha Casserelli, Alwins Traum!

Editha Casserelli geborene Edith Kasulke aus Ennepetal wurde schon nach relativ kurzer Verlobungszeit Frau Edith Bernbacher, Frau des Alwin Bernbacher, Holzverarbeitende Werkstätten, Starnberg.

Kinder? Um Gottes willen. Der damit verbundene Lärm, die durchwachten Nächte und alles was dazugehört – und dazu gehörte die Erhaltung der schlanken Taille. Edith wollte nur für ihren Alwin da sein, Alwin nur für seine Edith. Lediglich ein paar Hunde hechelten mit ihnen durchs Leben. Der maunzende, schnurrende Bernbacher akzeptierte alles, was seine Edith bestimmte.

Die Verwandtschaft schüttelte die Köpfe oder tippte sich voll des Mitleids an die Stirn. Jedenfalls die eine Hälfte, die andere war toleranter. Da herrschte die Meinung vor: Es ist Alwins Leben, mischt euch da nicht ein! Zudem kann sie hinreißend singen und kochen(!).

»Wohl auch«, hatte Bruder Ludwig einmal geäußert. Was immer er auch gemeint haben mag ... Die Ehe der beiden war rundherum glücklich.

Mit dem Ableben von Alwin fiel Edith der Familie in Schoß und Alltag. Überwiegend hatte Sophie die strapaziöse Soubrette am Hals.

»Die einen spenden fürs Rote Kreuz, ich hab' Edith«, lautete Sophies Parole. Doch manchmal würde sie lieber spenden.

»Habt ihr Wasser für Toulouse? Seht ihr nicht, wie das arme Tier verdurstet, seht ihr das nicht?« jammerte Edith laut und vorwurfsvoll, während sie wie weiland Dornröschen langsames Erwachen spielte. Sie preßte die Handfläche ihrer linken Hand gegen die Stirn, die Finger waren abgespreizt wie bei der Meditationsübung »Findedich ichsuchdichnicht, Teil eins«.

Die Mittagssonne verfing sich in den Brillanten ihrer vielen Finger – nach dem Schmuck zu urteilen, hatte sie mindestens an jeder Hand zehn – und glitzerte durch die Straßkämmchen in ihren Haaren.

Edith seufzte laut auf, ihre Augen waren geschlossen, verständnislos schüttelte sie den Kopf, nicht zu stark, dann wäre ihre Frisur in Mitleidenschaft gezogen worden. Leiden ja, aber bitte in Schönheit: Tante Edith oder Ein Schicksal an und für sich!

»Hat Toulouse jetzt Wasser?« Edith öffnete ein Auge.

»Säuft er aus Meissen, oder tut es ein Blumenuntersetzer auch?« fragte Sophie leicht gereizt.

»Im Auto ist ein Silberschälchen, in einem grünen Samtbeutelchen im Handschuhfach«, hauchte Edith so leise, als ob es ihre letzten Worte wären.

In Sophies Rücken trompetete sie mit doppelter Zarah-Leander-Stimme: »Was ist nun? Bekomme ich hier nun Kaffee oder nicht?«

Erschöpft fiel Sophie in der Küche auf den nächsten Hocker. Annina lachte. »Hol den Hammer, wir nageln sie gemeinsam an die Wand.«

Dann ging sie zu Edith, stellte ihr den Kaffee hin, griff sich Toulouse und setzte ihn in den Garten. Der war froh, in Freiheit zu sein, froh, der Moschuswolke, die sein Frauchen verströmte, zu entkommen. Ausgelassen hechtete er durch die Büsche, begleitet vom leisen Geklingel seiner Halsbandglöckchen.

Zwischendurch soff er etwas Wasserlache, die langsam in der Sonne vor dem Pool verdampfte, Reste des morgendlichen Bades von Claus Bernbacher. Claus hatte Free-Willy-Manieren, draußen ging es ja, aber drinnen sah es jedesmal so aus, als ob Hurrikan Mathilde durch das Badezimmer gefegt sei.

Selbst wenn Claus hinter dem sicheren Glas der Duschverkleidung stand, schaffte er es jedesmal, zumindest die obere Ablage und die erste Reihe der Reservebadewäsche unter Wasser zu setzen. Sophie war daher sehr froh, wenn er seine morgendlichen Badezimmeraktivitäten mit Beginn des Frühjahrs nach draußen zu Gartendusche und Pool verlegte. Bis zum Mittag waren dort die Reste seines morgendlichen Wake-ups verdampft, getrocknet und verflogen.

Drinnen war es etwas anderes, aber wenn Claus Sophie in weißem Frottee mit feuchten Haaren und frischem Gesicht am Frühstückstisch gegenübersaß, ließ er Niederschläge und hinterlassene Verwüstungen im Bad vorübergehend vergessen.

Claus lächelte Sophie an, und alles andere rutschte in die zweite Reihe, bis er aus dem Haus war. Aber dann: Sophie schimpfte sich rutschend und glitschend über den Bernbacher, diesen Saukerl, durchs Bad.

Frau Fischer bot täglich aufs neue an: »Ich mach's scho'.« Worauf Sophie antwortete: »Wehe, das ist viel zu gefährlich, und ich kenne mich mit den hinterlassenen Pfützen aus.«

Dann trösteten sie sich gegenseitig damit, daß irgendwann wieder Frühling wäre.

Tante Edith wollte zurück.

»Ich habe noch diverse Kommilitonen zu erledigen. So ein Vormittag rennt einem nur so durch die Hände.«

Oh, Edith!

Sophie holte Toulouse aus dem Garten.

»Wo ist die Schleife?« donnerte die zarte Edith.

»Welche Schleife?«

»Siehst du so etwas nicht, Sophie? Toulouse hatte eine Apricotseidenschleife im Haar, passend zu meinem Kleid«, maulte sie beleidigt.

»Mein Gott, Edith, er ist ein Hund. Kommissar Rex trägt auch keine Schleife.« Kopfschüttelnd räumte Annina Ediths Tasse weg.

»Ich bitte dich, Annina, hast du jemals einen Schäferhund mit Schleife gesehen? Also wirklich, tzz.« Edith griff sich Toulouse und bot Sophie ihre gepuderte Wange zum Aufwiedersehenbussi.

»Ich weiß gar nicht, was wollte ich eigentlich?« überlegte Edith laut. »Na, ist auch egal, wenn es mir wieder einfällt, rufe ich an.«

Sie öffnete die Haustür und stöckelte über den Kies zu ihrem Wagen. Sie stieg ein, gab Gas und zuckelte, natürlich im falschen Gang, aus der Ausfahrt.

»Au repertoire!« Annina winkte ihr hinterher.

»Kannst du mir bitte sagen, was der alte Pfirsich wollte?« Sophie kam mit zwei gut eingeschenkten Wodka aus der Küche.

»Auf die Nerven gehen, was sonst. Prost, Sophie, schwoab's abi. Auf die Liebe.«

»Pööh, von wegen«, protestierte Sophie. »Weißt du, Annina, daß mich Tante Edith in der Tat von meinem Kummer abgelenkt hat? Meine ganze Traurigkeit ist wie weggeflogen.«

»Da kann man mal sehen, wozu alte Tanten gut sind.« Lachend umarmte Annina Sophie.

»Sophie, hat Frau Fischer heute frei?«

»Nein, wieso ... Ach du lieber Gott, die ist gleich nach dem Frühstück nach Starnberg geradelt. Komisch.«

»Ich frage nur, weil deine jungen Wölfe gleich Schulschluß haben; dann fahre ich mit ihnen Pizza essen. Aber das mit der Fischerin ist schon merkwürdig. Oder wie man in Hamburg sagt: gediegen.«

Das Telefon läutete. Sophie bedeutete Annina, daß sie abheben sollte, und diese meldete sich.

»Für dich, es ist Claus.«

Sophie zog eine Grimasse, doch dann nahm sie den Hörer.

»Sophie, mein Schatz, ich wollte dir nur sagen, ich fahre heute abend mit Hollingers direkt zu Kay. Wir sehen uns dort, okay? Ich freue mich sehr. Sophie, Sophie hörst du mich?«

Oh, und wie sie ihn hörte, den Mann, der höchstwahrscheinlich ein Gspusi mit Schuhgröße siebenunddreißig hatte!

Claus, du Kanaille, dachte sie, laut sagte sie: »Natürlich, Liebling.« Aber wart nur ab, Bernbacher, wart nur ab.

»Was ich noch sagen wollte, die Fischerin war hier, die ist vom Rad geflogen, das heißt, eigentlich ist sie mit einem anderen Radfahrer zusammengestoßen. Sie hat 'ne Beule, und das Rad 'n Platten. Der Kober liefert sie gleich bei dir ab. Also bis dann, ich muß in den OP. Ach, noch was: Bitte nimm das Geschenk mit. Ciao, Sophiechen.«

Von wegen Sophiechen, die Zähne werd' ich dir zeigen, du, du Blindgänger. Fremdgänger, korrigierte ihr Gehirn. Fremdgänger!

»Frau Bernbacher, was war denn mit dem Telefon? Ich konnte Sie nicht erreichen.« Leicht erhitzt, mit knallrotem Kopf, auf dem sich der weiße Verband auf ihrer Stirn effektvoll abhob, stand schweratmend Rosl Fischer in der Tür.

»Frau Fischer, ja aber sind Sie nicht von Hausmeister Kober gefahren worden?« Sophie staunte, als sie die desolate Frau Fischer erblickte.

»Schon, aber ich sag's Ihnen, der mit seine Fahrkünst', da reite ich lieber oder geh z' Fuß. Mei, hab' ich mich erregt. Der hat sein' Führerschein auf der Maidult g'schossen.« Sie stellte ihren Korb ab und fächelte sich mit beiden Händen Luft zu.

»Annina!« rief Sophie in den Garten. »Annina, komm mal bitte, die arme Frau Fischer.«

»Nix is' mit arm. Ich geh' in d' Küch' und schau, daß wir was G'scheits in die Pfanne bringen.« Weg war sie.

Anästhesist Peter Hollinger aus der Bernbacher Klinik am See feierte heute abend seinen vierzigsten Geburtstag in Kay's Bistro in München.

Sophie stand vor ihrem Kleiderschrank und hatte die Qual der Wahl. Was sollte sie anziehen? Sie las noch einmal die Einladung. Das Wie und Was und Drumherum des Abends brachte sie vielleicht auf eine Idee.

HOLLINGERS LADEN EIN stand auf dem Cover, und drinnen war der Originaltext der Sommereinladung von Kay abgedruckt:

Im Sommer '98 werden wir in Kay's Bistro verführt. Verführt, in einem duftenden Rosengarten zu wandeln, unter Rosen zu träumen, vor Spalieren zu flirten, an Gartenteichen zu tafeln und zu trinken.

Die Verführer sind die weltberühmten Sujet- und Szenerien-Künstler PIERRE *und* GILLES.

Sie sind Meister in der Darstellung pochender und gebrochener Herzen. Von ihnen stammen die schönsten und kitschigsten Rosengirlanden. Wir haben die Werke der beiden

Pop-Art-Künstler zum Mittelpunkt unserer sommerlichen Neuinszenierung gemacht. In Kay's Bistro versinken Sie jetzt in duftender PIERRE-*und*-GILLES-*Ästhetik …*

Herzen, ein Spruchband und flatternde Tauben garnierten, umrahmten die Einladung.

Woran erinnerten Sophie die Farben der Malerei? Woran nur? Manolo Blahnik! Größe siebenunddreißig! In Pink!

Flirten und träumen vor Spalieren … Wart nur ab, Bernbacher, wart's nur ab …

Gegen achtzehn Uhr fuhr Annina in die Klinik, um die ärztliche Bereitschaft am Abend und in der Nacht zu übernehmen. Frau Fischer hütete Bastian und Florian. Natürlich konnten sie schon allein bleiben, immerhin waren sie zwölf Jahre alt und zu zweit, aber Sophie war es lieber so.

»Toll, Mami, dann können wir wenigstens in aller Ruhe ›Total Recall‹ mit Schwarzenegger gucken. Frau Fischer guckt mit, findet sie toll.«

Wie lieb diese Kinder sind, Arnie statt Mami.

Sophie stieg in ihren Wagen, und los ging es nach München. Wie praktisch die kleine Wohnung doch war. Taxi hin und zurück, beide konnten Wein trinken, denn nichts ist blöder, als einen langen Abend, zu einem guten Essen, mindestens eineinhalb Liter Wasser zu schlappen.

Sophie parkte den Wagen in der Tiefgarage und fuhr per Lift ins Dachgeschoß.

Die ruhige, gemütliche Atmosphäre der Wohnung nahm Sophie in die Arme und tat ihr wohl.

Sie ließ sich ein Bad ein, schaltete auf Radio Relax, trank zur Einstimmung auf den Abend einen kleinen Champagner und bestellte sich gegen halb neun ein Taxi.

Das Fest konnte beginnen.

»Na endlich!« Claus eilte ihr entgegen. »Du bist die letzte«, grummelte er ein bißchen vorwurfsvoll. Er gab Sophie einen leichten Kuß auf die Wange und schob sie zum Tisch.

»Wieso ich?« fragte Sophie erstaunt.

Claus überhörte und hatte auch kein Ohr für zwischenmenschliche Gemeinheiten der leichten Art.

Mit großem Hallo wurde Sophie an der Tafel plaziert.

Claus schurrte sich seinen Stuhl heran, um sich ebenfalls zu setzen, blieb dann aber stehen.

»Moment. Peter, du bekommst noch unser Geschenk.« Er sah Sophie an. »Nun? Wo ist es?«

»In Starnberg, auf der Kommode im Flur.«

Sie hatte es schlicht und einfach vergessen.

Blöde Witze, die zu Lasten ihrer Vergeßlichkeit gingen, machten die Runde. Besonders Claus haute kräftig auf die Pauke.

»Es soll durchaus Menschen geben, Cläuschen, die vergessen manchmal noch ganz andere Dinge«, schnurrte sie in gekonntem Marlene-Dietrich-Alt und irritierte nicht nur ihren Ehemann, sondern bremste auch seinen Redefluß.

»Ich habe es nur vergessen, nicht kaputtgemacht. Alles Liebe zum Geburtstag, lieber Peter.«

Ganz nebenbei nahm sie gekonnt mit graziler Hand ein Glas Champagner vom Tablett, das der als Gärtner gewandete Ober Gerhard in Händen hielt.

Sie lächelte das Geburtstagskind Peter an und prostete ihm zu.

Während des Essens schaute Claus ab und an zu seiner Sophie. Was hatte sie gesagt? Es soll durchaus Menschen geben, die vergessen manchmal noch ganz andere Dinge ... Was sollte das bedeuten? Ja, und wie sie das gesagt hatte ... Ja, wirklich, *wie* ... Er sah zu Sophie; die machte charmante, leichte Konversation nach rechts und links und über den Tisch.

Sophies und Claus' Augen trafen sich, sie lächelte, erhob ihr Glas in seine Richtung und prostete ihm auch zu.

Siebenunddreißig! Du bayrische Schweinshaxe, verlogene!

Claus lächelte ein bißchen dämlich und unbeholfen zurück. So ganz wohl war ihm nicht. Warum nur?

Wie gut, daß Sophie sich ausgiebig mit der Einladung beschäftigt hatte. Sie hatte kein kleines Schwarzes oder ähnlich Schlichtes gewählt, nein, sie hatte sich für den knallroten Bauernrock, bodenlang, entschieden. Passend dazu das Oberteil mit den üppigen Renaissance-Ärmeln und einem eng geschnürten Seidenmieder, alles Ton in Ton.

Sie sah aus wie aus einem wunderschönen Gemälde geklettert. Kay war begeistert und machte Sophie Komplimente. Er bekam von allen welche zurück. Er sah blendend aus.

»Der sieht seit Jahren unverändert gut aus«, stellte Peters Frau Gisela fest, »ich glaube, der schläft nachts in der Gefriertruhe. Toll, einfach fabelhaft.«

»Nur kein Neid, ihr habt ja Claus«, meinte Peter lachend.

J'attendais säuselte Celine Dion sanft durch das Rosenambiente. Claus sah zu seiner Sophie und griff spontan über den Tisch nach ihrer Hand und warf ihr einen Kuß zu. Den die überrumpelte Sophie spontan erwiderte.

Oh, Bernbacher, genau das wollte ich nicht ... Du und deine sanften, zärtlichen, flohbraunen, goldgesprenkelten Da-Vinci-Engelaugen ...

»Nun schaut sie euch an, unsere chronisch Verliebten. Wir zerbrechen uns den Kopf über die Dessertwünsche, und die beiden genießen Süßigkeiten der ganz anderen Art. Der wilde Neid kann einen beuteln. Sag mal, Mr. Wonderful, wie lange seid ihr schon verheiratet?« Alle redeten lachend durcheinander.

»Eine wundervolle lange Ewigkeit«, erwiderte Claus, ohne seinen Blick von Sophie zu lösen.

»Stimmt«, antwortete Sophie, das von Claus hypnotisierte Kaninchen.

»Dabei war ich ursprünglich gar nicht gemeint, stellt euch das vor. Sie war verliebt in Lars, meinen großartigen Bruder.«

»Oh«, alle Anwesenden staunten unisono wie ein gut eingesungener Staatsopernchor, »oh, der Bruder.«

Rrr, da lag doch etwas in der Luft, so etwas spürt der Mensch. Familienverwicklungen mit Sahne. Irgendwo schlummern überall Denver und Dallas.

»Erzählen!« forderten alle. Denn Liebesgeschichten sind meistens schön und manchmal spannend und manchmal schön spannend.

»Ach, das ist eine längere Geschichte.« Claus versuchte sich herauszuwinden.

»Der Abend ist noch jung, und Liebesgeschichten, lieber Chef, erzählen sich genauso gut bei Champagner und nicht nur bei Rotwein vor prasselndem Kaminfeuer«, insistierte Frau Seitzbach aus der Buchhaltung.

»Das muß Sophie erzählen«, sagte Claus zärtlich und drückte die Hand seiner Frau.

»Jaa, was soll ich sagen.« Langsam zog Sophie ihre Hand aus der zärtlichen Umklammerung. »Und wo soll ich überhaupt anfangen?«

»Von vorne«, verlangte die Truppe.

Claus trank einen herzhaften Schluck Champagner, zerkrümelte etwas Weißbrot und wartete, daß Sophie anfing.

»Voilà, messieurs dames, das Lammcarree!« Gerhard, der charmante Ober, lächelte in die Tischrunde. Dezent bedeutete er dem übrigen Personal die Serviceordnung der Teller unter den hochglanzpolierten Silberchloches.

Es traf sich gut, fast hätte sie dem Willen der Truppe und vor allem Claus nachgegeben. Doch Lammcarree sei Dank!

Das ausgezeichnete Essen ließ die Gesellschaft das Thema vergessen, bis auf Frau Seitzbach.

»Frau Bernbacher, Sie wollten doch …«

»Ein anderes Mal, liebe Frau Seitzbach, ein anderes Mal.« Sophie fiel ihr in die Parade. Sie nahm ihr Weinglas und nickte Frau Seitzbach freundlich zu.

Die Bernbacher-Lovestory zu Lammcarree auf zartem Gemüse. Wirklich nicht. Und schon gar nicht heute!

Es war ein schöner Abend, und Gesprächsstoff war auch ohne die Geschichte von Claus und Sophie vorhanden.

Im Laufe des Abends preschte Frau Seitzbach noch einmal vor. »Ich würde doch zu gern …«

Sophie parierte schnell und gekonnt.

»Ich aber nicht, liebe Frau Seitzbach, ganz bestimmt nicht. Und nun tun Sie uns einen Gefallen und vergessen Sie das Thema. Vielleicht erzählt Ihnen mein Mann mal bei einer langatmigen Liposculptur oder während einer OP-Pause die Geschichte«, setzte sie süffisant hinterher.

»Ich bin doch in der Buchhaltung.« Frau Seitzbach guckte doof. »Mit dem medizinischen Bereich habe ich außer Rechnungschreiben nichts zu tun«, gackerte sie.

Sophie taten die Zehen weh, sie zwickten höllisch. Sie streifte die Schuhe ab. Welch eine Erleichterung!

Dir werd' ich gar nichts erzählen, Seitzbach, dachte sie. Die Seitzbach war tüchtig, aber sie hatte auch den Ruf, die klinische Postwurfsendung zu sein.

Sophie lächelte Frau Seitzbach lieb an, und die lächelte zurück.

Espresso und Digestif waren getrunken, die Taxis bestellt, Aufbruch nach einem sehr schönen Abend.

Leichtfüßig ging Sophie, nachdem sie sich von Kay verabschiedet hatte, zur Tür. Draußen stand sie inmitten der Geburtstagsgesellschaft, um sich auch hier zu verabschieden, da tauchte Gerhard in der Tür von Kay's Bistro auf.

»Wem gehören denn diese zauberhaften Schuhe?«

Er schlenkerte mit abgewinkelter rechter und linker Hand an Seidenbändern baumelnde, traumhaft schöne, mit Perlen, Straß und Pailletten garnierte Abendschuhe.

»Die? Die gehören meinem Mann«, sagte Sophie und stieg in das wartende Taxi.

Schweigend saßen Claus und Sophie im Auto. Claus saß Protest, vorne. Cinderellas Traum auf den Knien.

Kaum waren sie im Treppenhaus, legte Claus los.

»Sag mal, Sophie, bist du völlig plemplem? Was sollte das!« empörte er sich.

Sophie legte den Finger an die Lippen.

»Pschtt … die Nachbarn.« Sie zeigte auf die Uhr und tänzelte an Claus vorbei zum Lift.

Claus stand wie Lots Weib in der Eingangshalle, rechts und links einen pinkfarbenen Abendschuh unter dem Arm.

»Komm, mein Prinz«, lockte Sophie ihn in den Aufzug.

Die Wohnungstür war kaum hinter ihnen ins Schloß gefallen, als Claus in seinem Zorn nicht mehr zu bremsen war.

»Sophie Bernbacher, bist du völlig gaga? Es ist nicht zu fassen.«

Sophies Spannung löste sich, sie mußte lachen, lachen, lachen.

Claus war zwischenzeitlich in die Küche marschiert. Wenn man wütend ist, geht man nicht, man marschiert, das ist man schon seiner Wut schuldig.

»Findest du das etwa witzig? Ja?« belferte er aus der Küche. Er benötigte dringend noch einen Drink für seine Nerven.

Es klirrte laut.

Claus hatte die Flasche fallen lassen. Gott sei Dank war sie fast leer, aber auch fast leere Flaschen haben eimerweise Inhalt.

»Auch wenn du an den Pantöffelchen zu hängen scheinst, würde ich sie wegstellen, dann klappt's auch mit dem Einschenken.«

Claus sah Sophie an wie ein böser Sandkastenzwerg, spreizte die Arme ab, so daß die Schuhe, die er immer noch unter die Achseln geklemmt hatte, auf den Boden fielen, machte ein »Siehste-Gesicht« und riß meterweise »Wisch und Weg« von der Küchenrolle.

»Laß das bitte, Claus, ich mache das schon. Am Ende verletzt du dich noch an den Scherben, und das ist der ganze Käse nicht wert.« Sophie nahm ihm die Meterware aus der Hand und schob ihn sanft aus der Küche.

Als er die Mitte des Wohnzimmers erreicht hatte, trafen ihn die Siebenunddreißiger unsanft ins Kreuz.

Das war Sophie sich einfach schuldig.

Mit Affentempo erledigte er Ausziehen und Badezimmer, bloß schnell hinlegen und schlafen. Sophie werkelte noch in der Küche. Claus hielt es mir Scarlett O'Hara, da heißt es irgendwo gegen Ende »... morgen ist ein anderer Tag«.

Als Sophie aus der Küche kam, schlief Claus bereits tief und fest mit dem Gesichtsausdruck eines unschuldigen Engels. Schlaf als Fluchtmittel, aber wart nur ab, Bernbacher, dachte sie und stellte ihm die Traumtreter, die noch an gleicher Stelle im Wohnzimmer lagen, vors Bett. Gleich in der Früh wirst du mit deinem schlechten Gewissen in Straß und Perlen treten.

Sophie konnte natürlich nicht einschlafen. Die Gedanken fuhren in ihrem Kopf Kettenkarussell.

... Claus und eine Affäre ... ausgerechnet ihr Claus. Warum denn nicht ... Wer hatte nicht alles eine Affäre ... Aber warum Claus ... Und was, wenn es keine Affäre war, sondern etwas Ernsteres ... Nein, nein, Claus hatte vorhin bei Kay auf die Frage, wie lange sie schon verheiratet wären, geantwortet: »eine wundervolle lange Ewigkeit« ... Doch, das hatte er gesagt ... Hatte er es auch gemeint ... Er hat es gemeint, so wie er sie dabei angesehen hatte ...

Es gibt Menschen, die haben Augen wie Gebirgsseen, von flirrender grüner Unendlichkeit, oder wie Van-Gogh-Ocker mit Bernsteinsprenkeln, hinter denen die geheimnisvolle Sonne der Sahara gleißt und glost. Oder sie sind Levis-Blau mit Mel-Gibson-Effekt. Es gibt unendliche Variationen, erdacht von Verliebten, Dichtern und cleveren Leuten aus der Werbebranche. Man muß nur darauf hereinfallen.

Und der Bernbacher? Der hatte Augen wie Oma Friedchens Nerzstola. Dunkelbraun, gemütlich, weich und ... plüschig. Jawohl, Sophie Bernbacher, dein Claus hat Plüschaugen! Und auf die bist du gleich bei der ersten Begegnung hereingefallen ...

Dabei fing alles ganz anders an ... Es war Februar 1978 ...

»Können Sie bitte nachrücken«, ertönte die markige Stimme des jungen Bundeswehrsoldaten. »Bitte, meine Herrschaften, dahinten sehe ich noch eine Lücke, da paßt die zierliche Dame links dazwischen.«

Der Soldat füllte den Bus wie ein Sternekoch seine Weihnachtsgans.

Seit Stunden schneite es. Nichts ging mehr. Keine Bahn. Kein Bus. Kein Flugzeug. Kein Auto.

Hamburg, ein Wintermärchen.

Die gesamte Stadt und das Umland lagen unter einer dicken Schneedecke, die stündlich dicker wurde.

Die Schienen der S-Bahn Blankenese waren zugeschneit oder durch hohe Schneeverwehungen blockiert, dazu war es klirrend kalt. Minus zwanzig Grad.

Mit Bussen versuchte die Bundeswehr, die Pendler aus den Elbvororten zurück in die Stadt zu befördern.

Die Räumfahrzeuge, es waren Schneepflüge, Schaufellader, Unimogs sowie bereitgestellte LKW, konnten nicht so schnell räumen, wie der Schnee fiel.

Im Radio hörte man, daß in der Hamburger Innenstadt Notquartiere eingerichtet worden waren für Menschen aus den Randgebieten, für die eine Rückkehr unmöglich geworden war.

Die Nachrichten meldeten, daß im Hafengebiet das Dach einer Lagerhalle unter den Schneemassen eingestürzt war; zum Glück waren keine Menschen zu Schaden gekommen.

Auf der Ostsee türmten sich fünf Meter hohe Eisberge.

Eis. Orkan. Jahrhundertschnee.

Die Menschen rückten näher aneinander, nicht nur, um sich in der Eiseskälte zu wärmen. Sie waren umgänglich, verständnisvoll, nahmen Rücksicht und halfen einander.

»Is doch gediegen, nich, da muß nu erst mal wieder 'ne Kataschrofe kommen, daß du merks, du lebs als Mensch noch mit annere Menschen, nich. Tja, vielleicht denkt sich unser Herrgott das aus, für so zum Besinnen. Genau wie damals bei der Überschwemmung«, sagte eine ältere, rundliche Hamburgerin, die ihren leicht filzigen Wollschal gegen die Kälte über ihren Hut gebunden hatte.

Sie lächelte dankbar und zwängte sich auf den ihr angebotenen Platz. Gewiß war es eng, aber Enge schafft Nähe. Menschliche Nähe.

»Tja, damals hat auch jeder jedem geholfen.« Sie lächelte dankbar, holte aus ihrer Handtasche eine Tafel Sprengel-Schokolade und teilte selbstverständlich mit den um sie Herumstehenden. Die Schokolade schmeckte leicht nach 4711, aber was machte das schon.

Nachdem nun wirklich keine Maus mehr hineinging, fuhr der Bus langsam und vorsichtig an, behutsam kurvte der Soldat ihn mit seiner Fracht auf die Elbchaussee.

Es war ganz still, lediglich das Motorengeräusch und das Schurfen der Scheibenwischer waren zu hören.

Die Menschen saßen und standen dichtgedrängt. Stumm erlebten sie das unwirkliche Szenario der abendlichen Fahrt im Winter über die verschneite, menschenleere Elbchaussee. Dazu schneite es ununterbrochen, und an den Scheiben erblühten Eisblumen.

Lars stand eingekeilt zwischen den Menschen und wartete, daß jeden Moment der Wecker klingelte. Alles war so unwirklich. Der Wecker klingelte nicht, dafür glibberte der Bus am Hohenzollernring leicht aus der Kurve, und das Phänomen, daß man auch in vollen Bussen jemandem fürchterlich auf die Füße treten kann, trat ein.

Lars war es, als hätte ihm jemand den Watzmann beiläufig auf die linke Großzehe gestellt. »Aua!«

»Bitte verzeihen Sie. Entschuldigung.« Mühsam versuchte sich die junge Dame umzudrehen, der das Mißgeschick passiert war.

Bei Schneesturm, im knallvollen Bundeswehrbus, abends am 14. Februar 1978 sahen sich Lars Meyer und Sophie Dobler zum ersten Mal in die Augen.

Lars kam von einer Hummer-Meyerschen Familienfeier und mußte den Zug Hamburg-Altona – München erreichen, und Sophie kam von Schwester Trixie, die nach Hamburg geheiratet hatte und Schwester Sophie die Stadt Hamburg nach dem Abitur zwecks Ausbildung schmackhaft machen wollte. Auch Sophie mußte den Zug Hamburg-Altona – München erreichen.

Wären beide mittags gefahren, wären sie in keine Schneekatastrophe gekommen, aber sie hätten sich wahrscheinlich auch nie getroffen …

Nun standen sie aneinandergedrängt bei fast minus zwanzig Grad Außentemperatur in einem Bus der Deutschen Bundeswehr und sahen sich in die Augen.

»Halb so wild.« Lars lächelte die bildhübsche junge Dame an. »Aber Sie wiegen zwei Tonnen, stimmt's?«

»Verschätzt, zweieinhalb.« Sophie drehte sich, so gut es ging, wieder in die andere Richtung. So ein Flegel!

Der Altonaer Bahnhof war erreicht, die Menschen verließen den Bus. Eisige Kälte umgab sie, die sich sofort auf Nasen und Gesichtszüge legte.

Kragen hoch und durch.

Man wünschte sich gegenseitig gutes Nachhausekommen und bedankte sich bei dem sicheren Fahrer; der startete gleich wieder durch, um die nächste Fuhre zu holen.

In der Bahnhofshalle herrschte Getümmel. Lautsprecherdurchsagen und Bahnangestellte bemühten sich, Ordnung in den aufgescheuchten Schwarm der fröstelnden Reisenden zu bringen. Vor den Telefonhäuschen bildeten sich lange Warteschlangen, jeder wollte seine anfallende Verspätung weitermelden. Ein Bahnbeamter hatte Sophie geraten, sich in das warme Bahnhofsrestaurant zu setzen.

»Sicher, junges Frollein, geht 'n Zuch nach München, nur wann, mein Deern, das weiß hier keiner. Nun gehn Sie ins Restorang und trinken was Waames, und achten Sie auf den Lautsprecher, wir sagen allens durch.«

Dann wandte er sich dem nächsten Fragesteller zu.

Aus dem Abendzug nach München wurde ein Nachtzug. Irgendwann kam die erlösende Durchsage: »Reisende nach München über Hannover, Göttingen, Kassel, Fulda, Würzburg. Der Zug wird in Kürze auf Gleis fünf bereitgestellt.«

Na bitte.

Es roch kalt und klamm, warm war es nicht, noch nicht. Doch das würde sich sicher ändern, wenn der Zug fuhr. Hoffentlich!

Sophie kauerte sich auf einen Gangplatz im Abteil. Lieber keine Aussicht, aber dafür ein bis zwei Grad wärmer. Draußen war es sowieso dunkel und arktisch.

Die Abteiltür wurde mit einem Ruck geöffnet.

»Verzeihung, ist hier noch etwas frei?« fragte der junge Mann in den zusammengekauerten Berg Sophie.

»Wenn Sie neben zwei Tonnen noch ein Eckchen finden, soll es mir recht sein.« Frech blinzelte Sophie zwischen Schal und Mantelkragen heraus.

»Da schau her, die trittfeste Dame aus dem Bus.«

Lars setzte sich Sophie gegenüber auf den anderen Gangplatz.

»Wohin reisen Sie?«

»München. Und Sie?« fragte Sophie.

»Würzburg, und dann sehen, wie es weitergeht.«

»Schneien tut's nur hier oben. Unten, im Süden, ist alles normal. Ich hab' vorhin telefoniert«, erklärte Sophie verbindlich, denn eigentlich war er doch ganz sympathisch, und gut aussehen tat er auch. Was heißt gut: blendend! Sophie lächelte.

»Reisen Sie auch ohne Gepäck?« fragte der junge Mann.

»Wird mir nachgeschickt. So ein Wetter und dann noch 'nen Koffer, nee, wirklich nicht.« Sophie tauchte weitere Zentimeter aus ihrer tuaregähnlichen Gesichtsverhüllung auf.

»Hui.« Lars strahlte.

»Was heißt hui? Sie haben doch auch kein Gepäck«, stellte Sophie fest.

»Hui heißt: hui, ist die hübsch. Ein bißchen rote Nase vielleicht, aber sonst ... Na eben hui.« Lars feixte zu Sophie rüber. »Ich glaube, Sie sind eine angenehme Reisebegleitung für uns.« Damit lümmelte er sich in eine bequeme Lage und sah Sophie strahlend an.

»Ich muß schon sagen«, wollte sie sich empören, doch da fiel Lars ihr ins Wort: »Ja ... was?«

Dann lächelten beide.

Sie blieben die einzigen im Abteil, und natürlich fiel die Heizung aus. Schnee wehte an die Abteilfenster, setzte sich fest und vermittelte das Gefühl, in einem Kühlschrank zu reisen: Gefrierfach.

»Wir werden weniger frieren, wenn wir uns gemeinsam unter unsere Mäntel setzen«, stellte Lars noch vor Harburg fest. »Wenn Sie rumzicken, werden Sie krank. Also, ich bin Lars Meyer-Bernbacher, wohne in Schaernlach an der Donau und komme aus einem intakten Elternhaus. Keine Krankheiten.« Er nickte.

»Ich bin Sophie Dobler, komme aus Schlehdorf am Kochelsee, intaktes Elternhaus, keine Krankheiten.« Sie klapperte mit den Augendeckeln.

»Wenn wir uns schon gemeinsam unter unsere Mäntel verkriechen, können wir auch du sagen, was meinst du, Sophie?« Lars grinste.

»Okkkaay«, schnatterte Sophie.

Lars klappte die Lehne des Nebensitzes hoch und rückte zu Sophie, die breitete mit eiskalten Fingern die Mäntel über beide.

»Wir sehen aus wie aus einem Stück von Tschechow, oder?«

»Mehr Gorki, Nachtasyl«, bibberte Sophie.

Lars legte behutsam den Arm um sie, und als der Zug in Lüneburg einlief, schlief sie bereits tief und fest. Lars ist kurz vor Uelzen eingeschlafen.

»Hier Würzburg Hauptbahnhof!« Eine markige Stimme riß Sophie aus den Träumen. »Anschlußzüge nach ...«

»Lars! Lars, wir sind in Würzburg!« Sophie schüttelte ihn. Lars schreckte hoch.

»Ach, du Heiliger Vater!« Er griff seinen Mantel und knöpfte ihn hektisch falsch zu. Fuhr sich durch die Haare, wickelte seinen Schal, den Sophie ihm reichte, um den Hals und raste davon.

Sophie fröstelte, der wärmenden Hälfte beraubt und frisch wach geworden um so mehr. Sie zog ihren Mantel fester um sich.

»He, du, steht ihr im Telefonbuch?« Lars stand in der Abteiltür.

»Ja, Dobler, Leopold Dobler, Dobler-Hof, Schlehdorf.«

»Ich ruf' an!« Er küßte Sophie auf die eiskalte Nase, und weg war er.

Sophie kuschelte sich, so gut es ging, in sich zusammen. War das alles verrückt. Eine Nacht in Eis und Schnee, gewärmt von einem jungen Mann aus Schaernlach an der

Donau … Er fehlte Sophie bereits bei der Ausfahrt aus dem Bahnhof Würzburg …

Am sechzehnten Februar betrat Josepha Mechtlinger, der oberbayrische gute Geist des Hauses Dobler, mit einer Tasse dampfendem Kräutertee das Zimmer von Sophie.

Die lag unter diversen Plumeaus in karierten Bezügen, unter die Josepha sie umgehend nach ihrer Rückkehr aus der Kälte gesteckt hatte.

»Frau Dobler, da machen wir keine Experimente, das Kind lass' mer schwitzen. Die hat's bei die Eskimos droben z'sammg'haut. Doblerin, ich richt' das schon«, hatte sie Sophies Mutter erklärt. Mit sanftem Schubs hatte Josepha Frau Dobler aus Sophies Zimmer befördert und sich um ihr Sopherl gekümmert.

»Geh, Madl, das Laufen ham mir g'meinsam derpackt, da ist a Grippn nix, des krieg'n mir scho, gell, Sopherl?«

Sophie hatte Schüttelfrost, Fieber, Husten und Schnupfen.

»Eben alles, was d' für a zünftige Verkühlung brauchst, gell? Mei Spatzl laßt halt nix aus.«

Stündlich war Josepha bei ihrem Sopherl, versorgte sie mit Tee, einem Speckwickel gegen den Husten, Aconitum-Kügelchen gegen das Fieber und vielen liebevollen Kleinigkeiten mehr.

In der ersten Nacht hatte sie sich einen Sessel an Sophies Bett gerückt und ihr die fieberheiße Stirn gekühlt. Doch heute ging es schon wieder bergauf.

»Hier ist dein Lindenblütentee. Sophie, du siehst schon wieder vui besser aus. Was ham die bloß mit dir g'macht bei die Nordlichter.«

Fassungslos schüttelte Josepha den Kopf, daß der Dutt wackelte.

»Nix, nur kalt war es«, krächzte Sophie.

»Schmarrn, kalt is' es auch hier, aber ich sag' dir, mir ham hier a vui schönere Kälte. Nämlich eine bayrische, die is' alleweil vui besser, gell, mei Mausele.« Fürsorglich schüttelte und wendete sie die Federkissen, nachdem sie den Kräutertee abgestellt hatte.

Sie wollte gehen, da drehte sie sich an der Tür noch einmal um. »Was ich dir noch sagen wollt'. Vorhin ruft da so ein ganz G'scherter an und sagt sein Namen, aber den hab' ich net verstand'n, und dann sagt der«, Josepha Mechtlinger schürzte die Lippen und versuchte hochdeutsch zu sprechen, »›Ich hätte bitte gern die Sophie gesprochen.‹ Soso, die Sophie, sag' i. ›Ja, die Sophie‹, sagt er.«

»Und?« Sophie hatte sich aufgerichtet.

»Was und.« Josepha ließ schon wieder ihren Dutt tanzen. »Ich hab' noch nicht mal nach seinem Namen g'fragt, da sagt er«, Josepha holte tief Luft, um sich die Worte wie Sahnefondant genüßlich-verächtlich auf der Zunge zergehen zu lassen, »›Hier ist der aus dem *Nachtasyl*, sie weiß dann schon.‹ NACHTASYL.« Sie nickte schmallippig. »Mein Lieber, dem hab' ich B'scheid g'stoß'n mit seinm Nachtasyl ... Ja, was glauben denn Sie, mit wem Sie reden? Wir kennen keine Leute aus dem Nachtasyl. Und mei Sopherl schon gleich gar nicht. Wir sind anständige Leut!«

Zufrieden faltete Josepha Mechtlinger die Hände unter der Brust zusammen.

»Landstreicher, hab' ich noch g'sagt, und dann hab' ich den Hörer auf die Gabel g'schmiss'n. Nachtasyl! Eine Frechheit!«

»O nein, o nein, Josepha.« Sophie winselte unter Hustern. Mit weitaufgerissenen Augen saß sie zwischen den Kissen. »Josepha, o Josepha, ich glaube, du hast mir den Mann meines Lebens verscheucht ...«

Behutsam schloß Josepha die Tür, doch dann hastete sie nach unten.

»Doblerin, bitte rufen Sie den Doktor. Mit unserm Sopherl schaut's net gut aus, furchtbar. Das arme Hascherl hat Fieberphantasien.«

Jammernd, wehklagend und kopfschüttelnd verschwand Josepha in der Küche.

⁕

Ja, so fing alles an, damals … Und nun lag sie neben Claus, und neben ihm standen die Cinderella-Pantöffelchen in Größe siebenunddreißig …

Es wurde schon hell über Münchens Dächern, als Sophie endlich – wenn auch unruhig – Schlaf fand.

Gegen zehn erwachte sie aus verworrenen Träumen.

Claus war längst weg. Neben Sophie lag die Menuekarte des gestrigen Abends auf dem Kopfkissen. Quer durch die Speisenfolge hatte Claus mit seiner fahrigen Handschrift eine Nachricht für sie geschrieben. Kaum zu lesen.

Gibt es eigentlich auch Ärzte, die gut oder leserlich oder vielleicht sogar schön schreiben können? Warum sehen Ärzteschriften immer aus wie deren EKG?

Sophie las: »Guten Morgen. Ich bin weg. Habe das Auto mitgenommen. Freue mich auf heute abend. Mach Dir einen schönen Tag. Claus.«

Und ein Herzchen hatte das Herzchen auch noch druntergekrakelt.

So tun, als ob alles in Ordnung ist, als ob es keine Manolo-Blahnik-Treterchen geben würde, dachte Sophie und wollte aus dem Bett springen, legte sich dann aber quer und sah über Claus' Betthälfte. Die Siebenunddreißiger waren weg.

»Aha und oho«, sagte sie und stützte den Kopf in die Handflächen. Sollte das nun bedeuten, aus den Augen, aus dem Sinn? Was weg ist, hat es nie gegeben?

In Starnberg saßen zur selben Zeit Ludwig Bernbacher und Annina beim Frühstück auf der Terrasse und genossen ihre morgendliche Zweisamkeit. Bastian und Florian waren in der Schule. Es war für Annina und Ludwig der Kaffee nach dem Kaffee. Himmlische Ruhe, nur Vogelgezwitscher und das leise Brummen des Staubsaugers, mit dem Rosl Fischer in der ersten Etage werkelte.

Tante Edith hatte natürlich schon nach ihrer Klagemauer verlangt, doch die saß mit einer großen Tasse Milchkaffee auf der kleinen Dachterrasse und schaute auf die Dächer von München.

Statt dessen meldete sich Schwiegervater Ludwig.

»Ludwig, *du*? Ja, was machst du denn in aller Herrgottsfrühe in Starnberg?« wollte Edith wissen.

»Unzucht mit Unabhängigen, liebe Edith, außerdem wohne ich hier.«

Annina schüttelte lachend den Kopf und verdrehte die Augen. Sie dachte: Ludwig Bernbacher, erwachsen wirst du Gott sei Dank nie.

»Bitte, Ludwig«, empörte sich Edith, »ich bin eine Dame, und es heißt Inzucht, lieber Ludwig«, sagte sie spitz. »Guten Morgen.« Dann legte sie auf.

»Du mich auch.« Ludwig feixte. »Weißt du, Annina, mein Bruder Alwin muß, außer Romeo und mir natürlich, der größte Liebende des Universums gewesen sein, anders kann ich mir Edith nicht erklären.« Er schaltete das Telefon aus, und mit der anderen Hand fuhr er Annina spielerisch durch die Haare.

»Noch einen Kaffee, Ludwig?«

»Immer. Und dann toben wir durchs Schwimmbad.«

Ludwig Bernbacher und Annina Meyer geborene Cronshagen-Walderstatt, zwei Menschen, die der liebe Gott behutsam auf Umwegen zueinandergeführt hatte.

Damals, im Herbst 1958, hätte Anninas Welt auseinanderbrechen müssen: ein Leben ohne ihren Gottfried. Doch dann kam Lars. Zu früh, aber im richtigen Moment. Stark und kräftig genug, um seine verzweifelte Mutter zu trösten, zu beschützen.

Lars verlangte Verantwortung, Aufmerksamkeit für seine winzige Existenz, und dadurch schützte und beschützte er seine Mutter vor den Widrigkeiten, die der plötzliche Tod seines Vaters für sie brachte. Seine Hilflosigkeit machte seine Mutter stark.

Tante Hetty war schon am Tag nach dem Unglück wieder in Hamburg und gab Annina unaufdringlich Liebe, Zärtlichkeit, Geborgenheit.

»Das arme Kind«, hatte Anninas Mutter Felicitas gejammert. »Hetty, wir fahren gleich morgen. Konstantin wird uns fahren. Das arme, arme Kind.« Ein künstlicher Schluchzer ließ Felicitas leicht erzittern.

»Meine liebe Felicitas, *ich* fahre nach Hamburg, und niemand sonst. Das arme Kind, wie du sie so plötzlich nennst, braucht dich jetzt auch nicht! Ich darf an eure spießigen, kleinkarierten Vorbehalte erinnern, als Annina sich entschloß, Frau Meyer zu werden. Ihr habt sie alle miteinander sehr allein gelassen. Noch vor dem Standesamt hat sie gehofft, daß doch ein Wagen aus Bamberg auftaucht. Damals hätte Konstantin fahren sollen, nicht erst heute. Du hast dich mit einer einwöchigen Migräne aus der Verantwortung gezogen. Ich empfehle dir, mach es heute genau so, Großmutter Felicitas Cronshagen-Walderstatt!«

Wenn Felicitas noch keine Migräne hatte, so stülpte ihr das Wort Großmutter eine Migräne auf die sorgfältig gefönte Frisur, die es in sich hatte.

⁂

Tante Hetty bestellte sich Fahrer Brockmann aus der Fabrik, stopfte Kater Paulus in einen bequemen Reisekorb und fuhr in der firmeneigenen BMW-Limousine wieder rauf nach Hamburg. Gottfrieds Eltern und Geschwister waren dankbar, daß Hetty so schnell wieder da war und sich um Annina kümmerte.

Hetty wohnte im Gästezimmer in der Palmaillen-Wohnung und nahm mit Unterstützung von Frau Schuster, der Zugehfrau, das Zepter des Hauses Meyer in die Hand.

Chauffeur Brockmann blieb ebenfalls in Hamburg und war eine große Hilfe für Tante Hetty in der Palmaille und für Familie Meyer in Othmarschen.

Familie Meyer hatte ihm für die Zeit des Aufenthaltes die kleine Wohnung im Gartenhaus zur Verfügung gestellt.

Kater Paulus liebte seine neue Umgebung. Was gibt es Schöneres für eine Katze, als die unmittelbare Nähe des Fischereihafens. Er war rund und gesund und stank grauenvoll nach Fisch.

Johann-Jacob Meyer stand mit seiner Frau vor der großen Glasscheibe der Säuglingsstation. Er trat hinter seine Luise; behutsam zärtlich legte er seine Arme von hinten wie einen schützenden Mantel um sie. Sie legte sanft ihre Hände auf seine Hände.

»Das Leben geht weiter Luischen, mit kleinen Schritten, aber es geht weiter.«

Der große, breitschultrige Johann-Jacob wiegte seine Luise leicht in seinen starken Armen.

Eine stupsnasige Lernschwester kam den Gang hinunter.

»Wen darf ich Ihnen denn zeigen?«

»Den kleinen Lars«, sagte Johann-Jacob, ohne sein Luischen loszulassen.

»Unsern Schreihals, das haben wir gleich.« Sie öffnete die Tür zum Säuglingszimmer.

»Hör'n Sie, das ist er, so klein, so niedlich und so verfressen.« Sie lachte und hob ein schreiendes, krähendes Bündel aus einem der Babybettchen. Dieser lärmende Winzling mit den wild protestfuchtelnden Händchen war ihr Enkel Lars. Wie klein er war. Luise krallte sich fest in die Hände ihres Mannes. Das war der Kleine von ihrem Großen …

»Du wirst die beste Großmutter der Welt werden, Luise, die beste …«

Das Bild der Schwester mit dem Baby im Arm verschwamm vor seinen Augen. Instinktiv spürte Luise, daß sie etwas sagen mußte, um ihren Johann-Jacob zu trösten.

»Hoffentlich mag er Fisch«, stammelte sie hilflos.

Brockmann hatte vor der Klinik gewartet und chauffierte beide ruhig und sicher über die Elbchaussee nach Othmarschen. Im Fond saßen Luise und Johann-Jacob Hand in Hand.

»Hetty kommt zum Abendessen«, sagte Luise.

»Das ist gut«, antwortete Johann-Jacob.

Mehr haben beide nicht gesprochen.

⁂

Spedition Ottermann lieferte die Umzugskartons im Frühsommer 1959 in der Palmaille ab. Ende Mai sollte Anninas Umzug sein. Sie wollte weg aus Hamburg. Alles, was Hamburg für sie war, war für immer mit Gottfried verbunden. Er hatte Annina zur Hamburgerin mit Leib und Seele gemacht. Er hatte ihr vermittelt, wieviel Wärme hinter der schroffen Fassade dieser Stadt und den Menschen steckte. Sie kannte alle Ecken und Winkel nur durch ihn. Diese Stadt war Gottfried für sie. Die schmerzlichen Erinnerungen, mit denen sie täglich konfrontiert wurde, wurden zu einer großen Belastung für sie, deshalb entschied sie sich zu gehen.

Ihre Schwiegereltern akzeptierten ihren Schritt nicht nur, sie verstanden ihn auch.

»Wir bleiben uns ja«, hatte Schwiegermutter Luise tapfer lächelnd gesagt, als sie Lars und Annina zum Auto brachte.

Tante Hetty hatte Brockmann geschickt, um beide abzuholen.

»Ich liebe euch sehr.« Annina versuchte zu lächeln, aber es ging nicht.

Jeder Abschied ist voller Tränenwolken und brüchiger Melancholie, und Hamburg setzte noch eins drauf, indem es leicht zu regnen anfing.

Johann-Jacob holte die Traurigkeit des Abschieds aus der Luft mit Blick zum Himmel und den Worten: »Einsteigen, denn gleich gießt es aus Kübeln, dafür sind wir hier berühmt. Man sagt ja auch, daß in Hamburg die Kinder mit Regenschirm in der Hand geboren werden.«

»Dann haben wir den von Lars in der Klinik vergessen, fragst du bitte mal nach?« Jetzt lächelte Annina und küßte Schwiegervater Hummer-Meyer herzhaft auf beide Wangen und umarmte Schwiegermutter Luise mit gleicher Herzlichkeit.

»Ihr kommt ganz bald nach Straubing, ja? Ist das versprochen?«

Annina stieg in den Wagen, hinten schlummerte Lars in seinem Babykörbchen auf der Rückbank. Sie kurbelte das Fenster runter.

»Ganz bald, versprochen?«

»Versprochen«, antworteten beide.

Brockmann startete den Wagen und rollte langsam die Ausfahrt runter.

»Dann bringen wir den Schirm mit!« rief Schwiegermama Luise tapfer und schluckte die Tränen hinunter.

Johann-Jacob zog seine Luise in den Arm, und beide winkten ihr hinterher, bis das Auto um die Einfahrt gebogen war.

Annina winkte immer noch, als Brockmann schon vom Halbmondweg auf die Elbchaussee einbog. Unbewußter, langer Abschied von einer wunderschönen Zeit ihres Lebens.

»Auf nach Straubing«, sagte Annina, nachdem sie durch die Palmaille an ihrem gewesenen Zuhause vorbeigefahren waren, und kurbelte entschlossen das Fenster hoch.

Per Zufall hatte Annina erfahren, daß eine Assistentenstelle am Bezirkskrankenhaus ausgeschrieben war. Sie beriet sich mit Tante Hetty; die hatte ihr zugeraten.

»Es wäre nur gut für dich, Annina. Verlaß die Stadt, denn dort wirst du nie mehr froh und glücklich. Sie ist gespickt mit Erinnerungen. Straubing wäre wunderbar, nicht weit von Bamberg. Wann immer du mich brauchst, bin ich da.«

Straubing, die Stadt, in der Kelten und Römer feste Siedlungen gegründet hatten. Bayrische Herzogstadt seit dem dreizehnten Jahrhundert. Im Museum ist noch heute der Römerschatz mit seinen goldenen Reitermasken zu bewundern.

An den grausamen Tod und das Leid der unschuldigen Agnes Bernauer, die man 1435 in der Donau ertränkte, erinnert heute noch die Sühnekapelle auf dem Friedhof; sie liegt unmittelbar neben der romanischen Peterskirche. Frohere Gedanken bekommt man beim Anblick der Rokokokirche der Brüder Asam. Das Straubinger Rathaus mit seinem Fünfspitzturm steht in der Mitte des langen Stadtplatzes.

Der Bogenberg, der hoch am Rande des Bayerischen Waldes aufragt, bietet südlich einen weiten Blick auf die Kornkammer Bayerns.

Straubing hat auch den einzigen Zoo Niederbayerns. Es gibt einen Motorboothafen, eine Wasserskischule und diverse Freizeitangebote mehr.

Straubing ist eine heitere Stadt an der Donau. Gäuboden wird das ebene Südufer der Donau genannt, und das jährliche Gäubodenfest ist das größte Volksfest nach dem Münchner Oktoberfest.

Annina hatte nach dem Vorstellungsgespräch, das für sie ein Einstellungsgespräch geworden war, eine freundliche, helle Dachgeschoßwohnung mit einem relativ großen, halbüberdachten Balkon gemietet. Hellgewischte Deckenbalken in allen Räumen. Die Küche war sehr großzügig, das wurde noch durch den Herd- und Arbeitsbereich, der sich in der Mitte des Zimmers befand, betont. Die Fenster aller Räume reichten vom Boden bis zur Decke.

Sonnendurchflutete, hinreißende Leichtigkeit strahlte das Dachgeschoß aus, das vor Annina von einer französischen Malerin bewohnt worden war, die die Liebe nach Straubing verschlagen hatte.

Welch ein Glücksfall für Annina, daß aus Mademoiselle Lagrange Frau Anton Zirnhuber geworden war.

Für Lars hatte sie in der jungen Frau eines Fluglehrers von der nahe gelegenen Flug- und Segelschule eine nette Betreuung gefunden. Sie tat sich noch schwer mit der neuen Umgebung, denn sie war erst vor kurzem von München mit ihrem Mann nach Straubing gezogen. Für Margret Neumeister kam der kleine Lars gerade recht und für Lars Margret Neumeister.

»Sollen wir zur Wohnung fahren oder gleich zum Straubinger Hof?« Brockmann drehte sich leicht über die rechte Schulter zu Annina, die neben dem Kinderkörbchen, in dem Lars zufrieden schlummerte, hinten saß.

»Ich würd' schon gern kurz mal gucken, ob die Möbel und Kisten und Kasten da sind, dann fahren wir in den Straubinger Hof, in Ordnung?«

»Dann lotsen Sie mich mal hin, Frau Doktor, ich kenne mich in Straubing nicht aus.«

Nachdem sie sich wegen der Einbahnstraßen zweimal verfranzt hatten, standen sie vor den niedrigen steinernen Arkaden, die die Häuserzeile umgaben.

»Da hinten, zwischen den dicken Steinsäulen durch, ist der Eingang, Herr Brockmann.«

»Da wohnen wohl die sieben Zwerge, was?« Brockmann lachte. »Wie gut, daß Sie keinen Konzertflügel im Umzugsgepäck haben, da kommt man mit 'nem Cello kaum durch, und 'ne Geige muß man hochkant tragen, was?«

Der Eingang war schmal und das Treppenhaus relativ eng im Gegensatz zur großzügigen Wohnung, in der bequem ein Flügel Platz gehabt hätte. Annina hatte fast keine Möbel aus Hamburg mitgenommen, bargen sie doch zuviel Erinnerung. Sie hatte alles Gottfrieds Bruder Claas überlassen, der in die Palmaille-Wohnung eingezogen war.

Lars gähnte und räkelte sich wach.

»Komm, Kleiner, zusammen geht's leichter.« Sie wickelte Lars behutsam in ein leichtes Wollplaid und nahm ihn aus dem Körbchen. Brockmann fingerte den braunen Umschlag »Schlüssel neue Wohnung« auf und reichte Annina einen Ring, an dem diverse Schlüssel baumelten.

Annina stieg aus, Brockmann war behilflich. Sie plazierte Lars auf die linke Hüfte und ging vorbei an den roten und rosa Hängegeranien, die rechts und links unter den Bögen der Arkaden üppig aus den Körben wucherten.

Sie öffnete die schwere Eingangstür und stand unmittelbar in bayrisch-blankgeputzer Gemütlichkeit. Es roch nach Frischgebackenem, jenem Geruch, der signalisiert, du bist zu Hause, du wirst erwartet, und es ist schön ...

Es wird alles werden, dachte Annina.

Auf der Treppe, in Bayern Stiege genannt, kam ihr freundlich maunzend eine Katze entgegen, die aussah wie der Zwilling von Kater Paulus.

Es war Kater Paulus!

»Tante Hetty, Tante Hetty«! Annina hastete, so gut es Baby und Treppe zuließen, nach oben.

In der geöffneten Wohnungstür stand tatsächlich Tante Hetty.

»Willkommen zu Hause ... Na, meine beiden, hattet ihr eine angenehme Reise?« Tante Hetty empfing sie mit offenen Armen.

Tante Hetty, Frau Neumeister und die Firma Ottermann hatten ganze Arbeit geleistet. Es war schon richtig wohnlich. Annina staunte.

Wunderbare, liebenswerte Tante Hetty! Sie hielt nicht nur die Fäden der Bamberger Tuchfabrik fest in ihren aristokratischen Händen, sie übernahm auch einen wichtigen Platz in Anninas Leben. Tante Hetty war Anninas Bamberger Familie.

Die Cronshagen-Walderstatt-Sippe mit Nichten, Großnichten, Neffen und Großneffen nannte Hetty – völlig zu Unrecht – den Familien-Napoleon. Nur weil Hetty genau wußte, was sie wollte, und vor allem, was sie nicht wollte.

In weiser Voraussicht hatte ihr Vater ihr die Leitung der Bamberger Tuchfabrik noch zu seinen Lebzeiten übertragen, und Hetty hatte für alle und alles die Verantwortung übernommen. Sie emanzipierte sich zu einer Zeit, da das Wort noch ein absolutes Fremdwort mit sieben Siegeln war.

Und nach dem Desaster der Hochzeit Hummer-Meyer – Cronshagen-Walderstatt übernahm sie auch mit Verständnis, Herzenswärme und sehr viel Feingefühl die Verantwortung für ihre Großnichte Annina. Sie war der liebste Mensch in Hettys Leben, und jetzt kam der kleine Lars dazu.

Natürlich nicht zu vergessen Kater Paulus.

In einer Zeit vor Handy, Fax und Internet behielt sie trotz zeitweiliger Abwesenheit den Überblick über alles, was die Fabrik betraf. Heute würde man Tante Hetty mit dem Attribut Top-Manager versehen.

Für die einen war sie eine sehr tüchtige Geschäftsfrau, für die anderen Napoleon Cronshagen-Walderstatt, und für Annina war sie die einmalige, zärtliche Tante Hetty.

»Kind, es ist dir hoffentlich recht, daß ich heute nicht mehr im Straubinger Hof übernachte, ich schlafe auf dem Gästesofa, wenn du erlaubst. Ich sagte Gästesofa, Protest zwecklos, schließlich bin ich noch keine alte Schachtel.« Hetty scheuchte beiläufig Kater Paulus vom Sessel, um es sich mit Lars im Arm darin bequem zu machen.

»Hat der Brockmann dichtgehalten?« wollte sie wissen.

»Und wie, er hat sich sogar absichtlich verfahren.« Annina sah Tante Hetty dankbar an und lächelte glücklich. »Es ist einfach schön mit euch. Es ist wunderbar, daß es euch gibt.« Sie küßte Tante Hetty auf die Stirn.

In der Küche hantierte rotwangig – »Ach, Frau Doktor, es ist ja alles so aufregend« – Frau Neumeister und versuchte, ihr erstes Fläschchen Alete zuzubereiten.

Brockmann brachte das Reisegepäck nach oben und wurde zum Kaffee mit frischem Guglhupf eingeladen.

Später holte Horst Neumeister seine Frau Margret ab. Er brachte Brot, Salz und einen Glückspfennig zum Einzug *und* eine Flasche Champagner, gekühlt!

»Willkommen in Straubing!«

✻

Der Sommer, die Stadt, die neuen Kollegen, die Patienten und die Arbeit im Krankenhaus allgemein lenkten Annina von ihrem Kummer ab. Sie hatte gut daran getan, aus Hamburg fortzugehen. Doch manchmal, ganz unvermittelt, war es eine Melodie, ein Duft oder ein ganz besonderer Abendhimmel, der Anninas Herz fast bersten ließ. Es tat so furchtbar weh. Doch dann lächelte oder krähte Lars Linderung.

Mindestens dreimal pro Woche telefonierte Annina mit ihren Schwiegereltern in Hamburg.

»Im Juni, Kind, auf dem Weg nach Italien, kommen wir nach Straubing«, hatte Johann-Jacob versprochen.

Bald war Juni!

Felicitas Cronshagen-Walderstatt war gleich Ende Mai in Straubing aufgekreuzt. Jetzt, da es den Hummer-Meyer nicht mehr gab, wollte sie den Kontakt zu Tochter Annina wiederherstellen und »einen Blick auf dieses Kind werfen«, wie sie sich ausdrückte. An einem Vormittag machte sie in Straubing bei der ahnungslosen Frau Neumeister einen Überraschungsangriff, denn Besuch konnte man das nun wirklich nicht nennen.

Frau Neumeister wurde überrumpelt, überrollt.

Felicitas Cronshagen-Walderstatt, die Eiskönigin aus Bamberg.

»Wo ist das Kind, ich bin die Mutter.« Grußlos rauschte sie an Margret Neumeister vorbei in die Wohnung.

»Das wüßte ich aber«, meldete sich Margret Neumeister zu Wort, nachdem sie sich nach kurzem Schock wieder gefangen hatte.

»Meine Liebe, die Mutter der Mutter, verstehen Sie«, erläuterte Felicitas in bekannt süffisantem Ton und schüttelte leicht den Kopf. Die Landbevölkerung, tzz.

Das Telefon läutete. Welch ein Glück. Es war der tägliche Anruf von Annina um die Mittagszeit.

»Hier ist eine Dame, Frau Doktor«, sie sah ungläubig zu Felicitas Cronshagen-Walderstatt, »die behauptet, sie wäre Ihre Mutter.«

»Trägt sie einen überdimensionalen Hut mit allerlei Geblümel auf dem Kopf?«

»Mmm.« Margret Neumeister nickte in den Hörer.

»Dann ist sie es!«

»Heilige Jungfrau«, erwiderte die verschreckte Neumeisterin mit skeptischem Blick zu Felicitas.

»Wie recht sie haben!« Annina lachte.

Annina nutzte die Mittagspause, um schnell nach Hause zu fahren, denn sie kannte die Verhaltensweisen ihrer Mutter, und sie wollte auf gar keinen Fall, daß das gute Verhältnis zu Margret Neumeister durch Cronshagen-Walderstattsche Arroganz getrübt wurde. Ihre Mutter war Meisterin in verbalem Messerwerfen. Also war Eile geboten.

Annina radelte, ohne sich umzuziehen, im Kittel, so schnell es ging, nach Hause; das baumelnde Stethoskop zog sie während der Fahrt vom Hals und stopfte es in die Kitteltasche.

Zwischenzeitlich hatte Felicitas Cronshagen-Walderstatt sich auf das Sofa garniert und nippte an einer Tasse Tee, die Frau Neumeister ihr serviert hatte.

Annina lehnte das Fahrrad an die Hauswand und hastete die Treppen hoch.

»Mein Gott, bist du dünn geworden«, empfing Felicitas ihre Tochter.

Sie hat sich nicht verändert, dachte Annina. Laut sagte sie: »Guten Tag, Mama ... Du hast mich auch fast zweieinhalb Jahre nicht gesehen.«

»Ach ja, ... Guten Tag, Annina, ich hoffe doch, es wird ein guter Tag für uns.« Sie reichte Annina die Hand in der Art, wie Operettendiven sie langweiligen Anbetern darreichen. Oh! Oh! Sie hat immer noch die Wärme und Herzlichkeit eines Gefrierfachs, dachte Annina und setzte sich auf die Sessellehne.

»Das Kind ist ja ein ganz nettes Kerlchen, hoffentlich kommt er nach unserer Familie ...«

»Das hoffe ich nicht. Mama, bitte entschuldige mich, ich möchte den Kleinen kurz begrüßen.«

»Das mußt du nicht, er schläft«, meinte sie und versuchte, ihre Tochter zu bremsen.

»Trotzdem, Mama, möchte ich ihn sehen.«

»Gluckengehabe.« Felicitas griff zur silbernen Teekanne und schenkte sich nach.

Margret hatte sich mit Lars in die äußerste Ecke des Balkons zurückgezogen, sicherheitshalber auch noch hinter einen Blumenkübel.

»Sind Sie richtig miteinander verwandt?« Sie guckte Annina ungläubig an.

Annina nickte, streichelte dem schlafenden Lars die Bäckchen, lächelnd stupste sie Frau Neumeister auf die Nase: »Ja, sie ist meine Mutter.«

Sie zuckte mit den Schultern, warf eine Kußhand und ging wieder nach drinnen.

Der Wohnraum strahlte behagliche Gemütlichkeit aus. Da er fast vierzig Quadratmeter groß war, hatte Annina ihn geschickt zu einem Wohn-Schlaf-Eßzimmer kombiniert.

Ein großes, altes französisches Messingbett, endlos breit, bequem, voller provençalischer Kissen in verschiedenen Größen stand an der Querwand und bot einen freien Blick in den Straubinger Himmel.

Stimmungs- und wirkungsvoll war das »Eßzimmer«: ein großer alter Bauerntisch, frech dazu die Rokokostühle; Tante Hetty hatte sie Annina geschenkt, alter Cronshagen-Walderstatt-Besitz. Über allem baumelte ein riesiger Kristallüster, den hatte ebenfalls Tante Hetty organisiert. Sie hatte ihn, trotz energischen Protestes der gesamten Sippe, kurzentschlossen im Musikzimmer des Hauses abhängen und in Straubing wieder aufhängen lassen.

»Macht hier einer Musik?« hatte sie gefragt, um festzustellen: »Hier macht jeder nur Lärm! Bitte abhängen und einpacken, meine Herren«, wies sie die firmeneigenen Handwerker an. Und nun hing der Luxusleuchter, bestückt mit vielen Kerzen, in Straubing. Er war ein Traum.

Zwei Sessel, groß wie eine fürstliche Sitzbadewanne, damals für die langen Beine von Gottfried angefertigt, und ein Sofa, groß wie eine Studentenwohnung, standen in der anderen Ecke des Raums. Von Sofa und Sessel konnte Annina sich nicht trennen – eine Reminiszenz an glückliche Hamburger Tage.

(Die Sessel und das Sofa gibt es heute noch, bereits zum vierten Mal bezogen, aber unverwüstlich stehen sie in Schaernlach vor dem Kamin.)

Auf dem Sofa saß immer noch hingegossen Felicitas Cronshagen-Walderstatt.

»Entschuldige, wenn ich so in Eile bin, aber ich muß wieder in die Klinik. Bleibst du länger?«

»Wieso arbeitest du? Bist du nicht ausreichend versorgt?« fragte Anninas Mutter spitz.

»Ich arbeite, weil ich es will, Mama. Durch meine Hamburger Familie bin ich sehr gut versorgt, aber ich will arbeiten.«

Geringschätzig zog Felicitas die Luft durch die Nase ein und fuhr sich irritiert durch die Locken. Den Hut hatte sie inzwischen abgenommen und malerisch auf die breite Lehne des Sofas drapiert.

Felicitas oder die Allüre an und für sich.

»Sie lebt in Bildern«, hatte Tante Hetty schon vor Jahren über Felicitas gesagt und es auf den Punkt gebracht. In der Tat. Selbst die Beerdigung von Justus Cronshagen-Walderstatt, ihrem Mann und dem Vater ihrer Kinder, der 1938 einen plötzlichen Herztod starb, stilisierte Felicitas zu einer Orgie aus schwarzem Tüll, Organza und viel Richard Wagner. Diese Trauerfeier war ein Ereignis!

Und mittendrin: Felicitas, umhüllt von wehendem Schwarz; eine Tragödin, die allen Bühnen der Welt Ehre gemacht hätte. In weißglänzendem Satin daneben ihre Töchter Elisabeth, Florentine und Annina – verschreckte kleine Kamelien.

Sohn Konstantin im strenggeschnittenen schwarzen Anzug durfte neben ihr gehen, ach was: schreiten, so daß Felicitas sich auf seine Schultern stützen konnte.

Tante Hetty hatte beherzt Unordnung in die Trauerriege gebracht, die choreographische Trauer so richtig durcheinandergewirbelt, denn sie ging zu den drei kleinen Mädchen, um ihnen beschützend die Arme um die Schultern zu legen. Besonders Annina kuschelte sich verängstigt an ihre Tante Hetty.

Einschulungen, Weihnachten, Geburtstage, Abiturfeiern wurden ebenfalls unter Felicitas' Händen wirkungsvoll in Szene gesetzt. Ansonsten war sie ein bißchen karitativ tätig, vor allem in der Weihnachtszeit, sammelte ausrangierte Brillen für die Dritte Welt mit ihren Bridge-Damen, war Vorsitzende des Bamberger Hausfrauen-Vereins, golfte ein bißchen, legte Patiencen oder hatte Migräne.

Und dann gab es noch Justitiar Doktor Wendelin von Marbacher, seit fünfzehn Jahren Bewunderer von Felicitas, die immer wieder betonte, alles sei rein platonisch …

»Liebe Felicitas, du betonst es so oft, daß wir es nun auch bestimmt *nicht* mehr glauben. Laß dich bewundern, meinetwegen auch platonisch, aber genieße es!« hatte Tante Hetty gesagt, der das jüngferliche Getue auf die Nerven ging.

»Hetty, Contenance. Please.« Felicitas rang nach Luft.

»Schnickschnack«, war die Antwort von Hetty Cronshagen-Walderstatt.

»Daß du arbeiten willst, daran werde ich wohl nichts ändern können, aber daß meine Tochter Meyer heißt, es noch deutlich auf ein Schild an die Haustür schreibt – ich denke, darüber sollten wir reden. Du bist eine Cronshagen-Walderstatt …«

»… die Gottfried Meyer aus Liebe geheiratet hat«, fiel Annina ihrer Mutter in die Parade. »Unmißverständlich: Ich heiße Meyer, Mama!«

Über zwei Jahre hatten sie sich nicht gesehen. Es war soviel Endgültiges, Trauriges geschehen, und ihre Mutter plätscherte in Oberflächlichkeiten. Der Name Meyer, ausschließlich ihr Name war von Interesse. Nicht ihr Kind, nicht sie, die Tochter. Meyer war das Brandmal in ihren Gedanken, sonst war nichts relevant.

Felicitas war eine Meisterin im Verdrängen, und was es in ihren Gedanken nicht gab, hatte auch nie stattgefunden. Nicht einmal der Tod von Gottfried hatte sie Annina gegenüber zu einer Reaktion veranlaßt. Kein Brief, nichts. Die Geburt ihres ersten Enkelkindes – verdrängt. Ein Wikingerbaby, womöglich noch rothaarig!

An einem schönen Sommertag, kurz nach ihrem Hamburg-Besuch, hatte Hetty das Gespräch auf die Hochzeit gebracht. Ihr war so nach Geschütze-in-Stellung-Bringen, um die in weißem Leinenbatist unter dem Sonnenschirm sitzende Felicitas, die an ihrer Limonade nippte und eine Patience legte, ein bißchen aufzuscheuchen, ihr so ein ganz bißchen den Tag zu verderben.

»Hamburg ist eine Traumstadt«, eröffnete Hetty harmlos das Gespräch.

»Was du nicht sagst.« Felicitas blickte weiter auf die Karten. »Du warst in Hamburg, wann?« fragte sie so nebenbei.

»Deine Tochter hat geheiratet.«

»Schau an, schau an, diesen Fisch-Fritzen, nicht wahr?« Sie ergriff das Glas mit der Limonade und rührte mit dem langen Silberlöffel durch das klirrende Eis.

»Aber du willst mir doch nicht allen Ernstes an einem so wunderschönen Tag von dieser Fischerhochzeit erzählen, liebe Tante Hetty.«

»Will ich doch«, trotzte Hetty. »Die Hochzeit war ein Ereignis.«

»Haha, das kann ich mir denken«, antwortete Felicitas mit bösen Untertönen.

Hetty ließ sich nicht beirren, sondern flötete sanft: »Familie Meyer ist eine gestandene Hamburger Familie, Luise Meyer ist eine Hamburger Reedertochter, also aus bestem Stall, wie du zu sagen pflegst ... Ach und deine Tochter«, schwärmte Hetty, »deine Tochter war eine wunderschöne Braut, gehüllt in einen Traum von Schulze-Varell.«

Hetty kostete ihren Triumph aus, und Felicitas schwappte Limonade auf die Patiencekarten. Das wiederum registrierte Hetty mit großer Genugtuung. Sie setzte noch eins drauf.

»Dieser Schulze-Varell ist ein reizender Mensch.«

Aus den Augenwinkeln sah sie, daß ihre Nichte sich ärgerte, deshalb machte sie munter weiter.

»Wir haben herrliche Abende mit ihm bei ›Jacobs‹, ›Lemcke‹, in der ›Insel‹ und Gott weiß noch wo verbracht ... Luise Meyer, du weißt, Liebes, Anninas Schwiegermutter, ist sehr mit ihm befreundet. Auch mit Heinz Oestergaard. Er kam zu einem Abendessen im kleinen Kreis.« Hetty ließ sich ihre kleinen Bosheiten wie feine Eclairs auf der Zunge zergehen.

Ihre Nichte hüstelte.

Aha, dachte Hetty, angebissen.

»Du hast nicht gefehlt, Felicitas, es gab nichts zu inszenieren. Glück läßt sich nicht in Szene setzen. Es ist einfach da.«

Felicitas' schob ihrem Bassett einen Löffelbisquit in die sabberige Schnauze. Sinnigerweise hörte er auf den Namen Napoleon. Im Jahr 1959 haben die Hush-Puppie-Hunde die Pudel verdrängt. Wer auf sich hielt und einen Hund hielt, hatte einen Bassett – krummbeinig mit riesigen Hängeohren und großen melancholischen Augen.

Felicitas' Triefaugen-Napoleon plinzte unter der Madeirastickereidecke hervor, die sich wie eine Novizinnenhaube über seine wellige, faltige Stirn legte. Sein Lieblingsplatz war zu Füßen von Felicitas, mal vor dem Kamin, mal vor dem Schreibtisch oder wie jetzt unter dem Gartentisch.

Es gibt Hunde und blöde Hunde, dachte Hetty. Ihr mangelte es nicht an nötiger Tierliebe, aber dieses Exemplar war ein Langweiler par excellence.

»Ich hoffe, Felicitas, deine Patience geht auf.« Hetty verabschiedete sich eilig, denn sie hatte eine Idee …

Schulze-Varell auf der Meyer-Hochzeit, das mußte Felicitas erst einmal verkraften. Mit ihrem Stickereitaschentüchlein tupfte sie Asse, Kreuze, Buben, Damen und Könige trocken, die sie mit Limonade beschwappt hatte.

Sie nahm die Karten zusammen, um sie erneut zu mischen und wieder auszulegen.

Schulze-Varell … entspanne dich, Felicitas, suggerierte sie sich, sonst bekommst du eine fürchterliche Migräne. Schulze-Varell bei Hummer-Meyer, verflixt!

Auf der Fensterbank in Hettys kleinem Salon lag zusammengerollt Kater Paulus schnurrend im Halbschlaf in der Sonne.

»Na, mein Katerchen.« Hetty kraulte ihm die Kehle. »Du willst doch nicht den Tag faul auf der Fensterbank verschlafen, komm Paulus.« Hetty ergriff den gemütlichen, rundlichen Kater und klemmte ihn unter den Arm.

Vor der Terrassentür setzte sie ihn ab.

Paulus reckte und streckte sich, plierte dösig in die Sonne, stellte seinen Katzenschwanz wie ein Teleskop in die Höhe und sprang mit leichten Pfoten auf eine der Balustraden, um besser in die Gegend sehen zu können.

Gab es etwas, was ihn interessierte, was seine Aufmerksamkeit erforderte?

Hetty ging ins große Eßzimmer in der ersten Etage; von dort hatte man die beste Aussicht, von dort konnte sie auch über die wuchernden Rhododendronbüsche schauen, die unten von der Aussicht viel versperrt hätten. So hatte sie einen freien Blick.

Hetty bot sich ein anmutiges Bild: Patience legende Dame in weißem Kleid unter Sonnenschirm hätte man es betiteln können, wäre es ein Gemälde gewesen, denn Monet, Degas, Renoir oder ein anderer Impressionist hätte mühelos die zauberhafte Atmosphäre eingefangen und auf die Leinwand gebracht.

Sommerliche Leichtigkeit.

Grazil legte Felicitas eine neue Patience. Bassett Napoleon hatte sich unter den schattenspendenden Gartentisch verkrochen.

Kater Paulus wurde es langweilig auf seiner Balustrade, er hüpfte hinunter, um zu sehen, was der sommerliche Garten für einen Kater so bot.

»Endlich«, sagte Hetty und zündete sich genüßlich ein Zigarillo an.

Napoleon-Bassett-Triefauge lag bäuchlings auf dem kühlenden Rasen unter dem Tisch. Ab und zu lupfte eine leichte Sommerbrise das bodenlange Tischtuch, so daß er bis zum Haus freie Sicht hatte.

Von einer Sekunde zur anderen sträubten sich seine Nackenhaare zur Wurzelbürste: da stand sein Lieblingsfeind Paulus am Fuß der Steintreppe, die auf die Terrasse führte.

Kater Paulus bekam im wahrsten Sinne des Wortes Wind von der Kreatur aus seinen Katzenalpträumen. Wahrhaftig, er witterte Napoleon Bassett.

Na warte, dachten beide und setzten zum Sprint an.

Die Keilerei konnte beginnen!

Was von der zauberhaften, sommerlichen Gartenidylle blieb, reichte höchstens noch für eine Collage der Jungen Wilden, nix mehr mit hingetupftem Impressionismus.

Tante Hetty verließ lächelnd das Fenster. »Das war für die Fischerhochzeit, Felicitas, du hochnäsiges Ding!«

Sie ging nach unten und goß sich einen doppelten Brandy ein, schließlich mußte sie die Gemeinheit runterspülen; man ist ja nicht widerlich von Natur aus, doch manchmal geht es eben nicht anders.

Sie öffnete die Terrassentür, um Kater Paulus hereinzulassen. Der trippelte die Treppe nach oben. Im kleinen Salon hüpfte er auf das Fensterbrett und schnurrte sich in wohligen Halbschlaf.

Die arme Felicitas bekam ihre Migräne.

»Mama, bitte, ich will dich nicht drängen, aber ich muß zurück … Bist du noch da, wenn ich wiederkomme?«

»Um Mitternacht?« fragte Felicitas sarkastisch.

Annina lächelte trotzdem. »Nein, Mama, ich habe um siebzehn Uhr Schluß. Es wäre schön, wenn wir etwas Zeit füreinander hätten.«

»Dein Bruder Konstantin hat mich mitgenommen, er hat heute in Sankt Englmar eine Besprechung. Wir wollen gemeinsam in Schaernlach in der Brauerei zu Abend essen.«

»Du gehst in eine Brauerei zum Essen?« Ungläubig sah Annina ihre Mutter an.

»Pah, man merkt, du bist noch nicht lange hier. Die Brauerei in Schaernlach ist etwas ganz Besonderes, eine ausgezeichnete Küche, sehr exquisit, dazu kommt die Traumlage, unmittelbar an der Donau. Ein Ambiente, wie es schöner nicht sein kann.« Sie griff zur Teekanne, um sich noch einmal nachzuschenken.

»Die ist von Hetty, nicht wahr, Kind?« fragte sie süß und unecht.

»Ja, altes Cronshagen-Walderstatt-Silber, noch von Tante Hettys Urgroßmutter«, antwortete Annina ehrlich und voller Freude.

»Als wenn ich das nicht wüßte.« Felicitas stellte mit einem kleinen Stupser die Kanne auf den Tisch zurück. »Hetty verwöhnt dich sehr. Das ist nicht zu übersehen.«

»Mama, bitte.« Annina ging das Geplänkel schrecklich auf die Nerven, aber sie bemühte sich, nicht die Beherrschung zu verlieren. Sie sah auf die Uhr und ging zu Frau Neumeister und Lars, um sich zu verabschieden.

Eigenartig, zu Margret Neumeister habe ich eine herzlichere Beziehung als zu meiner Mutter, ich fremdele mit ihr und sie mit mir. Mama ist der bestangezogene Eisblock, den ich kenne, dachte Annina.

»Wenn du magst, kannst du gegen neunzehn Uhr nach Schaernlach kommen.« Felicitas war aufgestanden, nein: sie hatte sich erhoben und bot ihrer Tochter die Wange zum Abschied.

Spontan umarmte Annina ihre Mutter.

»Schön, daß du da bist, Mama. Ich freue mich, auch auf heute abend.«

Draußen war sie.

Felicitas zupfte sich nach der Umarmung das Kleid zurecht, obwohl nichts in Unordnung geraten war.

Das Wilde, Ungestüme hat Annina von ihrem Vater, diesem Bamberger Barockmenschen, dachte sie. Daß sie,

Felicitas, aus denselben Gründen vier Kinder mit ihm hatte, daran dachte sie nicht …

Annina bog mit ihrem VW-Käfer in die breite Einfahrt ein, die zur Brauerei Schaernlach führte.

War das schön hier, die parkähnliche Auffahrt, die Brauerei, das Restaurant, der Biergarten, das Bräustüberl … Die Lage, ein Traum …

Das war im Juni 1959.

⁂

»Nimmt Claus einfach meinen Wagen mit, ja bin ich denn Captain Kirk oder wie oder was? Was denkt sich dieser Bernbacher? Daß ich mich nach Starnberg beame?«

Laut schimpfend stieg Sophie in die Dusche.

Auch so ein Ding. Eine Jet-Stream-Dusche mußte es sein. Nach den Wünschen von Claus Bernbacher installiert.

»Da fühlte man sich nicht als Mensch, sondern als Großbrand«, stellte Sophie nach der ersten Benutzung fest. Aus allen Himmelsrichtungen schießt Wasser. Natürlich ließen sich die Düsen regulieren, abstellen. Doch wie? Nach rechts oder links, nach oben oder nach unten? Mit leichtem Druck oder scharfem Ruck?

Sophie haßte das Duschbiest! Wie man sich badet, so lebt man, warb ein Bäderhersteller. Na, das war doch eine Erklärung …

Völlig in Gedanken schloß Sophie die gläsernen Türen – auch eine sehr hausfrauenfreundliche Einrichtung – und schaltete die Dusche ein. Das Duschinferno kam prompt, alle Brausen und Duschköpfe gaben ihr Bestes. Sophie kämpfte mit kalt und heiß, *medium* und *low, strong* und *extra strong. Jet-stream at its best!*

Sophie, du Rind, warum nimmst du eigentlich kein Bad?

Prustend und blind durch die Wasserfontänen, die ihr mit Hochdruck ins Gesicht prasselten, versuchte sie die richtigen Armaturen, Hebel und Hähne zu ertasten.

Da sie allein war, benutzte sie das befreiende Wort, das man Kindern energisch verbietet. Übrigens ist es noch effektiver, setzt man »verdammte« davor.

Als chaotisches Extra klingelte auch noch das Telefon.

Was für ein Tag, dabei fängt er erst an. Die Haare klebten ihr wie eine Gardine, die ein Sommergewitter aus dem geöffneten Fenster geholt hatte, vor dem Gesicht. Klatschnaß, halbblind, tapste sie zum Telefon.

»Bernbacher«, prustete sie schniefend.

»Guten Morgen, Sophie, haben wir dich geweckt?« fragte Schwiegervater Ludwig.

»Nicht geweckt, vor dem Ertrinken bewahrt. Guten Morgen.«

»Sophie, mein Engel, deine Mamina und ich sitzen hier immer noch mit den Kaffeetassen in der Hand, unglaublich, aber gemütlich, denn in einer halben Stunde kommen Florian und Bastian bereits aus der Schule.«

Annina stupste Ludwig leicht am Oberarm und bedeutete ihm, er solle zur Sache kommen.

»Sophie, heute ist Freitag, und wir haben uns gedacht, wir nehmen die Jungs mit auf ein langes Wochenende nach Schaernlach … Ihr, ich meine Claus und du, ihr hättet ein ruhiges Wochenende für euch. Allein!«

»Lieb von euch, aber ob es ein ruhiges Wochenende wird, wage ich zu bezweifeln«, antwortete Sophie und versuchte, sich nebenbei in ein Badelaken zu wickeln.

Kurzentschlossen reichte Ludwig den Hörer weiter.

»Guten Morgen, ich hoffe, es ist ein guter Morgen, Sophie, oder?«

»Grüß dich, Mamina. Wenn du mich nach dem gestrigen Abend gefragt hättest, hätte ich dir geantwortet: ein voller Erfolg! Der Morgen übt noch. – Übrigens, Claus ist mit den

Siebenunddreißigern aus dem Haus. Es sei denn, sie liegen in der Mülltonne.«

»Laß es im Ungewissen. Macht euch einen schönen Abend, ja? Wir fahren in spätestens einer Stunde los. Hier ist alles in bester Ordnung. Kober hat den Garten noch unter Wasser gesetzt, es wird also nichts vertrocknen. Ihr könntet also auch in München bleiben. Schönes Wochenende …, und mach was daraus. Wiedersehen.«

Zufrieden lächelnd legte Annina schnell auf. Nur keine Widerworte.

»Wiedersehen … Grüße an alle … Auch an Lars, wenn er da ist …«

Lars – Claus … Nun hatte sie Claus, doch damals … Der vom Nachtasyl …

Sophie ging zurück ins Bad und rubbelte sich die Haare trocken. Aus der Küche holte sie sich den Rest Kaffee. Mit dem Kaffeehaferl in der Hand ging sie auf die kleine Dachterrasse, kurbelte mit der freien Hand die Marquise herunter, prüfte die Feuchtigkeit ihres Oleanderbaumes und verkrümelte sich in einen der beiden Gartensessel.

In der Sonne war es wohlig warm, und Sophie genoß die Ruhe. Eine Stunde zum Ausatmen.

Ach ja, der aus dem Nachtasyl … Lars …

Mein Gott, war Josepha damals durch den Wind. Einen Aufstand hatte sie gemacht: Nachtasyl!

Das brachte die oberbayrische reine Seele Josepha Manzinger völlig vom Kurs ab.

Unter Husten, Lachen, sich fast verschluckend vor lauter Lacherei, hatte Sophie die Geschichte erzählt und versucht, Mißverständliches aufzuklären.

Josepha guckte ungläubig und machte Augen, groß wie Spiegeleier, während Sophie berichtete. Mißtrauisch verzog Josepha die Mundwinkel. Na, so ein Schmarrn. Zufrieden war sie noch nicht.

Therese Dobler, Sophies Mutter, hatte dann das Wort ergriffen, um ein klärendes Fazit aus der gelachten und gehusteten Geschichte zu ziehen.

»... und, Josepha: das ›Nachtasyl‹ ist von Maxim Gorki«, beendete sie ihre Ausführungen.

»Mir wurscht, wem die Pension g'hört. Hauptsach', dem Sopherl is' nix g'schehn, geh, Sophie.«

Entschlossen wickelte sie Sophie den Halswickel ab. »Ich mach'n neuen.«

In der Tür drehte sie sich noch einmal kopfschüttelnd um. Damit war die Angelegenheit ein für allemal für sie erledigt. »Tzzz!«

Therese Dobler prustete in die Dirndlschürze, und Sophie verkroch sich lachend unter das Plumeau. Seitenstechen hatten sie vom Lachen. Pension Nachtasyl! Zum Glück hatte Josepha von dieser Lacherei nichts mitbekommen.

Damals, an einem ausgerutschten warmen Frühlingstag im April, parkte ein schnittiger offener 190er SL auf dem auseinanderstiebenden Kies vor dem Dobler-Hof ein. Mit kühnem Sprung über die geschlossene Wagentür sprang ein junger Mann Leopold Dobler direkt vor die Füße.

»Na, klemmt die Tür?«

»Die Tür? Nein. Wieso? Ach so. So ist es sportlicher, denke ich, oder? Guten Tag, wo finde ich bitte die Sophie? Die Sophie Dobler«, fragte er höflich.

»Die Sophie Dobler, soso. Zu meiner Tochter wollen Sie, aha.« Leopold Dobler stopfte seine Hände bequem in die Taschen seiner hirschledernen Bundhose und sah sich den jungen Mann näher an. Sympathisch, dachte er. Offenes Gesicht, fröhliche Augen, mal sehen, was der vom Sopherl will.

Und Lars dachte: Das ist also der Vater.

Großartig sah der Herr Dobler aus und so bayrisch. Er trug ein olivfarbenes Leinenhemd, die oberen zwei Knöpfe offen. In seinem von Wind und Wetter gebräunten Gesicht funkelten grüne Augen … Grüne Augen, träumte Lars. Grüne Augen hatten ihn bei eisiger Kälte zum Schmelzen gebracht …

Lars zuckte zusammen und fuhr aus seinem Wachtraum auf, denn Leopold Dobler hatte kräftig in die Hände geklatscht.

»Schöner Traum?« fragte er lachend und kniff ein Auge zu.

»Ja, ein schöner Traum. Ich dachte an Sophie. Bitte entschuldigen Sie, Herr Dobler, ich habe mich noch nicht vorgestellt. Sonst bin ich nicht so stoffelig.« Er deutete eine Verbeugung an. »Lars Meyer. Und Bernbacher hintendran.«

Dobler streckte ihm die Hand entgegen.

»Willkommen. Die Sophie ist hinten im Garten. Kommen Sie.«

Während sie durch das seitliche Tor, das zum hinteren Gartenweg führte, gingen, sah sich Dobler den jungen Mann, der sicherlich einige Bedeutung im Leben seiner Sophie zu haben schien, aus den Augenwinkeln noch einmal genauer an.

In der Tat: Seine Sophie hatte einen guten Geschmack. Nein, einen sehr guten! A la bonheur! Oder, auf bayrisch: Xefix!

»Sophie! … Sophie … Sopherl, wo steckst du?«

»Hier hinten bin ich, Papa.«

»Besuch für dich!«

Sophie tauchte hinter den Holundersträuchern hervor. Sie trug Jeans, ein weißes T-Shirt und erdbeschmierte weiße Turnschuhe. In der einen Hand hatte sie ein Pflanzholz und in der anderen eine Knolle »Golden Tiger«.

»Lars? … Lars, du?« quietschte die hocherfreute, völlig überraschte Sophie ungläubig und rannte den breiten Gartenweg hinunter zu Lars.

»Sophie! … Sophie! … O Sophie.« Er rannte ihr entgegen.

Da schau her, dachte Leopold Dobler und stieg vorsichtig seitlich über die Erdbeerbeete, denn er wollte nicht stören.

Pflanzholz und »Golden Tiger« flogen rechts und links in die Rabatten.

Beide waren sich sehr schnell durch den großen Garten entgegengelaufen und konnten das Tempo nicht zeitig genug abbremsen, sie flogen sich förmlich entgegen. Lars fing Sophie in seinen Armen auf. Sophie hielt ihre erdverschmierten Hände ausgestreckt über seine Schultern.

Sophies Augen strahlten, funkelten, leuchteten wie der gesamte Broadway um Mitternacht. Und die von Lars nicht minder. Sophie legte zärtlich ihre Handrücken um den Hals von Lars.

»Sophie, o Sophie, wenn du wüßtest, wie lange ich davon geträumt habe.«

»Und ich erst. Bist du wirklich hier? Kneif mich bitte.«

»Nicht kneifen, Sopherl, ich weiß etwas viel Besseres ...«

Der Rest war Silvesterfeuerwerk im Kettenkarussell ...

»Der Kaffee ist fertig!« rief Leopold Dobler vom Haus her in den Garten – dreimal hatte er schon gerufen – und bremste das Kettenkarussell.

Langsam schaukelte es sich aus, und Sophie und Lars bekamen wieder Boden unter die Füße.

Lachend, Hand in Hand rannten beide los.

»Wir kommen!«

Vor der Treppe, die auf die hintere Terrasse führte, blieb Lars stehen und schnupperte in die Luft.

»Riechst du das auch, Sophie?« Laut schnüffelte er.

»Klar, das ist Pferdemist, meine Mutter schwört darauf.« Sophie lachte. »Ich rieche so, weil ich damit gepflanzt habe. Und jetzt stinkst du genauso, weil dir alles am Kragen hängt.«

»Mir völlig wurscht.« Erneut zog er Sophie in die Arme.

Ein Telefon läutete. Lange, laut und schrill.

Schade, ausgerechnet jetzt ... Sophie kehrte zurück auf die Dachterrasse. Eben noch hatte sie so schön in die Wolken geträumt.

»Sophie Dobler«, meldete sie sich.

»Frau Bernbacher, wie kommst du denn auf Dobler? Die Zeiten der Dobler Sophie waren mit unserer Hochzeit vorbei.«

»Claus, du?« fragte Sophie gedehnt, die sich noch aus ihrem Traum schälen mußte.

»Ja, ich, warum nicht ich? Du, Sophie, die Eltern haben die Jungens mit nach Schaernlach genommen, so daß wir ein Traumwochenende für uns haben, ist das nicht himmlisch?« flirtete er frech ins Telefon.

»Notwendig, lieber Claus, nicht himmlisch«, zickte Sophie, die eben noch so schön weit weg gewesen war.

»Himmlisch notwendig«, balzte Claus weiter. »Sei lieb, meine Schöne. Was machen wir? Starnberg oder München? Bernbacher-Wochenendorgie mit Champagner und Kerzenlicht ... Also München oder Starnberg? Wenn du für München bist, komme ich rein. Bist du für Starnberg, kommst du raus, okay? Ist ganz bequem mit der S-Bahn, maximal eine halbe Stunde.«

»Sagt dir das Wort Chuzpe etwas? Es ist hebräisch, steht für Unverfrorenheit, Dreistigkeit und Unverschämtheit.«

»Warum?« fragte Claus scheinheilig. »Wie kommst du darauf?«

»Weil du ein gerüttelt Maß davon besitzt«, antwortete Sophie.

»Schöne, spröde, heißgeliebte Sophie.«

Der klopft dich gerade wieder weich, dachte sie, laut sagte sie: »Sie finden mich in München, Herr Doktor Bernbacher. Aloah!«

»Was findet ihr eigentlich bloß an Händel und Bartholdi«, motzte Florian, dem die Musik aus dem Autoradio an den kindlichen Nerven zergelte.

»Es heißt Mendelssohn-Bartholdy, das ist der eine, und der andere ist Händel, Georg Friedrich Händel«, erklärte Ludwig Bernbacher seinem Enkel.

»Echt?«

»Ja, echt, und Mendelssohn-Bartholdy, Mozart, Bach und wie sie alle heißen finden deine Großmutter und ich super-cool, sozusagen megagei ...«

»Ludwig!« fuhr Annina dazwischen und sah ihren Ludwig mit gespielter Empörung von der Seite an.

»Liebes«, entgegnete Ludwig seiner Frau. »Du hast null Ahnung, bist nicht auf Ansage. Nullo, dabei ist alles so voll easy.«

Ludwig zwinkerte Annina zu, die wie vom Donner gerührt ihren Ludwig anstarrte.

»Bartholdi grooved megamäßig, ey?« Lächelnd schaltete Ludwig in einen anderen Gang.

»Großpapa, wie redest du denn«, empörte sich entsetzt sein Enkel Bastian.

»Genau wie ihr. Voll die power«, war die Antwort.

»Ludwig, wo hörst du denn so etwas!« Annina schüttelte sich.

»Im Fernsehen, wo sonst. Booaah, ist doch superdooper, easy, ey.«

»Opa, hör auf!«

»Wieso? Wenn ihr so redet, warum denn nicht wir auch? Manno, is' doch voll cool, ey.«

»Nein, laß das, Opa, bitte. Es ist ganz furchtbar.« Florian war ehrlich entsetzt.

»Genauso furchtbar ist es für uns, euch manchmal zuzuhören. So, nun aber Schluß, was wollt ihr hören? Habt ihr Kassetten dabei?«

»Logo«, antwortete Bastian und fing sich einen strafenden Blick von seinem Bruder ein.

»Wir haben ›Spice Girls‹, ›Fury in the Slaughterhouse‹, ›Crash-Trash‹ und so.« Bastian kramte in seiner Tasche.

»Her mit den Gewürznelken.« Ludwig hielt die Hand nach hinten, legte die Kassette ein, ergriff Anninas Hand, küßte sie, lächelte und sagte: »Wir werden es überleben.«

»Echt cool... Ich meine, äh, ja nich', oder?« Bastian grinste blöde.

»Du willst sagen, wir haben Supergroßeltern«, unterstützte Florian seinen Bruder. »Ey.«

»Heiliger Vater!« Annina sah gequält auf die Landstraße.

Mahhmahh, plärrten die Girls, die schon lange keine mehr waren. Ludwig, Annina, Bastian und Florian sangen aus vollem Herzen mit. Man muß eben das Beste aus jeder Situation machen. Mahhmahh mia!

»Wollen wir nachher irgendwo Plastikburger essen oder zu Hause gemütlich bei Kerzenlicht was Schönes?« wollte Annina wissen.

»Wir können doch Fritten und Cheeseburger holen und die gemütlich zu Hause bei Kerzenlicht essen«, meinte Bastian arglos.

Ludwig und Annina prusteten los.

Flo klapste seinem Bruder die flache Hand vor den Kopf. »Du bist ja noch doofer als wie Verona, du kannst einen schwer auf dem Wecker gehen.«

In Schaernlach herrschte Hochbetrieb. Der Parkplatz quoll über von Autos. Drinnen und draußen waren alle Stühle besetzt. Die Fenster waren weit geöffnet, so daß Innen und Außen zu einer Einheit verschmolzen, ein Gewirr von Stimmen hing in der Luft. Sommerlicher Spätnachmittag unter weißblauem Himmel.

»Wir bleiben gleich draußen, okay? Und heute abend ist Gemütlichkeit mit Kerzen angesagt«, stellte Bastian fest und wühlte sich aus dem Auto.

»Ihr müßt Verständnis haben«, sagte Florian, »er ist der Unterbelichtete von uns beiden. Doof, aber lieb. Es wäre richtig schön, wenn wir uns einen gemütlichen Abend mit euch machen können, ehrlich. Tschauie, ich muß dem Deppen hinterher.« Mit diesen Worten stieg Florian aus, um seinem Bruder hinterherzurennen, doch er besann sich anders: Erst öffnete er Annina die Autotür, dann rannte er los.

»Benehmen hat er ja, leicht verschüttet, aber vorhanden.«

»Laß nur, Ludwig, wir können ganz zufrieden sein.« Annina küßte Ludwig leicht auf die Wange.

»Alles wird gut«, antwortete Ludwig und klapperte mit den Augendeckeln.

»Ludwig, du siehst wirklich zu viel fern.« Annina hakte ihren Ludwig unter und ging mit ihm ins Haus.

In der Bernbacher-Klinik richtete Claus eine Nase, und später mußte er Herrn Direktor Schmidt-Gunzenbach noch die Ohren anlegen.

»Ich verstehe nicht«, sagte Schwester Anne, »nun hat dieser Schmidt-Gunzenbach fast sechzig Jahre ausgesehen wie Dumbo, der fliegende Elefant, und jetzt fährt er die Segel ein.«

»Sei ruhig, wir leben davon«, antwortete Manfred, der OP-Pfleger, während er das Operationsbesteck auslegte.

»Was seine Frau wohl sagt, wenn sie ihn wiedersieht und die Henkel sind weg.«

»Anne!«

»Was ist denn, hat er mir doch selber erzählt, daß er seine Frau überraschen will. Zur Silberhochzeit mit neuen Ohren. Er macht es klammheimlich, sie denkt, er ist zu einer Tagung. Was es alles gibt auf der Welt …«

»Ruhe«, fuhr Manfred Anne in die Parade, »Schmidt-Gunzenbach rollt an.«

»Ha, du Schißhase, was du immer hast, der ist doch schon lalle von der Spritze.«

»Unser Chef aber nicht, der karrt ihn selber an«, zischelte Manfred.

»Danke, Partner.« Anne stellte ihren linken Daumen in die Höhe.

Bernbacher bemerkte das Handzeichen und fragte, während er Schmidt-Gunzenbachs Trage in Position rollte: »Was ist so top, Anne?«

Schlagfertig antwortete Anne ihrem Chef: »Top ist, wenn Männer sich die Ohren anlegen lassen.«

»Nee, Anne, das ist Liebe.« Claus Bernbacher kniff ein Auge zu. »Apropos Liebe. Laßt uns anfangen, ich bin heute abend verabredet und will keinesfalls zu spät kommen.«

Anne und Manfred guckten fragend.

»Mit meiner Frau.« Claus lächelte erklärend eventuelle Irrtümer aus ihren Gedanken.

Schläfrig und mit schwerer Zunge sagte Schmidt-Gunzenbach: »Frauen sind etwas Wunderbares.«

Wie recht er hatte.

Sophie bummelte durch die Maximilianstraße, die Theatinerstraße, über den Marienplatz. Stieg die Treppen im Kaufhaus Beck rauf und runter, schlenderte über den Viktualienmarkt und dann gegen Mittag zurück zu dem kleinen, aber feinen Stehitaliener in der Maximilianstraße, um einen gut gekühlten Pinot Grigio zu trinken und ein Mozzarella-Sandwich zu essen.

Das minimini Restaurantino unter den Arkaden, gegenüber der Staatsoper, erfreute sich großer Beliebtheit. Ab und zu traf man auch schon mal einen der Tänzer von der Oper, der sich schnell einen doppelten Espresso genehmigte, bevor er sich wieder ins harte Training warf. Ein kurzes Verschnaufen, ein angenehmes Ausatmen in wohltuender Atmosphäre. Sophie tat es genauso.

Sie setzte ihren Stadtbummel fort und schlenderte weiter, vorbei an den Löwen vor der Residenz, um ihnen – natürlich – an die Nasen zu fassen, denn erstens soll es Glück bringen, und zweitens darf man sich etwas wünschen.

Die Menschen, die täglich an den Löwen vorbeispazierten, schienen alle viel Glück nötig zu haben und viele unerfüllte Wünsche, denn die Nasen der Bronzelöwen waren spiegelblank gewünscht.

Sophie hatte auch einen Wunsch, sie wünschte sich, daß die Siebenunddreißiger nicht mit Trippelschrittchen, sondern mit Siebenmeilenstiefelschritten aus ihrem Leben marschieren würden. Und aus dem Leben von Claus, wünschte sie noch hinterher, indem sie einem weiteren Löwen an die Nase faßte und zur Bekräftigung der Intensität ihres Wunsches fest die Augen schloß. Leise setzte sie noch ein gehauchtes »Bitte!« hinterher.

Was hatte es mit der ganzen Sache nur auf sich? Was bedeutete in diesem Zusammenhang »Suite«?

Sophie, es ist ein wunderschöner Tag, und er soll es auch bleiben! pfiff sie sich zur Ordnung.

Außerdem hatte sie sich soeben etwas sehr dringend gewünscht! Wo käme man da hin, wenn man bereits drei Schritte später Zweifel anmeldet! Und Annina: Sie hatte die Kinder doch nicht einfach nur so mit ins Wochenende genommen.

Ach, Annina, ich liebe dich. Sophie träumte in den sommerlichen Nachmittag und wurde erneut aus ihren Träumen geklingelt. Diesmal von einer Fahrradklingel, denn sie marschierte mitten auf dem Radlweg, der über den Odeonsplatz führte.

»Hübsch, aber blind, gell?« frozzelte der junge Mann im Vorbeiradeln.

»Ich jag' Ihnen gleich meinen Schaferhund hinterher!« hörte Sophie sich rufen. Und das wollte sie gar nicht.

Oh, oh.

Der Radler bremste und hielt vor dem Café Tambosi. Er lehnte lässig über dem Lenker und grinste Sophie frech entgegen.

Oh, oh, Sophie, na, verhauen wird er mich nicht, gibt ja keinen Grund. Oder anpöbeln? Hier, vor allen Leuten?

dachte Sophie. Jeder Stuhl des Straßencafés war besetzt. Und wenn, hilft mir sicher jemand aus der Patsche, zur Not eine gefrustete Emanzenmaus, die immer und überall in unauffälligem Grau dazwischen saß und zu gerne das Wort gegen das Individuum Mann ergriff. Mut, Sophie! Geh weiter.

»Sie sind nicht nur frech, Sie sind auch noch verdammt hübsch«, empfing der Radfahrer Sophie, die zwischenzeitlich seine Höhe erreicht hatte.

Oh, oh.

Ach, du lieber Gott, was mache ich jetzt? Sophie versuchte zu lächeln, und genau das war das richtige.

»Jetzt feiern wir umgehend unser Kennenlernen, einverstanden?« flirtete dreist, aber nicht uncharmant Sophies Gegenüber.

Gut sah er aus, registrierte sie in doppelter Lichtgeschwindigkeit. Und sein Outfit, fabelhaft! Jeans, ein fast offenes weißes Hemd, das viel braunen, trainierten Körper freilegte. Barfuß in handgelaschten italienischen Slippern.

Es hätte ja auch ein unangenehmer Dicker sein können …

»Ich bin Christopher Waldeck«, stellte er sich vor.

»Und Ihre Freunde nennen Sie sicher alle Chris«, ergänzte Sophie leicht überheblich.

»Sicher. Und Sie? Wer sind Sie?« fuhr er unbeirrt fort und schob lässig seine Haare zurück, die ihm durch einen leichten Windstoß die Sicht auf Sophie verhängten.

»Sarah Siebenschön.«

»Nie.«

Beide sahen sich an, und irgendwas funkelte und glitzerte zwischen ihnen.

»Nein, entschuldigen Sie, ich bin Sophie Bernbacher«, antwortete Sophie wohlerzogen.

»Sehen Sie, das glaube ich Ihnen.« Unverfroren grinsend musterte er Sophie. »Sagen Sie, schöne, freche, blinde Sophie, wollen wir nicht hinten im Schatten des Hofgartens einen

Cappuccino trinken?« Er sah sie an. »Verzeihung, oder soll ich lieber Frau Bernbacher zu Ihnen sagen?«

»Unterstehen Sie sich!« Es war himmlisch, für einen jungen, attraktiven Mann Sophie zu sein. Außerdem macht es jung, und Sophie fand sich ohne triftigen Grund plötzlich auf Wolke dreihundertvierundachtzig beim Sternchenpolieren.

Ohne triftigen Grund?

Hinten bei Käfer guckten sie sich unter den schattenspendenden Platanen einen Tisch aus. Sophie setzte sich, und Christopher lehnte sein Fahrrad an einen der Bäume. Seine Bewegungen waren selbstverständlich und von jener Lässigkeit, die manche gleich mit in die Wiege bekommen, und andere wiederum können zeit ihres Lebens nicht einmal das Wort richtig schreiben ... Ja, er hat etwas Selbstverständliches. Cooler Typ, hätten ihre Söhne gesagt ... Mein Gott, Sophie, du bist Mutter! Na und, das ist Patrick Lindner auch. Was ist schon dabei, mit einem jungen Mann, der zufällig noch sehr gut aussieht, an einem Sommernachmittag bei Käfer einen Cappuccino zu trinken. Stell dich nicht so altjüngferlich an!

Christopher Waldeck schurrte sich seinen Stuhl über den Kies und setzte sich Sophie gegenüber.

»Ich hoffe, Sie ... wie soll ich sagen ...«

»Ja ...«, fiel Sophie ihm ins Wort.

»Also, ich für meinen Teil finde es sehr schön, hier mit Ihnen unter Platanen zu sitzen und Cappuccino zu trinken. Oder möchten Sie lieber etwas anderes?«

»Cappuccino ist in Ordnung. Danke.«

»Chef, entschuldigen Sie, wenn ich störe.« Frau Queisser von der Rezeption der Bernbacher-Klinik stand in der offenen Mitteltür, die zu den Behandlungsräumen im Parterre führte. »Frau Konsul Gamswald ist eingetroffen.«

»Heute? Am Freitag? Anreise ist doch grundsätzlich bei Langzeitpatienten, und das ist sie doch wohl, Sonntag!«

Frau Queisser sah auf die Formulare in ihrer Hand und nickte bestätigend.

»Totalrenovierung, das ganze Programm.«

»Frau Queisser!« Leicht tadelnd schüttelte Claus den Kopf. Doch Frau Queisser sprach unbeirrt weiter.

»Ihr Fahrer bringt das Gepäck auf ihr Zimmer. Sagen Sie bitte, Chef, will die hier einziehen?« Sie sah ihren Chef ratlos an.

»Ich komme sofort. Wie spät ist es?«

»Kurz vor sechs.«

Frau Queisser klackerte mit Stakkatoschritten über den Marmorboden zurück in die Empfangshalle. Dort hing Frau Gamswald ermattet in den Polstern und tupfte sich kleine Schweißperlen von Nase und Stirn.

Ihr Chauffeur schleppte weiterhin wie ein Biber beim Bau Pakete, Tüten, Taschen – mit anderen Worten: den gesamten Louis Vouitton – an ihr vorbei zum Lift.

Frau Gamswald klingelte ungeduldig mit den Armreifen.

Frau Queisser registrierte es.

»Der Doktor kommt sofort, er hat noch bis eben operiert.«

Eilige, feste Schritte waren zu hören. Claus breitete die Arme bereits fünf Meter vor der Konsulin aus und empfing sie mit der Standardbegrüßung: »Herzlich willkommen, liebe Frau Konsul.« Er machte einen artigen Diener und hauchte der in cremefarbene Seide gehüllten westfälischen Leberwurst formvollendet einen Handkuß über die von Brillanten glitzernde, wohlduftende Hand. »Sie müssen entschuldigen, aber heute ist absoluter Freitagsbetrieb, wenn Sie verstehen.«

»Natürlich verstehe ich, lieber Doktor«, gurrte die Gamswald und wedelte sich frische Luft mit beiden Händen zu, so daß die Armreife erneut zu läuten anfingen wie Kuhglocken beim spätherbstlichen Almabtrieb.

Na, das ist ein Fescher, dachte sie.

Kurzatmig, weil zu dick, dachte er.

Den würde ich mir gerne zur Linderung eventuell anfallender Schmerzen verschreiben wollen, dachte sie weiter. Laut sagte sie: »Ich freue mich, Sie nun endlich persönlich kennenzulernen. Aber die Stimme am Telefon hat gehalten, was sie erahnen ließ, lieber Doktor ...«

Das Wort lieber zog sie unendlich lang, so wie türkischer Honig auf dem Jahrmarkt.

»Tja, vielleicht erst einmal aufs Zimmer.« Er lächelte. Was hätte er auch sonst tun sollen.

»Frau Queisser, bitte rufen Sie auf der Station an, damit Frau Konsul in Empfang genommen wird. Falls Sie eine Erfrischung wünschen, sagen Sie bitte oben Bescheid. Ihre Wünsche sind uns ein Befehl. Wir sehen uns später, gnädige Frau.«

Das mit dem Befehl und den Wünschen hätte er besser nicht gesagt, denn das buchte Frau Konsul in die absolut falsche Abteilung. Dazu hatte sie diesen Ausdruck im Gesicht, den Schlangen haben, wenn die Kaninchenpfoten noch rechts und links aus dem Maul heraushängen.

O ja, sie würde sich ihren Aufenthalt schon so angenehm wie möglich gestalten ...

Claus ging mit eiligen Schritten zurück, um Sophie anzurufen.

Frau Konsul Gamswald wühlte sich aus dem italienischen Sofa. Lernschwester Hanni kam hüpfend die Treppe herunter, um die Konsulin zur Station zu begleiten.

Oh, da steht wieder einmal ein reicher, fetter Butterberg in der Halle, dachte sie, während sie laut sagte: »Grüß Eahna, i bin Lernschwester Hanni.«

Die Konsulin fuhr zusammen und drehte sich um.

»Nie von hinten ansprechen, niemals von hinten, bitte.« Schreckhaft legte sie ihre Hände dahin, wo das Herz mit Sicherheit nicht war, es sei denn, das ihre saß rechts knapp unterhalb des Schlüsselbeins.

Die Konsulin hatte sich so abrupt in Hannis Richtung gedreht, daß die Stränge ihrer fünffachen Perlenkette aneinanderklackerten. Fünffache Lage kannte Hanni nur von Haushaltstüchern oder dem Luxusklopapier, wie sie es hier für die Patienten in der Klinik hatten. Aber als Perlenkette, toll!

Staunend und bewundernd sagte sie: »Haben Sie irre Ketten um. Ist das Chanel?«

Die Konsulin schüttelte den Kopf. Dorftrampel, dachte sie. Dann sagte sie spitz: »Das, mein Kind, ist Harry Winston.«

»Ist aber Chanel sehr ähnlich.«

Frau Gamswald sog hörbar Luft durch die Nase und deutete auf ihren Kingsize-Kroko-Kosmetikkoffer, dazu machte sie eine Handbewegung Richtung Fahrstuhl.

»Mei is' der schwer. Was haben S' denn da für ein G'raffel drin? Is' das alles Kosmetik?« fragte Hanni.

»Lernschwester sind Sie, mhm.« Arrogant sah sie Hanni an.

Hanni nickte.

»Das merkt man.« In frischer Abneigung gingen sie nebeneinander her zum Fahrstuhl.

»Geh ich zu schnell?« fragte Hanni gespielt harmlos.

Die Konsulin reagierte nicht.

»Der Fahrstuhl ist besetzt, aber wir warten, Frau Konsul, Ihre Suite liegt nämlich in der dritten Etage.« Honigsüß lächelte Hanni. Damit die Konsulin sich nicht über Hannis Ton beschweren konnte, setzte sie sachlich hinterher: »Aber Sie haben eine Traumterrasse mit einem sehr schönen Blick auf den See.«

In der Tat. Das Zimmer war ein wahrhaftiger Traum. Die Konsulin nahm sich vor, unbedingt den Namen des Innenarchitekten zu erfragen.

Die Wände waren in den Farben der Toscana gestrichen. Ton in Ton, unauffällig mit Gold patiniert, dazu passend die

Möbel. Das Bett fürstlich, üppig, mit einem weißen Baldachin. Die Bettwäsche: Pierre Frey, Paris.

Doch, doch, alles war sehr nobel und entsprach den verwöhnten Ansprüchen der Frau Konsul Gamswald. Ebenso das Bad – Marmor mit sanfter apricotfarbener Maserung – und die nicht kleine Badewanne bestanden mit fünf Sternen unter ihren kritischen Blicken.

Ein Zimmermädchen im properen weiß-blauen Dirndl war schon dabei, die Koffer auszupacken und Couturier-Träume aus Frankreich und Italien aufzuhängen, während die Konsulin ihren Fahrer entließ.

Claus wählte nun schon zum dritten und vierten Mal die Münchner, wechselweise die Starnberger Nummer. Doch in Starnberg lief der Anrufbeantworter.

Erneut versuchte er, Sophie in München zu erreichen, doch die saß, nachdem sie den zweiten Cappuccino getrunken hatte, im Filmcasino und sah sich den Woody-Allen-Film »Alle sagen: I love you« an.

Die Station meldete sich bei Claus. Frau Konsul war nach ausgiebigem Bad und Drink bereit für die Konsultation.

Claus sah auf die Uhr: fast sieben. Er wählte erneut die Münchner Nummer, da klopfte es, und er legte auf.

In der Tür stand die Konsulin mit Anacondablick, gehüllt in eine Wolke Mitsouko von Guerlain, ein seidenes Irgendwas umspielte geschickt ihre barocken Formen.

»Da bin ich«, gurrte sie.

Das erste Gespräch dauerte fast zwei Stunden. Viel mußte besprochen und vor allem erklärt und geklärt werden. Seine Genauigkeit, Gründlichkeit und natürlich sein Können waren es, die seinen Ruf, einer *der* plastisch-aesthetischen Chirurgen zu sein, fundamentierten.

Annina hatte ihn gelenkt. Er hatte nicht nur eine wunderschöne Kindheit durch sie, er hatte mit Beginn seines

Studiums eine großartige Kollegin an seiner Seite, die ihn behutsam zu dem führte, was ihn jetzt letztendlich ausmachte.

»Du mußt durch Arbeit überzeugen, nicht durch Getue und Wichtigmacherei«, erklärte sie ihm immer wieder.

Vier Monate seiner Ausbildung verbrachte er in Rio de Janeiro bei dem Papst aller plastischen Chirurgen, bei Professor Pitanguy. Nach Basel holte man ihn bereits als Oberarzt für Mund-Kiefer- und Gesichts- sowie rekonstruktive Chirurgie. Nach zwei Jahren verließ er die Klinik und ging im Rahmen seiner Gesamtausbildung für ein weiteres Jahr nach Tokio.

In der dortigen Klinik, Fachgebiet Augenkorrekturen, lernte er eine amerikanische Kollegin kennen, die ihn mit sich und der wirklich interessanten Klinik ihres Vaters nach Amerika lockte. Genauer: nach Los Angeles.

Dort lernte Claus Bernbacher renovieren und korrigieren at its best; sozusagen Feinschliff mit Diamantfeile.

Doch weder Lori, die sich als chirurgische Mogelpackung herausstellte, noch die Aussicht, bei Heirat neben Schwiegervater »Doc Wonderful« und Lori als dritter im Klinikverbund aufzutauchen, geschweige denn Amerika konnten ihn halten.

Von heute auf morgen, aber sehr zur Freude seiner Eltern und seines Bruders Lars, stand Claus wieder in Schaernlach vor der Tür.

Lars hatte soeben seine acht Semester erfolgreich in Weihenstephan abgeschlossen. Jetzt fehlte ihm nur noch sein fünfzehnmonatiges Industriepraktikum. Ludwig war stolz und glücklich: sein Sohn Lars, ein fast fertiger Braumeister!

Nachdem Claus mit einer kleinen, gutflorierenden Praxis und Belegbetten im Krankenhaus des Ortes den Grundstein gelegt hatte, nahmen die Pläne zur Bernbacher-Klinik in Starnberg Formen an. Auch hier unterstützte Annina Claus mit medizinischem Know-how und weiblichem Durchblick.

Sophie war für Haus und Kinder zuständig, außerdem kümmerte sie sich rührend um die frisch verwitwete Tante Edith. Und das war eigentlich ein Fulltimejob.

Frau Konsul drehte den Silberrahmen auf dem Schreibtisch von Claus spielerisch in ihre Richtung. Im Rahmen stand in großen, selbstbewußten, klaren Buchstaben: DURCH LEISTUNG ÜBERZEUGEN! Mamina.

»Großartig, lieber Doktor, die Prämisse gefällt mir. Bei mir fällt nicht wenig Arbeit an.« Sie kicherte gespielt schüchtern, doch dann wurde sie ernst und stählern sachlich.

»Ich habe mir vorgenommen, als neuer Mensch Ihre Klinik zu verlassen, egal, wie lange es dauert.«

Whatever Lola wants ... Lola gets! Zumal, wenn man Gamswald heißt!

»Verrückt, an einem so schönen Sommertag ins Kino zu gehen.«

»Schön verrückt, bei Regen kann jeder«, konterte Christopher.

»Ein herrlicher Film.« Sophie lächelte. Sie war ausgesprochen gut gelaunt, und die Siebenunddreißiger waren Lichtjahre entfernt. Nicht verdrängt. Richtig ausgelöscht! Jedenfalls für den Moment.

»Wie spät ist es eigentlich?«

»Was ist Zeit, schöne Sophie«, sagte Christopher und öffnete für sie die Ausgangstür des Kinos. Sie führte direkt in den Hofgarten.

»Schauen Sie, wir können uns wieder an unseren Tisch setzen, er wird gerade frei, und einen Wein oder Champagner trinken.«

Sophie sah Christopher an, lächelte leicht resigniert und schüttelte den Kopf. »Ich muß nach Hause.«

Christopher protestierte. »Es sei denn, ich sehe Sie morgen abend wieder. Es ist jetzt halb acht ...«

»Was? O Gott …«, unterbrach ihn Sophie.

»… Also, schöne Sophie, wenn nicht heute, dann morgen, gleiche Stelle, selbe Zeit. Bei schlechtem Wetter drinnen.«

»Christopher, bitte … Sie müssen verstehen …« Sophie fing an zu maikäfern, doch ihre innere zweite Stimme meldete sich kühn und keß zu Wort: Was willst du eigentlich, Bernbacher? Du hast einen wahrhaft hinreißenden Nachmittag in Begleitung des irrsinnig attraktiven Christopher Waldeck verbracht, nenne es gottgewollten Zufall; du hast nicht gegen Sitte und Moral verstoßen. Herrschaftzeiten, bist du kleinkariert. Und Sophie: hör auf zu stottern!

Wahrhaft. Irrsinnig. Gottgewollt – diese Worte gaben ihr den Schubs, den leichten Anstoß zu dem nächsten Satz: »Auf einen Champagner hätte ich noch Zeit. Haben Sie ein Handy?«

Christopher kramte in seinem Rucksack, der lässig über seiner Schulter baumelte. Kein Körnerbeutel, sondern flüssiges Leder einer Edelfirma.

Er reichte Sophie das Handy. Sie wählte die Stadtwohnung. Erfolglos. Sie wählte Starnberg und hörte den Anrufbeantworter.

Lanson rosé, ein Sommerabend unter Platanen im Hofgarten. Einmalig … Wunderschön …

Der liebe Gott wird sich schon was dabei gedacht haben.

Eine Autohupe tönte dreimal lang, dreimal kurz durch die abendliche Stille.

»Ludwig, Ludwig, das ist Lars!«

Annina rappelte sich aus dem Liegestuhl. Die Zeitschriften rutschten von ihren Knien über den Terrassenboden. Ludwig, der einen Wust von Zeitungsseiten vor der Nase hatte, schaute ungläubig über den Rand seiner Brille.

Da stürmten auch schon die Wolfshunde Hermann und Dorothea, Bastian, Florian und natürlich Lars durch das Wohnzimmer auf die Terrasse.

Ludwig senkte die Hände, die den Wirtschaftsteil der Süddeutschen hielten, den er eben noch studiert hatte. »Lars, mein Gott, der Junge ist da, Annina!«

Er befreite sich von dem Zeitungsberg und ging strahlend auf seinen Jüngsten zu. Beide umarmten sich herzlich, dazu kläfften hocherfreut die Hunde ihr ›Endlich zu Hause‹.

»Mamina, bella Mama, laß dich umarmen.«

»Lars, mein großes, geliebtes Kind.«

Zärtlich schaukelten sich Mutter und Sohn in den Armen.

»Lars, Lars, hör doch mal.« Bastian zupfte am Sakko.

»Lars ist da, Lars ist da! Yiiipeee!« krähte Florian und hüpfte vom linken auf das rechte Bein.

Irgendwann ging allen die Puste aus, und man konnte zum ruhigen Teil des Freuens übergehen.

»Mama, Papa, darf ich euch Agnès vorstellen.« Lars ging durch den Raum zurück. Zwischen den beiden Flügeln der Schiebetür, die Entree und Wohnbereich trennten, stand eine schlanke, dunkelhäutige Frau.

Lars legte den Arm um ihre Taille und führte sie auf die Terrasse zu seinen Eltern.

»Guten Abend, ich bin Agnès Daroussin«, stellte sie sich mit wohlklingender, warmer Stimme vor.

»Und wir sind die Eltern von Lars.« Ludwig reichte ihr die Hand.

»Willkommen in Schaernlach, Agnès.« Mit ausgestreckten Händen ging Annina auf sie zu.

»Und wir sind die netten Neffen.« Florian drängelte sich dazwischen.

»Uns gibt es doppelt. Ich bin der Bastian. Hallo.«

Amüsiert lächelte Agnès. »Ich kenne Sie alle. Lars hat nächtelang von Ihnen allen erzählt.«

Bei »nächtelang« wechselten Annina und Ludwig amüsiert einen Blick.

»Ich hoffe, es ist Ihnen recht, daß ich ohne Voranmeldung mitgekommen bin. Aber Lars war nicht davon abzubringen.«

»Wir freuen uns. Wir sind eine große Familie, aber keine komplizierte, nicht Ludwig?« Zärtlich legte Annina ihren Kopf an Ludwigs Schulter. Der legte seinen Arm um Annina und lachte. »Aber eine geräuschvolle, Agnès.«

»Da hörst du es, so sind sie. Übrigens die anderen auch. Ich liebe euch.« Lars strahlte wie ein Sonnenblumenfeld im Hochsommer.

»Lars hat Sie genau so beschrieben. Ich freue mich, hier zu sein.«

Bastian klopfte auf seine Uhr und machte ungeduldig Zeichen. »Wo essen wir denn nun? Und wenn was? Fritten ist nun sicher nix.«

»Er nun wieder.« Florian knuffte seinem Bruder in die Seite. »Feldbusch sei still.«

Unbeirrt fuhr Bastian fort, außerdem hatte er Hunger.

»Wir können doch mit Opas Restaurant angeben.«

»Was immer ihr wollt, aber jetzt gibt es erst einmal einen Begrüßungschampagner.« Ludwig ging ins Haus.

»Für mich 'ne Cola«, rief Bastian ihm hinterher.

Annina sah ihren Enkel an. »Wie wäre es, junger Mann, wenn du deinem Großvater behilflich wärest?«

»Der? Da gehe ich lieber mit. Komm, Basti.«

Florian schob Bastian, der staunend vor der tollen Agnès stehengeblieben war, um sie noch einmal richtig und in aller Ruhe in Augenschein nehmen zu können, kräftig an.

»Sie bleibt uns doch, Kleiner, komm jetzt.«

Entschuldigend sah er zu Agnès und meinte: »Er kennt sonst nur Zahnspangenelsen. Sie haun ihn vom Hocker!«

»Mich auch.« Lars lachte.

Annina deutete mit einer Handbewegung an, daß beide verschwinden sollten.

Bastian stolperte über die Teppichkante.

»Da, da habt ihr es! Nun wißt ihr, warum ich mitgehe. Depp!« raunzte er seinen Bruder an. »Übrigens, ich bin der Ältere«, setzte er noch hinterher.

»Ja, ja«, plärrte Bastian, »ganze zehn Minuten, du Ei.«

Lars legte den einen Arm um seine Mutter, den anderen um Agnès.

»Das Leben ist schön mit euch.«

*

»Lieber Doktor, ich weiß mich in besten Händen … Ich würde sagen: Machen Sie mit mir, was Sie wollen.«

Claus machte Stielaugen und bekam ein Hohlkreuz.

»Ich meine, was Sie für richtig halten … medizinisch«, schnurrte die üppige Konsulin Gamswald.

»Liebe gnädige Frau, ich werde mit meinen Kollegen nach den Untersuchungen alles erörtern, und dann erstellen wir gemeinsam einen OP-Plan.«

Claus sprach sehr vorsichtig, denn er wußte, ein falsches Wort konnte unter Umständen verheerende Folgen haben. Und immerhin war die gute Frau Konsul zum großen Rundumschlag angereist. Beiläufig warf Claus einen Blick auf die von der Rezeption angelegte Karte. Aha, das Geburtsdatum fehlte noch.

Vorsichtig, weil es für gewisse Damen ein sehr heikles Thema ist, pirschte Claus sich heran.

»Da haben wir den Namen Eugenie …«

»Öjehnie, französisch ausgesprochen«, korrigierte Frau Konsul.

»Eugenie«, sagte Claus französisch und schickte der Gamswald ein Lächeln mit Plüschaugen über den Schreibtisch, »Eugenie Mathilde Gamswald, Ottershagen, Am Sonnenhang eins«, las er weiter.

»Geboren …«

»Ja«, hauchte die Gamswald.

»Aber wann?« fragte Claus schalkhaft.

»Doktor!« Die Gamswald kicherte. »Das ist doch nicht wichtig …«

»Doch schon. Es ist wichtig für den Narkosearzt. Er muß es wissen.«

»Dann werde ich es dem Narkosearzt ins Ohr flüstern«, flirtete Frau Konsul.

»Wir werden sehen.« Claus stand auf und sah verstohlen auf die Uhr.

Viertel nach acht! Ich muß Sophie anrufen!

»Bitte entschuldigen Sie mich einen Moment, ich bin gleich zurück.«

Claus ging zwei Zimmer weiter, um zu telefonieren.

Laut und schrill läutete das Telefon wichtig durch die Stille. In Eile öffnete Sophie die Wohnungstür und hastete hin.

»Jaaah«, meldete sie sich keuchend.

»Sophie. Ist etwas passiert?«

»Nein, wieso?« Sie versuchte so langsam und geräuschlos wie möglich auszuatmen.

»Du bist so außer Atem.«

»Ich war im Kino. Im Treppenhaus hörte ich das Telefon, ich bin die Treppe vom Lift hier herauf in drei Sätzen, daher.«

»Du warst im Kino? Wir waren doch verabredet«, empörte sich Claus.

»Wo steckst du?«

»In der Klinik.«

»Steig mir doch auf den Hut. Du empörst dich, daß ich hier nicht den lieben langen Tag angeleimt sitze und auf deinen Anruf warte. Entschuldige, aber du spinnst. Ich bin deine Frau, nicht deine Leibeigene.«

»Sophie!«

»Sophie, Sophie ... Was ist, warum rufst du an?«

»Ich wollte sagen, es dauert noch.«

»Na toll, da kann ich gleich noch einmal ins Kino gehen.«

»Bist du böse?«

»Ich? Neien, ich zerspringe vor Freude.«

Stille floß von beiden Seiten durch den Hörer.

Sophie beendete das zähe Schweigen. »Und wann kommst du?«

»Wenn ich mich irre beeile, bin ich gegen zehn in München.«

»Beeil dich nicht, ruh dich aus, okay?« Sophie wurde sanfter. Außerdem konnte sie wieder ruhig atmen.

»Ich melde mich nachher noch mal, einverstanden?«

»Einverstanden.«

Frau Queisser klopfte an die Tür zum Zimmer ihres Chefs und öffnete sie. Doch da saß lediglich Frau Gamswald.

»Zu Ihnen wollte ich, Frau Konsul. Im kleinen Salon ist für Sie ein Abendessen bereit. – Ist der Doktor nicht da?«

»Nebenan.« Sie deutete auf die Tür.

Frau Queisser zog den Kopf ein und schloß die Tür.

»Lieber Doktor«, empfing die Konsulin den zurückkehrenden Claus. »Sie müssen mir heute Gesellschaft leisten, ich kann unmöglich allein speisen. Erste Abende sind immer furchtbar. Man fremdelt so, wenn Sie verstehen. Leisten Sie mir Gesellschaft … Bitte … Wenigstens am ersten Abend«, insistierte sie.

»Frau Gamswald, ich … eh …«

»Absagen ertrage ich nicht.« Die Gamswald klimperte mit den Augendeckeln.

*

Edith griff zum Telefon und wählte die Starnberger Nummer ihrer Familie. Wieder nur der vertrackte Anrufbeantworter.

»Hier bin ich. Es ist jetzt mindestens das zehnte Mal, daß ich anrufe. Wo seid ihr? In München meldet sich auch niemand. Es ist zum Verzweifeln. Meinereiner ist ratlos.«

Und wenn nun etwas passiert ist? schoß es ihr durch den Kopf. Um Himmels willen!

Sie legte sich einen leichten Cashmereschal um die Schultern, suchte die Autoschlüssel und überlegte. Was fehlt noch? Ach ja, der Hund …

»Toulouse! Toulouse! Hierher. Na komm, Toulouse …«

Edith Bernbacher versuchte Toulouse aus seiner abendlichen Gemütlichkeit zu locken. Doch Toulouse verspürte nicht die geringste Lust auf spontane, dazu noch späte aushäusige Aktivitäten seines Frauchens. Seine Ruhe wollte er haben. Er stellte sich tief schlafend. Da spürte er ihre Hand im Genick, und schon mußte er notgedrungen wach werden.

Der Kies ihrer Einfahrt sprang knirschend rechts und links unter den Reifen hervor: Edith gab Gas. Toulouse wurde unsanft in die Polster beziehungsweise seine Kuscheldecke geschleudert.

Edith fühlte sich wie ein Rennfahrer der Rallye Paris-Dakkar vor dem entscheidenden Endspurt. Wer weiß, was alles passiert sein konnte, und hoffentlich kam sie noch rechtzeitig. Sie bog in den Andechser Weg ein. Die Straße war leer, kein Auto, kein Mensch.

Das Tor zum Bernbacher-Haus war geschlossen.

Edith hupte laut und hemmungslos. Die Hunde der Mayreder antworteten spontan, und Toulouse mischte sich ein.

Edith stieg aus, klemmte sich ihren Hund unter den Arm, der zwar zu bellen aufgehört hatte, aber leise vor sich hin knurrte, warf ihren Schal mit kühnem Schwung über die Schulter und stapfte in ihren Seidenballerinas die Einfahrt hoch.

Das Haus lag im Dunkeln. Kein Fenster war geöffnet.

Entschlossen drückte Edith die Hausglocke. Das Dingdong verhallte ergebnislos.

Durch die Seitenpforte ging Edith in den hinteren Teil des Gartens: auch hier nichts und niemand. Die Gartenmöbel standen korrekt zusammengeräumt an der Hauswand.

Laut rief Edith mit glockenhellem Soubrettensopran ihr »Huhu« durch den Sommerabend und verschreckte erneut die Pekinesenkläffer der Mayreder.

Sie ging zurück, schloß die Pforte und stand vor Claus. Ihren Schrei hörte man bis Possenhofen. Den Hund ließ sie fallen.

»Edith!« Claus staunte.

Mühsam nach Luft ringend, quetschte sie heraus: »Claus, du? Gott sei Dank.«

Claus griff Edith und Toulouse und ging mit beiden ins Haus. Edith fiel in den nächsten Sessel.

Toulouse pinkelte, was er sonst nie tat, vor Schreck auf den Marmor des Korridors. Ediths Schrei war ihm in die Blase gefahren.

»Ich bin von allen Furnieren gehetzt hierhergefahren. Ich habe mir erhebliche Sorgen gemacht.«

Sie schnappte nach Luft.

»Das letzte, was ich gehört habe, war heute morgen dein Vater. Am Telefon.«

Sie sah ihn mit verschreckten Augen an.

»Und dann aus. Nichts.« Sie schnipste mit den Fingern.

Claus klärte behutsam, schließlich war er Arzt, Tante Edith über den Verbleib Sophies und die ganzen Etceteras auf.

Hörbar schnaufte Edith die Luft ein. »Laß mich das in zwei Worten sagen: unmöglich.«

»Und was trinken wir jetzt auf den Schreck?« fragte Claus und öffnete die Terrassentür. »Komm, liebe Edith, einen sommerlichen Dämmerschluck auf den Schreck. Ich finde, den haben wir uns verdient.« Er lächelte sie an und bat sie mit einer Geste auf die Terrasse, dann rückte er die Gartensessel zurecht.

»Jeder macht, was er will, keiner macht, was er soll, aber alle machen mit«, antwortete Edith mit leichtem Sarkasmus.

»Tja, bella Editha, das ist das Leben, also: Vino, Brandy, Kamillentee oder Buttermilch?«

Edith schmolz dahin, »bella Editha« erwärmte Herz und Seele. »Überredet, einen klitzekleinen Wein.«

»Eierbecher, randvoll?« schäkerte Claus.

Nach einer guten halben Stunde brach Edith auf. Claus bot ihr an, sie zu fahren.

»Erlaube mal, ich bin keine alte Schachtel. Und immer noch sehr scharf auf den Augen.«

Claus grinste.

»Da gibt's nichts zu lachen. Ich reite sicher aufs Gehöft, *ohne* Brille.«

Claus legte den Arm um sie und geleitete sie ins Haus. In Gegenwart männlicher Wesen wurde Edith niemals von irgendwelchen Zipperlein oder gar ernsthaften Beschwerden geplagt. Anmutig wie zu ihren besten Zeiten ging, nein: schwebte sie zum Ausgang.

In der Tür, die zum Entree führte, drehte sie sich um, schüttelte den Kopf, klapste sich leicht mit der Hand an die Stirn, lächelte Claus an und sagte:

»Der Hund, ich habe tatsächlich Toulouse vergessen. Also wirklich, Claus, aber das kommt davon, wenn man die Zeit so angenehm verplaudert. Also wirklich.«

Edith schwebte zurück und holte Toulouse zum zweiten Mal an diesem Abend aus seiner wohligen Gemütlichkeit.

Es klirrte. Es krachte. Claus schrie wie King Kong, dem man die weiße Frau geklaut hatte.

Edith ließ Toulouse wieder in die Polster zurückfallen und eilte Richtung Schrei.

»Ach, du lieber mein Gott!«

Hingebrettert zwischen den Zierfrüchten der zerborstenen Terracottaschale, einem verbogenen Lampenschirm, in dem die Glühbirne ihre letzten Zuckungen tat, diversen Briefen, die quer durch den Raum verstreut waren, lag Claus.

Zielsicher war er durch die Pfütze geschlurft, die Toulouse in der Diele hinterlassen hatte. Die Kombination: Pfütze, Marmor und Ledersohlen hatte Claus zum Einsturz gebracht.

Abgebremst, während er den Boden unter den Füßen verlor, wurde sein Fall von bayrischem Barock. Seine Vollbremsung war so abrupt, daß er einen tiefen Ritsch in der unteren Schublade der Kommode hinterließ. In Kettenreaktion kippte in Zeitlupe die Vase mit den Bauernrosen und dekorierte das Chaos malerisch.

»Dir fehlt nur noch eine Sahnetorte im Gesicht.« Edith gluckste.

»Tante Edith, bitte!«

»Entschuldige, aber du liegst da wie ein Maikäfer, den man aus dem Baum geschüttelt hat.«

Inzwischen hatte sich Toulouse dazugesellt und sah mit schräger Kopfhaltung auf den am Boden liegenden Claus.

»Edith, bitte schick den Hund weg, der guckt so blöd. Ich glaub, der grinst«, reklamierte Claus und versuchte auf die Beine zu kommen.

Edith scheuchte Toulouse zurück ins Wohnzimmer, wo er tödlich beleidigt in seine Sofaecke zurücksprang.

Das Aufrichten von Claus war nicht einfach. Edith war, so gut sie eben konnte, behilflich, und um Haaresbreite hätten sie beide gelegen, denn in der Zwischenzeit war natürlich das Blumenwasser ausgelaufen und hatte die Diele vollends unter Wasser gesetzt. Den Sturz hatte Claus Bernbacher – von der leicht geprellten Kehrseite abgesehen relativ gut überstanden, aber der Tritt in bayrisches Barock war ihm weniger gut bekommen.

Humpelnd und jammernd – schließlich war er ein Mann, dazu noch mit erheblichen Blessuren – schlich er wie Quasimodo ins Wohnzimmer und wollte sich aufs Sofa fallenlassen, doch Ediths Schrei: »Doch nicht naß wie du bist auf die schönen Polster!« hielt ihn senkrecht.

Edith schleppte einen Gartenhocker von der Terrasse hinein.

»So, nun laß mal sehen«, forderte sie ihn auf.

Claus setzte sich winselnd: Der Hocker war hart.

Bleibt noch zu erwähnen, daß Tante Edith in jener Nacht ihre doppelte Florence-Nightingale mit Albert-Schweitzer-Banderole machte. Später, als sie nach der Erstversorgung – kalte Umschläge und gute Worte – Sophie noch aus München geholt hatte, war es fast Mitternacht.

Keiner von ihnen würde diese Nacht so schnell vergessen.

Claus hatte eine Bänderüberdehnung, Sophie mindestens eine Nervenüberdehnung, denn bis dato war sie höchstens einmal bis Ortsmitte Starnberg mit Edith in dem Alfa unterwegs gewesen.

Und Edith? Der ging es richtig gut. Endlich war sie gefordert. Und ihre diversen Wehwehchen waren scheinbar zusammen mit dem Wasser in der Diele weggewischt worden.

❋

Es war ein wunderschöner Abend, dachte Annina und schlenderte auf die Terrasse hinaus, um zum Ausklang noch ein bißchen in den Sternenhimmel zu träumen.

Ludwig war, wie jeden Abend, wenn er sich in Schaernlach aufhielt, noch einmal zum Haupttor hinuntergegangen. »Gucken, was es zu gucken gibt«, wie er es nannte. Mit anderen Worten: Er wollte sehen, ob alles in Ordnung war.

Florian und Bastian lagen schon im Tiefschlaf. Sie waren ins Bett gefallen wie gefällte Bäume.

Wenn sie bei den Großeltern in Schaernlach waren, bewohnten die beiden das ehemalige Kinderzimmer von Lars und Claus. Das gab es immer noch. Erst war damals Claus ausgezogen, zwei oder drei Jahre später Lars in ein anderes Zimmer umgesiedelt, denn ab einem gewissen Alter sind

Kasperlbuden, Bären, Schaukelpferde und Indianerzelte tabu. »Aber bitte, alles so lassen, nix verändern, es war immer so schön da«, hatten sich beide gewünscht.

Da das Haus über ausreichend Zimmer verfügte, blieb es, wie es war. Viel später, Lars und Claus waren fast erwachsen, und noch später, als sie bereits erwachsen waren, kehrten sie oft in ihr erstes Zimmer zurück, um dort auf der Kinderzimmertischkante oder dem Rücken des Schaukelpferdes über die Dinge des Lebens und des Erwachsenwerdens nachzudenken.

Auch ein Hauch Sophie lag über Teddys, Eisenbahnen und Matchbox-Autos ...

Bastian und Florian fühlten sich in Lars' und Papis Kinderbude sauwohl, wie die Bayern sagen, und nicht nur die Bayern!

Lars war mit Beginn seines Studiums in die erste Etage gezogen. Es war die Wohnung, in die er mit seiner Mutter Ende des Sommers 1960 Einzug gehalten hatte.

Agnès war nach den Strapazen der langen Reise und des langen, wenn auch schönen Abends todmüde ins Bett gefallen.

Die Hunde Hermann und Dorothea lagen ausgestreckt vor dem Bett und der Tür und schnarchelten sich durch ihre Hundeträume. Eigentlich war Dorothea gar keine Dorothea, sondern auch ein Hermann, der Iwan hieß. Er war aus dem Wurf der zweite, und da Züchter in alphabetischer Abfolge taufen, wurde er Iwan genannt. Doch er benahm sich nie, wie es einem Iwan zukam, weder war er schrecklich noch herrschsüchtig: Er war ein tapsiger und sehr verschmuster Welpe. Aus einer Blödellaune heraus wurde aus Iwan eben Dorothea, dieser canis lupus mit der beachtlichen Schulterhöhe von dreiundsiebzig Zentimetern! Ein zärtlicher Riese.

Es ist wie im richtigen Leben, da spricht man doch auch niemandem, nur weil er groß, breit und stark ist, die Schmusefähigkeit ab. Auch Arnie, die steirische Eiche, hat Gemüt und ist sicherlich verschmust, und seine Schulterhöhe weist ein beträchtliches Mehr auf. Also!

Lars stand am offenen Fenster und lauschte der Nacht.

In der Ferne hörte man die Donau, ihre Strudel säuselten schwappend flußabwärts. Eine geweckte Taube flog aus dem Geäst der Kastanie hinter dem Haus und empörte sich gurrend.

Der Himmel war sternenklar, Orion, Großer und Kleiner Bär funkelten.

Lars hockte sich auf die Fensterbank und betrachtete die schlafende Agnès.

Warum, warum, verflixt, dachte er plötzlich an Sophie?

Er verließ leise das Zimmer, um sich noch ein Glas Rotwein zum Ausklang des Abends zu holen.

Vorsichtig stieg er über den schlafenden Hermann, der mit sich den Weg versperrte.

Lars streifte seine Schuhe ab und hockte sich barfuß in die breite Nische, die die Fensterbank bot. Rechts lag Agnès, schön wie eine Hochglanz-Parfum-Werbung, in dem großen, breiten Bett. Agnès Daroussin, Tochter einer Äthiopierin und eines Franzosen. Der schönste Milchkaffee meines Lebens, dachte Lars und prostete der schlafenden Agnès zu.

Links von ihm strömte die sommerliche Nacht angenehme Behaglichkeit in das weitgeöffnete Fenster.

Einige Meter unter ihm saß seine Mutter auf der Terrasse und blätterte in ihren Gedanken.

Aus der Wohnung seiner Eltern klang leise und zum Niederknien schön *O mio babbino caro*, gesungen von Felicia Weathers, zu ihm herauf.

Was für eine Nacht …

Annina hörte die Schritte von Ludwig auf dem Kiesweg. Puccini, die Gedanken an ihre Familie, die laue Nacht, die Nähe von Ludwig – Annina durchströmte ein Glücksgefühl, wärmend, behaglich, schön. Minuten und Sekunden im Leben, die man auf eine Seidenschnur räufeln möchte.

Ludwig Bernbacher, der sanft und behutsam der Mann ihres Lebens geworden war.

Naja, und irgendwie hatte Tante Hetty auf ihre Art nachgeholfen, sozusagen den entscheidenden Schubser gegeben, damals in jener Nacht bei heftigem Bodenfrost im Winter 1961 auf 1962. Genauer: am 30. Dezember 1961 ...

Wenn Annina gewußt hätte, damals im Frühsommer 1959, als sie mit knirschenden Reifen ihres VW-Käfers hier die Einfahrt hochpreschte, daß sie knapp ein Jahr später hier einziehen würde und zwei Sommer später hier verheiratet wäre ... *Nie, nie* hätte sie das geglaubt. Unwahrscheinlich! Aber oft ist das Unwahrscheinliche das Nächstliegende. Absurd, aber schon oft bewiesen ...

*

Eilig lief Annina über den Parkplatz, der versteckt hinter einer üppigen Rhododendronhecke lag, durch die große parkähnliche Anlage. Es roch herrlich nach Maische und Hopfen. Musik, Stimmengewirr, Geschirrgeklapper lagen in der Luft, dazu wehte eine warme Brise. Unter den Kastanien vor dem Bräustüberl und dem Biergarten war jeder Stuhl, jede Bank besetzt.

Annina ging durch das geöffnete, breite Portal in das Restaurant. Hinten an einem der Tische entdeckte sie ihre Mutter, Bruder Konstantin und Herrn Dr. Wendelin von Marbacher, der »rein zufällig in der Gegend weilte«. Weilte!

Die Begrüßung war halbgefroren. Es war alles so lange her, was sollten sie sagen, wo sollten familiäre Herzlichkeiten herkommen?

»Sie arbeiten als Ärztin?« Von Marbacher ergriff das Wort, während ein aufmerksamer Kellner Annina den Stuhl zurechtrückte.

»Sie ist komplett verrückt«, schaltete sich ihre Mutter dazwischen, »sie hat es absolut, ich betone: absolut in keiner Weise nötig, aber Hetty, meine Tante, Anninas Großtante, lieber Wendelin, ist ganz genauso. Eine Sache der Gene.«

Felicitas hätte noch unendlich weiterdoziert, doch ein freundlicher Ober neutralisierte eventuell aufkommende Spannungen, indem er fragte:

»Gnädige Frau, darf ich die Karte bringen?«

»Bitte gern, ich habe Hunger wie ein Wolf.«

Felicitas seufzte und blickte zum Kronleuchter hoch.

»Erstens, Kind, hat er mich angesprochen, und zweitens, wie redest du, ist das Kantinenjargon?«

»Nein, da heißt es: Eß mer glei aus der Partitur.« Annina wollte sich nicht den Abend verderben lassen und schaltete auf so neutral wie möglich.

»Das hab' ich nun nicht verstanden«, meldete sich Herr Von zu Wort.

»Laß es auch besser, wer weiß, was dabei herauskommt.« Felicitas schüttelte leicht angewidert den Kopf.

»Ist nicht weiter wild, hochdeutsch heißt es: Wir sind so hungrig, essen wir doch gleich aus dem Topf.« Konstantin grinste.

»Konstantin, Contenance.«

Konstantin sah unauffällig zu seiner Schwester, während sie in der Speisekarte blätterte.

Dünn, schön und traurig, dachte er. Meine Schwester Annina ... Wie sich alles verändert hat. Wie sie sich verändert hat. Wir hatten so viele Gemeinsamkeiten – gibt es heute noch welche?

Annina lehnte sich zurück, atmete aus, ließ die Tageshektik hinter sich, wurde lockerer, entspannter.

Sie sah sich in dem großen Raum ein wenig um, alles mutete hier sehr südländisch, sehr italienisch an, dazu die vielen Kerzen. Ein Ambiente wie in Florenz oder in irgendeinem der kleineren Palazzi, die verstreut in der Toscana zu finden waren.

Und unmittelbar daneben das Bräustüberl noch mit einem kupfernen Braukessel in der Mitte. Daneben das Gasthaus mit Biergarten. Und das Ganze direkt an der Donau!

Annina war begeistert.

»Welcher Brauerei gehört dieses Juwel?« wollte sie wissen.

»Der Privatbrauerei Schaernlach, seit anno Zwieback im Familienbesitz, außerdem: auf den letzten beiden Seiten der Karte ist eine Chronik«, erklärte Konstantin seiner Schwester.

Annina schlug die Doppelseite auf. Links oben begann die Seite mit

Iß das Brot, das gehört zum Leben, trink das Bier, wie's Brauch ist im Lande. Gilgamesch-Epos, 3000 v. Chr.

»Ein langer Weg von dem Steinzeitgesöff bis zum Bayerischen Reinheitsgebot, was Annina?« fragte Konstantin.

»Irrsinnig interessant, das habe ich nicht gewußt.«

»Lesen bildet, und wenn es Speisekarten sind, hahahaha.« Herr von Marbacher leistete seinen Beitrag.

Wohlwollend legte Felicitas ihre Hand auf die seine.

Annina vertiefte sich wieder in die Karte.

Deutschlands Biere sind so verschieden wie Hennen auf dem Hofe. Es gibt helle, braune, ja sogar schwarze. Will man sie alle kennenlernen, muß man gut zu Fuße sein.

MarkTwain

Die Zeiten haben sich geändert, denn jetzt begab sich das Bier auf die Reise.

Aber, wer will schon alle Biere kennenlernen? Jeder Mensch schwört auf sein Bier, und nur das ist das beste. Und durch kein anderes zu übertreffen.

Ebenso ist es mit allen anderen Genüssen …

Jeder hat seinen Geschmack. Das ist gut so.

Sagt der eine:

Nichts übertrifft ein gutes Bier nach einem langen Spaziergang. Leicht trüb, etwas kühler als lau. Im Geschmack muß

es leicht an das Holz der Faßdauben erinnern, und die Nase wird vom Duft des Hopfens gekitzelt. Unübertrefflich!
Der andere liebt sein Braunbier.
Über die Jahrhundertwende hinaus war es vorherrschend in Bayern. Und heute gilt es gern als flüssiges Schmankerl, eine Erinnerung an »die gute alte Zeit«.

»Annina ... Nina, hallo!« Konstantin klapste ihr leicht auf den Handrücken. »Deine Bestellung. Du weißt, der Wolf ...«, flüsterte er.

Annina bestellte, und der freundliche Ober, der die Bestellung entgegennahm, zwinkerte ihr zu.

»Ich laß Ihnen noch die Karte da, junges Fräulein, wenn Sie sich so für Schaernlach und seine Geschichte interessieren; man weiß ja nie, wann man es mal brauchen kann. Lesen Sie nur in Ruhe.«

Annina lächelte: »Schon schön, Ihre Karte, und vui Information.«

Felicitas seufzte erneut.

»Annina, wie sprichst du mit dem Personal!«

»Wie man es hier tut, Mama. In Norddeutschland hätte Frau Schuster, meine liebenswerte Zugehfrau, gesagt: Dascha'n Ding, gehs parterre bei soviel Gedöns über Bier. Nein, sie hätte ›Biee‹ gesagt.«

Felicitas faßte sich an die Schläfen. Herr Von hüstelte indigniert. Und Konstantin grinste hinter vorgehaltener Serviette. Annina sah es an seinen Augen. Seine Reaktion machte sie glücklich.

Er ist doch noch in irgendeiner Ecke mein Bruder!

Sie lächelte, und er lächelte zurück, ohne vorgehaltene Serviette.

Wie war das mit dem Blut und dem Wasser und dem dicker und so?

Daß es doch noch ein relativ schöner Abend wurde, war zuletzt auch Konstantin zu verdanken, indem er viele Wißtihr-noch-Geschichten erzählte, die Annina zum Teil ergänzte und die tatsächlich auch ihre Mutter zeitweilig zu einem Lächeln oder gespielten Protest hinrissen.

Der von Marbacher lächelte solidarisch mit, glücklich, in die Familie auf diese lauschende Weise mit einbezogen zu sein. So etwas von ergebenem Trottel im Maßanzug war Annina lange nicht untergekommen.

Mama, du sollst deinen Nächsten lieben, nicht deinen Nächstbesten, dachte sie. Doch der Herr Wendelin, Baron Marbacher, hatte seinen Enterhaken fest in die Herzkammern der Felicitas Cronshagen-Walderstatt geborene Freiin Carlshausen geworfen. Vielleicht war auch seitens Felicitas ein wenig Fatalismus oder ein Sichfügen dabei, doch sie gab nichts preis. Contenance hatte sie sich auf ihre Flagge geschrieben. Wie sagt Rilke: Wer spricht von Siegen, überstehen ist alles.

Wie hätte Frau Schuster das kommentiert: »Muß mit leb'n, es gibt sone un' solche, muß man durch. Jederein is für sein Schicksal vaantworlich. Jawoll. Kanns nix bi moken.«

Arme reiche, nie vollkommen glückliche Felicitas.

Herr Wendelin Von übernahm – »Selbstverständlich, meine liebe Fee« – die Rechnung. Natürlich mit dem für ihn dazugehörenden Tamtam, unterlegt von einem halbdutzend Handküssen und vertraulichem Gezwinker für seine Felicitas.

Fee! Marbacher nannte sie Fee! Konstantin und Annina tauschten Blicke.

»Es gibt Dinge im Leben, die möchte ich mir nicht vorstellen«, hatte Tante Hetty einmal gesagt, »zu denen gehören Marbacher und deine Mutter.«

Felicitas Cronshagen-Walderstatt – in der Tat die Frau, die die Allüre erfunden zu haben schien –, verbandelt mit von Marbacher, dem Typ Mann, der unter seinem Sakko versteckt am Hosenbund vermutlich ein zusammenklappbares Pfauenrad trug – jedenfalls ein imaginäres. Marbacher balancierte seine Minne Felicitas mit viel Getue auf manikürten Händen durch den Alltag. Felicitas lächelte hold und damenhaft zu allem. Und leichtes Nachgeben zwischendurch stärkte ihre Standfestigkeit, jedenfalls in gewisser Weise.

Was hatte Tante Hetty gesagt …

Auf dem Weg zum Parkplatz flüsterte Konstantin seiner Schwester zu: »Mit den beiden zusammenzusein, vermittelt immer ein Gefühl von absurdem Theater. Aber es war schön, dich wiederzusehen.«

Spontan nahm er Annina in die Arme.

»Ich habe mich auch gefreut, sehr gefreut, Konstantin.«

Konstantin sah seine Schwester an. Dieser Gesichtsausdruck, da war noch etwas, etwas Unausgesprochenes, sie kannte diesen Ausdruck in seinem Gesicht. Er hatte noch etwas auf dem Herzen.

»Ja, Konstantin?« Sie kam ihm sanft entgegen.

»Ach, Nina … Nina, ich fühle mich so schuftig, so furchtbar … Du weißt, was ich meine …, ich meine, seit damals … Nein, nicht nur seit damals. Manchmal kann ich gar nicht einschlafen … Ich muß, ich meine, du … verstehst du, ich bin ein Feigling … Ich hab' dich schrecklich allein gelassen, Nina, bitte verzeih mir …«

»Konstantin und Annina, wo bleibt ihr?«

Es war die Stimme von Felicitas, und sie hörte sich noch genau so an wie vor zehn, fünfzehn, zwanzig Jahren …

Aus der kleinen Annina war zwischenzeitlich eine junge Frau geworden und aus Konstantin ein junger Mann. Winnie – nach »Pu der Bär« –, so wurde Konstantin in seiner Kindheit genannt; einige sagten auch Mister Pu, doch für die meisten war er Winnie.

Das kam daher, weil Konstantin im Alter von drei oder vier Jahren von Tante Hetty das Kinderbuch »Pu der Bär« geschenkt bekam. Von diesem Zeitpunkt an ging nichts mehr für ihn, ohne daß er sein Buch unter den Arm klemmte. Andere hatten eine Schmusedecke, er hatte sein Pu-Bär-Buch.

Es war völlig egal, ob es sich um eine Familienfeier, den Besuch eines Gottesdienstes oder ähnliche familiäre Aktivitäten handelte, an denen er teilnehmen mußte: nie ohne sein Buch! Natürlich war es mit der Zeit sehr ramponiert und zerfleddert, und heiße Schokolade war auch über Seite vier und fünf verlaufen. Mit anderen Worten: Er hatte sein Winnie-Buch fast zu Tode geliebt, aber er rückte es nicht heraus. *Sein* Buch!

Felicitas wollte es austauschen, aber sie hatte nicht mit dem Widerstand ihres Sohnes gerechnet. Mit Zähnen und Klauen hatte er es verteidigt, es war ein Mordstheater und entsprechend laut. Er gab es nicht her, denn nur in dieses Buch waren seine Kinderträume hineingeträumt.

Tante Hetty hatte ihn dazu überredet, nach zwei Stunden die Badezimmertür wieder aufzuschließen, aber vorher mußte sie noch kniend vor der Tür mit Ehrenwort und Spucke schwören, daß ihm niemand sein Buch wegnehmen würde. Geschworen hat sie, aber nicht gekniet.

Felicitas erlitt eine der wenigen Niederlagen ihres Lebens. Und stolz marschierte Konstantin weiterhin mit dem zerlesenen Buch unter dem Arm an der Hand seiner eleganten Mutter.

Das huschte wie eine Wischblende beim Film durch Anninas Kopf, während sie ihren Bruder ansah.

»Es ist alles in Ordnung, Winnie, wirklich! Besuch uns bald.«

Dankbar sah Konstantin seine Schwester an und nickte. Und daß sie Winnie zu ihm gesagt hatte … Er schluckte und lächelte, wie es eben glückliche große kleine Jungs tun.

»Wir kommen, Mama!«

Konstantin ergriff die Hand seiner Schwester und rannte mit ihr den Kiesweg hinunter. Bei den dicken Rhododendronbüschen hätten sie fast einen Herrn umgerannt, der allein über das Terrain spazierte.

»Nun hättet ihr fast den Besitzer von Schaernlach zu Fall gebracht. Ein attraktiver Herr, und seine Frau war eine richtige Schönheit ...« Felicitas seufzte.

Doch bevor sie noch über weiteres Schaernlach-Schicksal seufzen konnte – die Vergangenheitsform verhieß bestimmt nichts Erfreuliches, und ihrem Sohn stand nicht der Sinn danach, daß dem Abend seine gewisse Leichtigkeit verlorenging –, ergriff Konstantin nach dem Seufzer seiner Mutter schnell das Wort.

»In die Karossen, please! Wo steht dein Auto, Nina? Ich begleite dich.«

»Schmarrn.« Sie spürte den Blick ihrer Mutter und korrigierte. »Danke für deine Freundlichkeit, Mama, es war sehr schön.« Artig reichte sie ihrer Mutter die Hand, denn zwei Umarmungen an einem Tag hieße, der Spontaneität zu sehr nachzugeben. Auch Marbacher reichte sie brav die Hand, der sie per Handkuß der alten Schule verabschiedete.

Aber Konstantin umarmte sie herzlich. Er sagte: »Es war einmal vor einiger Zeit, und diese Zeit ist schon lange her ...«

»... etwa letzten Freitag, als Winnie Pu ganz allein unter dem Namen Sander im Wald wohnte«, ergänzte Annina.

»Wie bitte?« fragte Herr Von mit leicht blödem Gesichtsausdruck und schiefgelegtem Kopf.

»Das ist aus dem ersten Kapitel von ›Pu der Bär‹«, erklärte Konstantin.

»Aha, ich verstehe«, gackerte Marbacher stakkato. Natürlich verstand er nichts.

»Kinderbuchgeschichten, von früher«, ergänzte Felicitas.

»Zauberhaft, nein, wie ent-zük-kend!« giggelte Herr Wendelin von Marbacher und öffnete Felicitas den Wagenschlag. »Entzückend!«

Er schloß die Tür. »›Pu der Bär‹ kenne ich gar nicht.« Er schritt mit leichtem Kopfschütteln auf die andere Seite des Autos und wiederholte: »Es war einmal vor einiger Zeit, und diese Zeit ist schon lange her … tzzz … zauberhaft … ein Kinderbuch … tzzz … Gute Nacht.«

Er stieg zu Felicitas in den Wagen, und die Tür der Limousine fiel ins Schloß.

»Komm gut nach Hause, Nina, ich besuche euch ganz bald, vielleicht schon gestern. Wo ist mein Neffe eigentlich heute?«

»Bei Neumeisters. Erzähl' ich dir alles, wenn du kommst. Nacht, Winnie.«

»Nacht, Nina.« Er winkte noch aus dem heruntergekurbelten Fenster, trotz des Protestes seiner Mutter – »Es zieht infernalisch!«

»Paß auf euch auf, Nina!«

»Singt Ho! Der Bär soll leben!« rief Annina.

Dann bog der Wagen um die Ecke der Auffahrt.

Annina schlenderte zu ihrem VW. Im Biergarten waren sie dabei, die Tischdecken zusammenzufalten und die Stühle schräg an die Tische zu lehnen.

Das Bedienungspersonal des Restaurants half mit. In Schaernlach ging das Hand in Hand, es gab keine sogenannten Extras, es wollte auch keiner Privilegien. Ob nun Oberkellner oder Bräustüberlbedienung oder sonst etwas, sie waren die »Schaernlacher beim Bernbacher«. Und darauf waren sie stolz.

»Na, haben Sie unsere Chronik gelesen, junges Fräulein?« rief der Kellner, der sie im Restaurant bedient hatte, zu ihr herüber.

»Leider nein, aber nächstes Mal bestimmt, es interessiert mich schon. Es ist ein herrliches Fleckchen Erde, beneidenswert schön ist es hier und etliche Jahrhunderte alt, nicht wahr? Jedenfalls das mittlere Gebäude, oder?«

»Da, wo das Restaurant jetzt ist, das ist noch ein Teil des alten Klosters. Portal und linker Flügel wurden in die spätere Bausubstanz mit einbezogen, aber das steht alles in der Chronik.« Der Ober war ihr, während er sprach, einige

Schritte entgegengekommen und faltete ein weiteres Tischtuch zusammen.

»Lieber Max, wenn die junge Dame so sehr an der Geschichte von Schaernlach interessiert ist, dann schenken wir ihr doch eine Karte«, ließ sich eine wohlklingende Stimme vernehmen.

Im Gegenlicht des Bräustüberleingangs war die Silhouette eines Mannes zu sehen. Beim Näherkommen erkannte sie den Herrn, in den sie fast mit ihrem Bruder hineingerannt war.

»Guten Abend, ich bin Ludwig Bernbacher«, stellte er sich vor, »arbeiten Sie an der Geschichte über die Klöster an der Donau, oder schreiben Sie allgemein über Restaurants und Gasthäuser?«

»Weder noch, es hat mich halt nur so interessiert, es ist einmalig schön hier. Übrigens, ich bin Annina Meyer.«

Inzwischen hatte Max eine Karte geholt. Ludwig Bernbacher machte eine Geste, die besagte, er solle sie an die junge Dame weitergeben.

»Vielen Dank.« Annina ging zu ihrem Wagen. »Auf Wiedersehen, Herr Schaernlacher«, sagte sie noch und winkte, als sie vom Parkplatz fuhr.

Was hatte sie gesagt? Auf Wiedersehen, Herr Schaernlacher? Ludwig Bernbacher lächelte, und das tat er nicht mehr oft in letzter Zeit.

Annina stopfte sich diverse Kissen in den Rücken, um vor dem Einschlafen noch ein bißchen in der Schaernlacher Chronik zu schmökern.

Sie erfuhr einiges, zum Beispiel: daß der Bayernherzog Wilhelm IV. am 23. April 1516 ein Gesetz erließ, daß von nun an in Bayern das Bier nach gültigem Reinheitsgebot gebraut werden müsse. Allein Gerste, Wasser und Hopfen!

Weiter las sie, daß es die älteste und noch heute gültige lebensmittelrechtliche Verordnung in der Bundesrepublik ist. Aha, doch nun zu Schaernlach:

Kloster bis zum Mittelalter … Im Dreißigjährigen Krieg, in der Schlacht 1632, die Graf von Tilly mit seinen Truppen gegen den Schwedenkönig Gustav Adolf führte, brannte auch das Kloster Schaernlach bis auf die Grundmauern nieder. Tilly, der erst 1630 Nachfolger Wallensteins als Generalissimus der Kaiserlichen Truppen geworden war, wurde am 15. April 1632 in Rain am Lech tödlich verwundet, keinen Tagesritt von Schaernlach entfernt.

Geschichtsträchtiger Boden, dachte Annina und las weiter:

Nach Beendigung des Dreißigjährigen Krieges kehrten die Mönche des Ordens des heiligen Lazarus zurück nach Schaernlach, um ihr Kloster wiederaufzubauen.

Sie erweiterten die Klosteranlage um einen Anleger unterhalb an der Donau, so daß kleinere Handelsschiffe dort anlegen konnten. Über den Landweg wurden die Güter – Seide, Gewürze und vor allem Salz – in das Landesinnere transportiert.

Der Schutz der Klostermauern bot Reisenden und Handelsleuten Zuflucht und Sicherheit vor umherstreunenden Räuberbanden.

1695 wurde der erste Sudkessel in Betrieb genommen. Fortan hieß es nun Kloster und Klosterbrauerei Schaernlach. Unweit der Stelle des ersten Sudkessels steht heute wieder ein Sudkessel, nämlich der kleine Kessel im heutigen Bräustüberl.

1803 traf die Säkularisation die Mönche von Schaernlach. Sie wurden vertrieben, und das Kloster, die Brauerei und der Anleger verfielen, verwitterten …

1826 erwarb Ludwig Janner Grund und Ruine von der Bayrischen Landesregierung.

Mit dem Bau einer Brauerei wurde 1829 begonnen, 1834 der erste Sudkessel installiert. 1835 war die kleine Schaernlacher Brauerei bereits ein Begriff. In Schaernlachs bayrischem Bier schäumte Lebensfreude mit.

1857 Ausbau des mittleren Teils der Klosterruine, ausführender Architekt war der Mailänder Vicente de Barricello.

Auch der linke Flügel wurde mit in den Bau einbezogen, und das große Portal bekam etwas Bayrisch-Barockes.

1861 Baubeginn des großen Schaernlacher Brauhauses. 1874 Eröffnung des Biergartens und Wiederinbetriebnahme des Donau-Anlegers.

1901 Vergrößerung des Brauhauses …

Dann folgte ein Stammbaum, wer wen wann und warum geheiratet hatte, aber das interessierte Annina weniger, außerdem fielen ihr die Augen zu.

Die Schaernlach-Brauerei ist heute im Besitz von Ludwig Bernbacher las sie noch, dann knipste sie das Licht aus.

»Gute Nacht, Herr Ludwig Bernbacher, Sie haben ein schönes Anwesen«, sagte sie laut und kuschelte sich in die Kissen.

❋

Annina hörte Ludwigs Schritte auf dem Kiesweg, der zum Haus führte.

Die Stille der Nacht war fühlbar, jedes noch so kleine Geräusch war zu hören, selbst die fast lautlose Strömung der Donau mit ihrem sirrenden Klang, die unterhalb vorbeifloß. Oben am offenen Fenster träumte Lars in die Nacht.

Unten saß Annina und »verträumte« sich auch ein bißchen.

Es gibt Nächte und Nächte … und Nächte!

»Ludwig Bernbacher, ich liebe dich, und es ist schön, mit dir zu leben«, sagte sie halblaut.

Sie stand auf. Jeder Abend, und sei er noch so schön, muß irgendwann ein Ende haben. Sie klemmte sich entschlossen ein paar Gartenkissen unter den Arm und löschte das flackernde Windlicht, um ins Haus zu gehen.

»Ach, schon?« fragte Ludwig enttäuscht, der eben die Terrasse betrat. »Ich dachte, wir sitzen noch ein bißchen draußen und hören der Nacht zu.«

Annina lächelte und legte die Kissen zurück in die Gartensessel. Bis fast halb zwei träumten beide in den Sternenhimmel. Es gibt Tage und Nächte, die man unter einen Glassturz stellen möchte oder behutsam in Gaze wickeln …

*

Gerade Straßen, übersichtliche Chausseen, Serpentinen, Feldwege mit Huckeln und so weiter und so weiter, das alles gibt es. Auch im richtigen Leben! Das Leben von Doktor Annina Meyer und Ludwig Bernbacher glich im Jahre 1959 einer huckeligen, krummen Serpentine und war weit davon entfernt, einem schnurgeraden napoleonischen Heerweg – immer geradeaus von Kirchturm zu Kirchturm – auch nur annähernd zu ähneln. Wie gesagt: zuviel Huckel.

Ende Juni 1959 hatte Annina Nachtdienst in der Ambulanz des Krankenhauses, als am späten Abend ein Vater mit seinem zirka zweieinhalb Jahre alten Sohn in der Notaufnahme erschien.

Das Kind fieberte, Gesicht, Hals und Ärmchen waren deutlich von einem rötlichen Hautausschlag gezeichnet.

Annina war dem Vater entgegengeeilt, und hinter ihr folgte mit wehendem Kittel Schwester Hedwig.

Annina nahm das kleine fiebrige Bündel in ihre Arme und legte das Kind behutsam auf die Trage. Auf ihre Anweisung hin bereitete Schwester Hedwig eine Infusion vor.

»Meyer«, hatte sich Annina kurz und bündig vorgestellt und sich nicht weiter um den Vater gekümmert, ihre ganze Aufmerksamkeit galt dem kleinen Jungen.

Obgleich er blitzebraun wie ein kleiner Indianer war, hatten Fieber und Hautausschlag sein Gesicht und seinen Körper gezeichnet. Elend sah der kleine Kerl aus.

Offensichtlich war er an einer Meningoenzephalitis, die überwiegend im Frühsommer, meistens hervorgerufen durch Zeckenbiß, auftrat, erkrankt.

»Ich bin Annina, und wer bist du?« fragte Annina und strich ihm die verschwitzten Locken aus der Stirn.

»Er heißt Claus«, antwortete der Vater, »und ich bin Ludwig Bernbacher.«

Annina sah flüchtig in seine Richtung und nickte.

Es war ein ausgesprochener Glücksfall, daß die dicke, ältere, umsichtige Schwester Hedwig Dienst hatte. Sie strahlte Ruhe aus und kümmerte sich nicht nur liebevoll um den Kleinen, sondern schob nebenbei Ludwig einen Hocker hin, so daß er dabeibleiben konnte, aber nicht im Weg stand.

Herumstehende, störende Menschen haben, und seien sie auch noch so dünn, in Kürze den Umfang des Kölner Doms. Hedwig setzte Ludwig ziemlich weit vom Schuß neben die Schwingtür.

Während Annina den Kleinen weiter untersuchte, fragte sie nach dem Verlauf der aufgetretenen Erkrankung.

»Ich dachte, er hätte eine leichte Sommergrippe, Frau Doktor, und in ein paar Tagen wäre alles vorbei.«

Ludwig rutschte auf dem unbequemen Hocker hin und her, am liebsten wäre er aufgestanden, zumal er mit einer Dame sprach. Doch der kurze, knappe Blick über den Brillenrand, den ihm Hedwig zuwarf, ließ ihn unbequem und unwohl verharren.

Der kleine Patient sah Annina und Schwester Hedwig hilflos mit seinen plüschbraunen Augen an.

»Die Frau Doktor macht dich ganz fix wieder gesund«, sagte Hedwig und legte sanft ihre kühlenden Hände an die heiße Stirn des Kindes.

Annina holte einen Kollegen von der Neurologie hinzu, der Anninas Diagnose bestätigte.

Das Kind wurde mit Antibiotika versorgt, die der Infusion

hinzugefügt wurden. Ludwig hielt es nun endgültig nicht mehr auf dem Hocker. Er trat an die Trage.

»Bitte, Frau Doktor, was ist mit meinem Sohn?«

Annina sah ihren kleinen Patienten an, lächelte und sagte: »Claus, siehst du die große Uhr drüben an der Wand? Wenn der Zeiger einmal herum ist, sind wir wieder hier. Ich muß dem Papi etwas erklären. Bis gleich. Einmal herum!«

Sie ging mit Ludwig auf den Flur. Kurz und sachlich erklärte sie ihm: »Ihr Sohn hat mit großer Wahrscheinlichkeit eine Hirnhautentzündung. Wir tun alles, was wir können. Wir hoffen sehr, daß es die harmlosere Form ist. Wir müssen punktieren, damit wir Genaueres wissen. Er muß stationär behandelt werden.«

Ludwig sah Annina stumm und hilflos an.

»Bitte, Herr …«

»Bernbacher.«

»Bitte, Herr Bernbacher, wir tun alles, was wir können.«

Annina sah den verzweifelten Bernbacher an und legte ihm spontan die Hände auf die Schultern, schüttelte ihn leicht und lächelte ihm Mut zu.

»Es wird schon! Nun kommen Sie, wir haben noch drei Sekunden.«

»Plupps«, rülpste der Zeiger. Der kleine Claus hatte ihn nicht aus den Augen gelassen. Trotz pochender Kopfschmerzen und dem hohen Fieber.

Einmal Zeiger rum, dann wollte Papi mit der Mamina wieder da sein, dachte er. »Stimmt«, murmelte er, und seine Augen fielen zu.

»Sehen Sie, Herr Bernbacher! Ich bin sehr zuversichtlich.«

Annina trat zu dem kleinen Jungen und nahm sein Händchen in ihre Hände.

»Mamina«, murmelte der kleine Claus und fiel in fiebrigen Halbschlaf.

»Verzeihen Sie, wenn ich Sie darauf anspreche, Herr Bernbacher, aber sollten wir nicht die Mutter des Kleinen ...« Annina ließ den Satz im Raum hängen.

»Ich bin seit eineinhalb Jahren mit dem Kind allein. Meine Frau hatte einen Unfall.«

Beide beließen es bei der sachlichen Feststellung.

Es folgten zwei schlimme Tage für Ludwig Bernbacher, an denen er so gut wie nicht schlief. Annina war die meiste Zeit in der Nähe ihres kleinen Sorgenpatienten.

Sie bat die Neumeisterin, in den folgenden Nächten auf Lars achtzugeben; der genoß quiekend das Zusammenleben mit den Neumeisters. Wenn er wohlig grunzend auf seiner oder ihrer Schulter oder auf dem Sesselpolster, manchmal auch müdegerobbt auf dem Teppich eingeschlafen war, trug die Neumeisterin ihn in sein Reisebett, in dem er bis zum nächsten Morgen durchratzte, während Annina die Nächte im Krankenhaus in der Nähe des kleinen Claus verbrachte.

Es stand zeitweilig sehr kritisch, doch am zweiten Behandlungstag schlug endlich die Antibiotika-Therapie an.

Am Morgen des dritten Tages saß der Kleine in seinem Bett, staunte über die Infusionsschläuche in seiner Hand, guckte auf seinen Vater, der übernächtigt in einem Korbsessel hing, und krähte ihn aus flüchtigen Träumen.

»Paapii, ich hab' Hunger!«

Eine Woche mußte er noch im Krankenhaus bleiben. In dieser Zeit begann die große Liebe zwischen einem kleinen Patienten und seiner behandelnden Ärztin.

»Störe ich?« fragte leise und bescheiden Ludwig Bernbacher, der von beiden unbemerkt ins Zimmer getreten war.

»Mamina liest vor«, verkündete der Kleine stolz aus seinem kuscheligen Kissenberg heraus, den Annina ihm gebaut hatte. Es ging ihm von Tag zu Tag besser, und dank Anninas Fürsorge und natürlich auch der der netten Schwestern, allen voran Hedwig, die einen Gute-Besserungs-Teddy für ihn auf der Kirmes geschossen hatte, fühlte er sich nicht wie im Krankenhaus, sondern eher wie in einem gutbesuchten Kinderzimmer.

Ludwig versuchte seinem Sohn im Laufe der Tage beizubringen, daß die Frau Doktor Annina heißt.

»Annina, Cläuschen, Annina. Doktor Annina Meyer.« Bernbacher redete mit seinem Sohn wie mit einem schwerhörigen Neufundländer. Claus hörte mit großen, wachen Augen zu, nickte wissend auf die Frage seines Vaters, ob er es begriffen hätte.

»Also, wie heißt die Frau Doktor?«

Claus legte den Kopf schief, lächelte und sagte: »Mamina.«

In den ersten Julitagen stand ein riesiger Blumenstrauß auf Beinen in der Tür des Stationszimmers von Annina.

»Mamina, Mamina, wir gehen!« jubelte es hinter den Blumen.

»Claus, mein lieber kleiner Claus.« Annina ging Richtung Blumen und Kinderstimme.

Claus ließ die Blumen fallen, streckte Annina seine Arme entgegen, und schwupps war er in und auf ihren Armen.

Ludwig Bernbacher hob die Blumen auf, und seine Augen trafen die von Doktor Annina Meyer, die ihn über die Schulter des Kindes ansah.

Vater und Sohn haben die gleichen Plüschaugen, dachte Annina.

»Jetzt weiß ich es«, Ludwigs Augen blitzten, »natürlich!« Er klapste sich mit der anderen Hand an die Stirn. »Sie sind die junge Dame, der unser Kellner Max an einem Abend, vor ungefähr drei Wochen, eine Speisekarte von Schaernlach geschenkt hat … Verrückt. Verrückt, daß ich Sie wiedergetroffen habe.«

»Wieso? Wollen Sie die Karte zurück?« flirtete Annina frech.

»Ja, gleich morgen«, feixte Ludwig Bernbacher.

»Mamina, ich hab' dich lieb.« Warmfeuchte Kinderhände tatschten Annina über Hals und Gesicht und brachten ihre Frisur durcheinander.

Annina wiegte den Kleinen in ihren Armen; benebelt vor Glück ließ er es sich allzu gern gefallen.

»Also, Frau Doktor, morgen?«

»Morgen? Tut mir leid, da geht es nicht.«

»Wieso, es ist Samstag, oder haben Sie Dienst?«

»Dienst nicht, aber einen Sohn.«

»Einladung mit Kind, bitte Frau Doktor, machen Sie uns die Freude.«

Er hat tatsächlich ähnliche Plüschaugen wie sein Sohn!

Sie ist so jung, aber daß sie schon eine Familie haben könnte ... Mann und Sohn ...

»Einladung mit Familie«, sagte er laut.

»Bitteee, Mamina. Du muß' kommen.« Claus schmuste sich noch einige Millimeter näher an Annina heran.

»Machen Sie mir die Freude, schon der Kinder wegen. Sagen wir um drei? Ich hoffe, Ihr Kind mag Kuchen. Was haben Sie? Einen Sohn oder eine Tochter?«

»Einen Sohn. Und der mag Alete.«

Samstag nachmittag gegen fünfzehn Uhr fuhr Annina bei strahlendem Sonnenschein mit Lars auf dem Rücksitz die Auffahrt der Brauerei Schaernlach hoch.

»Quelle atmosphère«, hätte der von Marbacher ihrer Mutter mit Sicherheit wieder gejubelt. Doch in der Tat! Quelle atmosphère ...

Der laue Sommerwind, angefüllt mit dem Duft von Maische und Hopfen, dazu der weißblaue Himmel, Goldregen und afrikanische Klebschwerteln, die in üppigen Arrangements die Einfahrt des Parkplatzes umwucherten, dufteten um die Wette. Ja, es war wunderschön.

Ludwig Bernbacher kam ihnen schon am Parkplatz entgegen, Claus hielt er an der Hand.

Die wilden Locken des Kleinen waren mit viel Wasser, Kamm sowie einem schnurgeraden Scheitel für ungefähr eine halbe Stunde gebändigt worden.

»Mamina, Mamina«, jubelte der, riß sich los und rannte ihr entgegen.

Annina stieg aus und begrüßte mit allen notwendigen Schmuseeinheiten ihren kleinen Freund und Patienten. Und mit einem freundlichen »Grüß Gott« den Vater.

»Ja, wo ist denn der Rest der Familie?« wollte Ludwig wissen.

»Lars ist noch im Auto«, antwortete Annina, während sie das zusammengeklappte Gestell des Kinderwagens aus dem Kofferraum zergelte.

Ludwig war behilflich, das Obergestell von der Rückbank zu holen und auf dem Untergestell einrasten zu lassen.

Grizzly-Lars verratzte die Aktion; wenn Lars schlief, konnte man neben ihm Raketen zünden. (Übrigens, das kann man heute noch!)

»Ein Baby, ein Baby!« Claus freute sich und griff dem schlafenden Lars an die Nase. (Damit kann man ihn heute noch wecken!) Prompt quäkte er erschrocken.

»Ich wußte gar nicht, ich meine so klein, ja … also«, stotterte Ludwig Bernbacher erstaunt. »Na ja, sie sind ja auch noch so jung.«

»Magst du ein Eis, Baby?« Claus stand auf Zehenspitzen und beugte sich erneut in den Kinderwagen. »Papi hat ganz viel.«

»Papi hat auch ganz viel Bier«, ergänzte Annina.

»Möchten Sie Bier?«

»Sehr lieber Herr Bernbacher, genausowenig wie mein Lars Eis mag, genausowenig …«

»Sagen Sie nicht, daß Sie kein Bier mögen«, fiel Bernbacher ihr ins Wort.

»Bier? Bier mag ich überhaupt nicht.«

»Sagen Sie das nie laut in Bayern, liebe Frau Doktor.« Er lächelte. »Und ich habe es schon vergessen.«

Es war mühsam, den Kinderwagen durch den Kies zu fahren. Ludwig bot sich an, den Wagen zu ziehen, und nahm Lars, damit der nicht so durchgeschaukelt wurde, auf den Arm.

Claus streckte seine Arme Annina entgegen, und sie hob ihn auf ihre rechte Hüfte und umfaßte ihn. Mit der anderen Hand griff sie nach dem Kinderwagen, um ihn gemeinsam mit Ludwig zum Haus zu ziehen.

Es war so selbstverständlich und hatte etwas Gemeinsames.

Das Privathaus Bernbacher lag versteckt hinter dem großen Brauhaus und wuchernden Rhododendren. Anheimelnd und sehr schön.

Ludwig hatte auf der Terrasse decken lassen. Für drei Erwachsene und zwei Kinder.

Bevor Annina näher darüber nachdenken konnte, für wen Gedeck Nummer drei sein sollte – Freundin? Haushälterin? –, ergriff Ludwig das Wort.

»Ich habe gedacht, Sie bringen Ihren Mann mit, Frau Doktor.«

»Nein, Herr Bernbacher, ich bin allein mit Lars.«

Nach einer kleinen Pause setzte sie hinzu: »Ich bin noch nicht sehr lange hier in Bayern, erst seit Ende Mai, knapp zwei Monate.«

»Aber bereits das zweite Mal in Schaernlach, liebe Frau Doktor.« Ludwig war absichtlich nicht näher auf die Bemerkung, daß sie mit Lars allein lebte, eingegangen; wer weiß, woran er gerührt hätte, er wußte um Trauer und Einsamkeit.

Seit gut eineinhalb Jahren war er mit Claus allein. Der Himmel hatte ihm Doktor Annina Meyer geschickt, dadurch wurde die Krankheit seines Kindes erträglicher, vor allem hatte er eine Partnerin in dieser schweren Zeit.

Ja, Annina Meyer war seine Partnerin gewesen …

»Träumen Sie? Dann will ich nicht stören; ich gehe mit Claus, er will mir *seine* Wohnung zeigen. Darf er?«

»Entschuldigung, ich war mit meinen Gedanken eben ganz woanders; das heißt, so weit weg war ich gar nicht. Ich will es Ihnen sagen. Es war großartig, wie Sie mir in meiner Hilflosigkeit und meiner Sorge zur Seite gestanden haben ... Daran habe ich eben gedacht.«

»Der liebe Gott schickt immer jemanden, bei mir war es Tante Hetty.«

»Sie sind wundervoll.« Dankbar lächelte Ludwig. »Und außerdem bildschön, ob nun mit Kittel oder ohne.«

»Ah ja ...?« Annina lächelte.

Ludwig stammelte. »Ja ... äh ... ich meine ... na ja.« Er guckte ein bißchen doof und rettete sich: »Das sieht man doch, oder? Oder wie ...«

Sicherheitshalber setzte er sich in die Tiefe des Gartensessels.

»Komm, kleiner Claus, wir gehen, du zeigst mir die Wohnung.«

Sie nahm seine Hand und wollte ins Haus gehen, drehte sich aber noch einmal zu Ludwig um.

»Glatteis heißt Glatteis, weil es glatt ist.« Sie klimperte mit den Augendeckeln und winkte.

»Und schön heißt schön, weil es schön ist ... äh, ich meine ... ach, Sie bringen mich ganz durcheinander.«

Er neutralisierte, indem er hinter ihr herrief: »Tee oder Kaffee?«

Annina beugte sich über das Geländer: »Eisschokolade.«

»Exzentrische Person«, antwortete Ludwig und schüttelte mit gespielter Empörung den Kopf.

Es war nach langer Zeit wieder ein erholsamer Nachmittag für Ludwig. Die Pointen zwischen den beiden flogen nur so hin und her. Auch Annina genoß den Besuch in Schaernlach sowie den leichten, lockeren Flirt mit Ludwig. Claus hatte sich zu Lars auf das Gartenpolster gelegt und erzählte ihm Geschichten aus seinem Bilderbuch. Lars quiekte und brabbelte seine Kommentare dazu.

Der Nachmittag verlief mit doppelter Lichtgeschwindigkeit. Auf dem Gartenpolster war es ruhig geworden, da lagen einträchtig aneinandergekuschelt die beiden Kinder und schliefen.

Unbemerkt von Annina und Ludwig hatte Claus mit dem Kleinen eine Tafel Schokolade geteilt, sozusagen brüderlich.

Lars sah aus wie der Sarotti-Mohr ohne Turban, alles, was man beschmieren konnte, war beschmiert. Auch Claus war schokobraun bis in die Locken. In der Sonne verlief der Rest auf dem Bilderbuch. Die schlafende, beschmierte Schokoladeneintracht hatte etwas Anrührendes, Zufriedenes.

»Schauen Sie, es muß ihm köstlich geschmeckt haben.«

»Aber ist er nicht viel zu klein für Schokolade?« meldete Ludwig besorgte Zweifel an.

»Halb so wild, es wird ihm sehr geschmeckt haben«, beruhigte Annina. »Übrigens habe ich meine erste Schokolade bei meiner Taufe in der Kirche bekommen. Tante Hetty steckte mir kleine Splitterchen in den Mund, um meine Sirene abzustellen, denn ich soll wie am Spieß gebrüllt haben, und dadurch war ich von einer zur anderen Sekunde still und habe den restlichen Verlauf meiner Taufe genüßlich schmatzend über mich ergehen lassen. Und ich war immerhin beim ersten Genuß von Schokolade erst drei Wochen alt. Sehen Sie, hier stehe ich.«

»Wunderbar.«

Annina sah Ludwig an.

Ludwig »ähte« schon wieder, und Annina nahm es lächelnd zur Kenntnis. Dieser Bernbacher …

Ludwig fing sich und sagte: »Ihre Tante Hetty, von der Sie mir im Laufe des Nachmittags soviel erzählt haben, würde ich sehr gerne kennenlernen. Sie muß etwas ganz Besonderes sein.«

»Ich lade Sie zum nächsten Tante-Hetty-Besuch nach Straubing ein.«

»Wann, sagten Sie, kommt sie? Übermorgen?«

Annina schüttelte amüsiert den Kopf.

»Wieso fahren Sie eigentlich schon? Wir könnten doch gemeinsam zu Abend essen?«

»Danke, Herr Bernbacher, doch leider muß ich nach Hause. Ich muß lernen, denn ich will so schnell wie möglich meinen Facharzt machen.«

»Mamina, du muß' hierbleiben, näch, Papi?«

»Ich komme ganz bald wieder«, versprach Annina dem Kleinen.

Eine halbe Stunde später fuhr sie mit dem notdürftig gesäuberten Lars – »Lassen Sie nur, Herr Bernbacher, ich weiche ihn zu Hause ein« – die Einfahrt runter.

Claus und Ludwig blieben winkend zurück.

»Nu is' sie wech.«

»Ja, mein Kleiner, aber ich verspreche dir, ich hole sie uns zurück.«

»Ach, kleiner Hummer-Meyer-Lars, ob der Papi uns die beiden geschickt hat?« fragte später Annina ihren kleinen Sohn, der frisch gebadet in kuscheligem weißen Frottee lag und wohlig krähte.

✻

Das Telefon läutete mit einer Penetranz und einer gewissen Lautstärke, daß Sophie, schon bevor sie den Hörer abnahm, wußte: Tante Edith!

»Na, wie geht es meinem Patienten?« wollte sie wissen. »Liebe Sophie, er ist ja wahnsinnig wehleidig, da sind wir Frauen doch aus ganz anderem Gehölz. Wie war die Nacht mit ihm?«

»Die was?« Sophie war leicht geschockt. Was hatten Edith ihre Nächte mit Claus zu interessieren, und einmal Erste Hilfe berechtigt doch nicht … also nun wirklich …

»Wie meinst du das?«

»Mein Gott, Kind, bist *du* gefallen oder er? Ach, das beste wird sein, ich komme raus.« Schwupps, schon hatte sie aufgelegt.

Die Nacht mit Claus? Rausgefahren in die Klinik war sie mit ihm! Ich Huhn, das wird Edith mit der vergangenen Nacht gemeint haben. Die Ereignisse der letzten vierundzwanzig Stunden, inklusive der vermaledeiten Siebenunddreißiger! – immer noch ohne Erklärung beziehungsweise klärende Worte –, gepaart mit einem erheblichen Schlafdefizit, das saß Sophie noch in Knochen und Gesichtszügen. Heute war sie gar nicht ihr Typ!

Und kränkelnde Männer sind schlimmer als Generalhausputz!

Treppauf, treppab, doch beim Hausputz kann man die Ruhepausen selbst bestimmen.

Sophie fühlte sich wie ausgelaugt und war erst gegen Morgen in einen vertrackten Halbschlaf gefallen. Ein Wunder, daß sich Claus – wehleidig wie er war – ohne großes Tamtam in Morpheus' Arme begeben hatte, aber fünfzig Tropfen Baldrian und ein schlechtes Gewissen taten ein übriges. *Ihm* ging es am nächsten Morgen wieder besser, nur Sophie fühlte sich wie unter einen Mähdrescher gekommen, der von Kampfhunden gezogen wurde.

Claus wurde in der Nacht vom diensthabenden Kollegen Prielmeyer versorgt. Bänderüberdehnung wurde diagnostiziert. Er bekam einen Bycast, sozusagen ein Gipsverband *light*: der Mensch bleibt beweglich.

Als er Annina und Ludwig, die aus dem Schaernlach-Wochenende zurückkehrten, entgegenhumpelte, fragte Annina spontan:

»Nanu, hat der die Siebenunddreißiger anprobiert?«

»Sehr witzig.« Mehr sagte er nicht.

Aha! dachten Annina und Sophie. Aha! Der weiß, wovon wir reden.

»Ich bin draußen bei Edith«, sagte er und humpelte von dannen.

»Eine neue Liebe ist wie ein neues Leben«, trällerte Ludwig ihm hinterher.

»Sehr witzig, Vater, sehr witzig.« Claus war noch einmal zurückgehinkt. Dabei meinte der ahnungslose Ludwig nur Edith, denn über die Schuhe hatten die Frauen kein Wort verloren, wozu auch?

»Getroffener Hund bellt«, kommentierte Annina.

»Probt ihr absurdes Theater?« Ratlos guckte Ludwig die Frauen an. »Aber eines sei festgestellt: Edith hat bei dem Einsatz letzte Nacht wirklich Oberschwester-Hildegard-Qualitäten bewiesen. Toll, was das alte Mädchen geleistet hat«, sagte er anerkennend.

»Du mußtest ja auch nicht mit ihr Autofahren! Edith im Schumi-Rausch, nur Bungee-Jumping ist schöner«, antwortete Sophie ihrem Schwiegervater.

Trotzdem und unumstößlich: Der Stern Edith hatte nun auch bei Ludwig einen Purpurrand.

Seit gestern nacht hielten Edith und Claus zusammen wie Peek und Cloppenburg.

»Claus, mein geliebter Junge, wann immer du etwas benötigst, deine Tante Edith ist immer für dich da«, verabschiedete sie sich später. Ein Gutes hatte diese vertrackte Nacht: Edith hatte keine Zipperlein mehr. Es ging ihr richtig gut.

Knatternd und bester Laune fuhr sie davon.

»So lebt denn wohl, ihr geliebten Pillen, Tropfen und Zäpfchen«, deklamierte Ludwig der hinterlassenen Staubwolke nach.

Trotz der leichten Blessur des Chefs lief der Klinikbetrieb normal und in vollem Umfang weiter.

Frau Konsul Gamswald lag stramm bandagiert wie eine ägyptische Mumie in französischer Rosenbettwäsche unter dem Baldachin ihres Bettes.

Schnitt für Schnitt kam sie ihrem Ziel – Ich will eine schöne und vor allem begehrenswerte Frau sein! – näher. Sie tat alles, um sich in ihrer eigenen Haut wohl zu fühlen.

»Lieber Doktor, egal ob nun per Gasparotti-Methode, mit Ultraschall oder Lipopulsing, das Fett muß weg.« Sie sah Claus herausfordernd an. »Machen Sie, was Sie für richtig halten. Ich bin in Ihrer Hand«, versicherte sie Claus noch einmal mit diversen Gamswaldschen Untertönen und seufzte kindlich dazu.

Claus hatte mit seinen Kollegen wie angekündigt einen Plan ausgearbeitet.

»Der Schlachtplan Gamswald«, sagte Kollege Prielmeyer feixend und fing sich strafende Blicke der anderen ein. »Na, nun guckt nicht so, ist doch wahr, was am Ende von ihr übrigbleibt, sind die Stimme und die Adresse«, maulte er.

Anästhesist Hollinger griff den flapsigen Ton auf und sagte zu Claus: »Also, Doktor Frankenstein, womit fangen wir an?«

»Wir sagen ihren Fettzellen den Kampf an, einverstanden?«

Und er entschied sich für eine Liposuktion in Tumeszenz-Lokalanästhesie.

Er war seit seinem Amerika-Aufenthalt bestens mit der Methode vertraut; sie ist zwar sehr zeitaufwendig, aber Zeit hatte die Konsulin reichlich mitgebracht …

Sie hatte sich etwas in den Kopf gesetzt, und wenn sich Eugenie Mathilde Gamswald etwas in den Kopf gesetzt hatte, dann, ja dann!

Aber gut Ding … Und sie konnte warten!

Lernschwester Hanni hielt ein Glas Orangensaft, in dem die Eisstückchen klimperten in der Hand und eilte den Korridor entlang. Vor dem Aufzug wäre sie fast mit ihrem Chef zusammengedonnert.

»Hoppla! Wo wollen Sie so eilig hin?« fragte er.

»Eugenie«, sie sagte tatsächlich Eu-ge-ni-e, »will einen O-Saft.«

»Kommen Sie mal mit, Fräulein Hanni Hümpel.« Claus zog sie am Schürzenband und hinkte mit Hanni in das Stationszimmer. Er bedeutete ihr, das Glas abzustellen und sich zu setzen.

Hanni riß die Augen auf und guckte wie ein verscheuchter Kronenkranich; dazu machte sie auch die gleichen irritierten Kopfbewegungen, ruckhaft von rechts nach links.

Was ist? dachte sie. Bestimmt nichts Gutes, oh, oh, Hümpel.

»Schwester Hanni, zum ersten: Selbst bei McDonald's gibt es Tabletts! Wir sind kein Campingplatz-Imbiß«, sagte er mit Nachdruck. »Zum zweiten: Für Sie ist es nicht Eu-ge-ni-e, sondern Frau Gamswald, haben wir uns verstanden! Wo kämen wir denn da hin«, empörte sich Claus.

»So, und nun holen Sie mir bitte ein frisches Glas Saft, ich bringe es ihr persönlich.«

Hanni nickte und verschwand.

Auf dem Weg zum Zimmer der Konsulin verfluchte Claus sein autoritäres Getue; es war nämlich gar nicht so einfach, hinkenderweise einen Saft auf einem Tablett zu balancieren.

Der Pieper in seiner Kitteltasche unterbrach das Gespräch, das er mit Frau Gamswald geführt hatte. Er hatte ihr im nachhinein noch einmal die OP und ihren Verlauf erklärt. Frau Gamswald hatte ihn nur angesehen und ab und zu »Mhm« gemacht.

»Ihre Frau ist am Telefon«, sagte Frau Queisser, nachdem Claus sich in der Zentrale gemeldet hatte. »Soll ich durchstellen?«

»Nein, ich komme runter.«

Irgendwie war Claus durch den Wind, denn er verabschiedete sich mit den Worten: »Wir sehen uns morgen, Eugenie.«

Das hatte er nur Hanni zu verdanken!

Eugenie Mathilde lächelte sanft, seufzte glücklich und kuschelte sich tiefer in die Kissen.

»Ja doch, was ist?« meldete sich Claus unwirsch.

»Ich bin es, Sophie.«

»Weiß ich. Was ist?« fragte er barsch.

»Hoppla!« Sophie staunte. »Entschuldige, ich will dich nicht belästigen, ich wollte dich nur fragen, ob ich dich abholen soll.«

»Warum?«

»Weil du wie der Leibhaftige hinkst, oder wolltest du fliegen?«

»Ach so, nein ... 'tschuldigung. Aber erst in einer Stunde.«

Damit gar nicht weiter debattiert wurde, legte er auf.

Sophie stand mit dem Hörer und der toten Leitung da und kam sich reichlich blöd vor.

Fremdeln mit dem eigenen Mann, so etwas Blödes! Und sein Chauffeur war sie gleich gar nicht! Dabei hatte sie sich den Abend ganz anders gedacht. Nachdem die Kinder aus dem Haus waren – sie übernachteten bei ihrem gemeinsamen Schulfreund Joschi Ertl in Berg, Mathe pauken für die letzte Arbeit vor den Zeugnissen –, wollte sie im Garten für Claus und sich ein Candlelight-Dinner eindecken.

Annina war mit Schwiegervater Ludwig in der Oper in München. Die beiden wollten auch in der Stadt übernachten, also wären Claus und sie nach den verrückten Tagen der vergangenen Woche *endlich* wieder einmal allein. Zeit für ein gemeinsames Champagner-Abendessen mit klärendem Gespräch.

Sophie war sehr enttäuscht über die barsche Art von Claus. Dabei hätte er allen Grund, sanft zu sein. Aber so ... *nee*!

Sophie drückte gedankenverloren auf die Wiederholtaste.

»Ja, Ihr Mann steht noch hier, Moment, ich verbinde.« Frau Queisser reichte Claus den Hörer und ging diskret Nase pudern. Da lag was in der Luft, Frauen spüren so etwas.

»Was ist denn noch, Sophie?«

»Du warst plötzlich weg, ich meine, die Verbindung war unterbrochen ...«

»Wieso, war doch alles gesagt. Nun fang du auch noch an.«

»Anfangen womit?«

Claus eröffnete den nächsten Satz mit: »Na, hör mal!«

Sätze, die mit den Worten »Na, hör mal!« anfangen, haben es meistens faustdick in der Mitte.

Bei Claus und Sophie entlud sich im Laufe des Telefonats die angestaute Spannung. Ein »Na, hör mal!« ergab das andere. Das Gespräch endete, indem Claus den Hörer aufknallte, nachdem er Sophie aber vorher noch angeboten hatte, ihm auf den Hut zu steigen.

»Pfft«, machte Sophie verächtlich, ging zum CD-Player und legte herrlich sentimentale spanische Zigeunermusik auf. Extra laut. Dann tänzelte sie im Takt in die Küche zum Kühlschrank, griff sich eine Flasche Veuve Clicquot.

»Kommen Sie, Madame, wir Frauen müssen zusammenhalten.«

Sie tänzelte zurück, nahm sich im Vorbeigehen ein Glas und sang mit den Gipsy Kings laut um die Wette: »No volvere, no volvere.«

Was immer es auch heißen mochte.

Sophie schenkte sich das Glas randvoll, prostete der Witwe zu, die leicht indigniert vom Etikett blickte. »Gucken Sie nicht so, Madame, Ihr Blick ruiniert das Geschäft.«

Sophie trank schnell das erste Glas, damit es auch ganz schnell wirkte, und schwupps das zweite und das dritte.

No volvere, no volvere ...

Sophie kickte ihre Schuhe in die Gegend und drehte sich zu spanischer Musik über die Terrasse.

Plötzlich war die Flasche leer.

»Na, und dann holen wir deine Schwester.« Sophie zwinkerte der Madame Clicquot zu.

»Wißt ihr Mädels eigentlich, daß ihr eine geradezu frappierende Ähnlichkeit mit Jean Gabin habt?« stellte sie bei

Betrachtung der Flasche, die sie aus dem Kühlschrank holte, fest. »Viel ... vielleicht, hupps, seid ihr ja verwandt.«

Sophie programmierte auf Endloswiederholung. *No volvere, no volvere.*

Die Musik machte wunderbar leichte Füße, alles war watteweich. Die Fliesen der Terrasse gaben die Sommerhitze, die sie tagsüber gespeichert hatten, zurück. Ein angenehmes, wohliges, wunderbares Gefühl, stellte die barfüßige Sophie fest ... *no volvere, no volvere ...*

Vielleicht sollte ich etwas essen, überlegte Sophie, vielleicht ein paar leckere Scampis ...

Sophie stolperte im Wohnzimmer über einen Sessel und rutschte in die Tiefe seiner Polster.

»Das gildet nicht«, protestierte sie und schlief in der bequemen Hanglage ganz schnell ein. Ihre braunen Beine ragten wie zwei aufeinandergepurzelte Wegweiser über den Sesselrand in die Luft.

Sophie dümpelte an der Côte d'Azur mit Richard Gere in einem quietschgelben Gummiboot. Gere lächelte und reicht Sophie ein Glas Champagner, das er in seiner schönen männlichen, sommerbraunen Hand hielt ... Vorne auf dem Boot saß ein Zigeuner, der sang herzzerreißend und schlug wilde, melancholische Akkorde auf den Saiten seiner Gitarre ... Richard lächelte, Sophie lächelte ... Plötzlich stieß das Boot gegen eine Boje, der Zigeuner versank lautlos in den Fluten. Auf der Boje saß ein General, tatsächlich ein General, und der sah aus wie Claus. Der General kommandierte markig und laut.

»Das ist ja reizend ...« Wütend schnaubte er die Luft durch die Nase, um sie geräuschvoll wieder einzuziehen.

»Das ist ja reizend«, wiederholte er nun noch lauter.

Sophie schlug die Augen auf. »Sind wir gestrandet?«

Das Boot war weg, die Boje war auch nicht mehr da, wo war Gere? Verschwommen konnte Sophie Claus erkennen, allerdings trug er keine Uniform, sondern Leinenhosen und ein weißes Poloshirt. »Kümmere dich bitte um Richard.«

Claus fühlte Sophie die Stirn und schüttelte sie leicht.

»Bitte nicht, das ist sehr unfair«, reklamierte sie.

»Deine Musik habe ich bis unten auf die Straße gehört.«

»Toll nicht?« Sophie grinste schief.

»Was sollen bloß die Nachbarn denken.«

»Das, lieber Claus, ist mir sschscheißegal ... no volvere, no volvere. Weißt du eigentlich, was das heißt?«

»Weißt du eigentlich, wie spät es ist!«

»Leider nicht, bitte sieh selber auf die Uhr.« Sophie kicherte.

»Was ist hier eigentlich los, die Türen stehen offen, das Haus ist innen und außen stockdunkel, und *wer* ist Richard?«

»Gere.« Langsam erhob sich Sophie aus dem Sessel.

»Du bist doch vollkommen meschugge. Gier, was soll das heißen?«

»Ach, du hast es gerade einmal nötig.« Sophie kniff die Augen zusammen, konnte aber trotzdem nicht besser sehen.

Claus war auf die Terrasse gegangen und hatte die Außenbeleuchtung eingeschaltet. Die leere Champagnerflasche kullerte gegen seinen Hinkefuß.

»Du trinkst?« fragte er erstaunt und hob die Flasche auf.

»Nein, Herr Doktor Bernbacher, ich habe gesoffen.« Sie war froh, den Satz ohne Schleife herauszubekommen. »Da staunst du, was?«

Mühsam ging sie durch das Zimmer bis zur Tür, dort drehte sie sich noch einmal um und sah ihren Mann, diesen Bernbacher, an. »Die einen trinken, die anderen tanzen mit Elfen in Glitzerschühchen. Habe die Ehre.« Damit verschwand sie.

»Du versoffener Pandabär«, sagte er halblaut.

»Guten Morgen, Herr Doktor«, zwitscherte ihm Frau Fischer entgegen.

»Das muß sich erst herausstellen, meine Liebe«, antwortete Claus und griff sich die Zeitung.

»Eier und Toast wie immer?«

Claus brummelte Unverständliches hinter seiner Morgenzeitung, die »Abendzeitung« hieß.

»Guten Morgen oder so ähnlich.« Sophie betrat das Zimmer.

»O Gott, Frau Bernbacher! Guten Morgen. Ist etwas passiert?« fragte Frau Fischer teilnahmsvoll.

»Meine Frau hat den Abend in den Armen des heiligen Pommery verbracht«, knarzte Claus hinter seiner Zeitung.

»Nein, in den Armen seiner Witwe.« Sophie lächelte süffisant.

»Ich mach' dann Toast.« Irritiert eilte die Fischerin in die Küche. Herrschaftzeiten!

»Ich habe dich, nachdem ich nach Hause gekommen bin ...«

»Wann?« fuhr Sophie dazwischen.

»... als ich nach Hause kam«, Claus nahm unbeirrt den Faden wieder auf, »in einem, höre zu, Sophie Dobler, erbarmungswürdigen Zustand gefunden.«

»Wann war das, sagtest du?«

»Schnarchend hingst du über der Sessellehne.«

»Ich nie!« Sophie hielt sich die Schläfen.

»Der restliche Regenwald geht jetzt auf dein Konto!«

»Ich höre mir so etwas Unqualifiziertes gar nicht an.« Sophie ging in die Küche und löste ein Aspirin auf. Mit dem sprudelnden Glas in der Hand setzte sie sich an den Frühstückstisch.

»Aha! Morning after, was?« Claus äugte zu ihr rüber.

»Dein Sarkasmus prallt bei mir ab.« Sophie trank mit kühnem Schluck den ganzen Inhalt auf einmal.

Claus setzte sich ihr gegenüber. Frau Fischer hatte in wieselflinker Geschwindigkeit lautlos alles auf den Frühstückstisch gestellt und war verschwunden. Bloß weg!

»Und, wie spät war es gestern abend?«

»Und warum hast du dich betrunken?«

In Sophies Kopf fanden Eruptionen statt, trotzdem fragte sie mutig, sehr sachlich und ruhig:

»Klarheit und Wahrheit. Was waren das für Schuhe, Claus?«

»Schuhe?« fragte Claus gedehnt, um Zeit zu gewinnen.

»Bitte, Claus, du weißt, die Glitzerpantinen.« Sophie sah ihn an. »Größe siebenunddreißig«, setzte sie nach.

»Siebenunddreißig waren die, so klein?« Claus hämmerte auf sein gekochtes Ei ein, als gäbe es nichts Wichtigeres auf der Welt. Dann klingelte es, und erleichtert sprang er auf.

»Ich geh' schon, Sophie.«

Seine Serviette verlor er auf dem Weg zur Haustür, aber er eilte in den Schutz der klingelnden Hausglocke.

»Oh, Tante Edith, wie freue ich mich.«

»Das kann ich mir denken.« Sophie guckte wie drei englische Bluthunde. Warum mußte Edith ausgerechnet *jetzt* reinschneien! Die Antwort erhielt Sophie postwendend.

»Sophie, meine Liebe, ich hege eine gewaltige Illusion über deine Bedeutung als Ehefrau von Claus.« Edith, heute in frischem Pistaziengrün, rauschte herein.

»Wenn ich nicht alle Opfer gescheut hätte, hätte dein behinderter Mann gestern zu Fuß oder im Taxi, mit dem Hausmeister oder wem sonst nach dem Dienst, anstrengendem Dienst« – Edith erhob den inneren Zeigefinger! – »nach Hause gemußt. Aber er hat, Gottseiaufdenkniengedankt, mich.«

Nach diesem langen, wirkungsvollen Satz fiel Edith in die Polster.

»Und wo ist dein Hund?« Mehr fiel Sophie nicht ein.

Edith winkte ab.

»Uninteressant. Dein Mann und ich haben uns gestern – war es nicht schön, lieber Claus – einmal richtig ausgesprochen. Ach, und das Essen war wundervoll.«

Sophie faßte sich an die Stirn. Das war Kino pur. Claus und Edith beim gemeinsamen aushäusigen Abendessen.

»Sag mal, Bernbacher, was soll diese Ein-Mann-Rebellion?«

Claus zuckte mit den Schultern und sagte: »Ja, ööh.«

»Toll, ihr spinnt! Und zwar beide!« Sophie war aufgestanden. »Diesen Quatsch höre ich mir doch nicht länger an!«

»Quatsch!« empörte sich Edith. »Oh, oh, Sophie, wer im Glashaus sitzt, sollte sich im Dunkeln ausziehen. Meinereiner weiß, wovon er redet.« Sie machte eine denkwürdige Pause und fuhr dann fort: »Je mehr man sich vergißt, mein Kind, um so besser erinnern sich die anderen.« Edith nickte unheilschwanger. »Ich weiß, was ich weiß.« Sie machte erneut eine Pause. »Winnifried Puschel, meine Bekannte aus Starnberg, die mit dem Sanitäter-Fachgeschäft, hat dich gesehen. Jawohl.« Sie nickte.

»Claus, was ist hier los?«

»Ja äh ... Das frage ich mich auch, Sophie. Du bist gesehen worden, mit einem jungen Mann«, triumphierte er.

»Einem sehr jungen Mann«, zischte Edith dazwischen.

»Edith rief mich an«, fuhr Claus fort.

»Um eure Ehe zu retten!« Sie reckte sich in den Polstern hoch. »Jawohl.«

Das Telefon läutete.

Claus ging zum Apparat, da Sophie keine Anstalten machte. Wozu auch. Sie saß wie angenagelt auf ihrem Stuhl am Frühstückstisch. Die Klinik, so war es aus dem Gespräch zu entnehmen, wartete auf Claus.

»Ich fahr dich schon, mein Junge, ich fahr' dich schon.« Edith winkte ihm durch den Raum zu und stand auf.

»Die Zigeunermusik von gestern paßt haargenau zu dem Mann, den Frau Puschel mir beschrieben hat«, zischelte sie. »Hattet ihr einen schönen Abend?«

»Wir werden auch einen schönen Tag haben, Tante Edith, denn er wartet oben im Kleiderschrank, du, du Mantis religiosa!« Sophie stand auf und ging nach oben.

»Eben, eben«, sagte Edith und nickte erfreut. »Immer der Wahrheit auf der Ferse.«

Ihr Grundstück muß im Ozonloch stehen, dachte Sophie, sonst wäre das alles gar nicht möglich.

Oder war das alles nur ein Alptraum? Also dann lieber mit Richard Gere auf dem Gummiboot!

»Ich bin dann in der Klinik!« rief Claus.

»Ja, wirf dich auf anderer Leute Hängepopos und Tränensäcke!« rief Sophie wütend über das Geländer.

»Immerhin lebst du recht gut von anderer Leute Hängepopos und Tränensäcke!« donnerte Claus zum Abschied nach oben.

»Komm, mein Junge.« Edith zog ihn sanft aus der Tür. »Reg dich nicht auf, du hast es an der Hacke.« Endlich, endlich hatte sie jemanden, um den sie sich kümmern konnte, der ihre Aufmerksamkeit erforderte.

»Was ist eine Mantis religiosa?« fragte sie Claus auf der Fahrt zur Klinik.

»Eine Gottesanbeterin. Warum?«

»Eines muß man Sophie lassen.« Edith strahlte. »Ehrlich ist sie ja«, und sie lächelte zufrieden ihren Claus an.

Sophie nahm sich vor, wenn es ihr etwas besser ging, Frau Sanitätshaus Puschel ein bißchen auf den Stützstrumpf zu fühlen. Die blöde Petze! Was Edith sicher nicht beabsichtigt hatte, hatte sie bei Sophie ausgelöst: Christopher Waldeck …

Waldeck: Waldeck Alwine, Waldeck Anna Louise, Waldeck Dr. A. B., Waldeck Christine, und da stand Waldeck Christopher.

Aha, Schwabing. Wo sonst.

Nach dem zweiten Glas Champagner hatte sie sich von ihm verabschiedet … »Sehe ich Sie morgen wieder, schöne Sophie …« Sie hatte den Kopf geschüttelt … »Heute war es schön mit Ihnen, sehr schön … Ich werde morgen abend hier warten ... auch bei Regen.« Dann hatte er gelächelt, und Sophie hatte mit zärtlicher Geste die Haarsträhne, die ihm schon wieder ins Gesicht baumelte, zurückgestrichen ... »Rufen Sie mich wenigstens mal an? Ich stehe im Telefonbuch. Christopher Waldeck«, hatte er ihr nachgerufen ...

Nein, verbot sich Sophie. Oder doch? Egal, jedenfalls nicht heute. Aber wo die Nummer stand, wußte sie schon mal.

»Die soll man in eine halbdunkle, kalte Kirche setzen und vorwärts und rückwärts zweieinhalbdutzend Mal das Vaterunser beten lassen«, schimpfte Ludwig bei seiner Rückkehr aus München über seine Schwägerin Edith.

»Claus ist für den alten Vampir wie eine Transfusion«, setzte Annina nach, »aber ich sehe ihn nachher in der Klinik, und dann wollen wir doch mal sehen, was da los ist.«

Nachdem Claus in seiner Schusseligkeit Frau Konsul Gamswald, völlig unbeabsichtigt, einmal Eugenie genannt hatte, streckte sie noch intensiver ihre Tentakel nach ihm aus, wenn sie nicht in einem verordneten Schönheits-Heilschlaf in den Armen von Prinz Valium lag.

Doch wehe, wenn sie wach geworden!

»Wie ich sehe, mein Sohn, hast du derzeit Schlag bei den älteren Damen«, frozzelte seine Mutter, der die Schmachterei von der Konsulin natürlich nicht entging.

»Ihre Frau Schwester ist eine sehr attraktive Person«, stellte Frau Gamswald anerkennend fest.

»Sie ist meine Mutter.«

»Ach«, staunte Eugenie Mathilde, dann lächelte sie verschmitzt, »welch Wunder, daß sie so fabelhaft aussieht, bei dem begabten Sohn.« Leicht kokett winkte sie mit der Hand ab.

»Bei meiner Mutter ist alles echt, alles Natur«, sagte Claus nicht ohne Stolz.

»Aber sie muß ja, wenn sie Ihre Mutter ist ... mindestens ... nicht mehr«, überlegte sie angestrengt, »nein, was für eine schöne Mutter Sie haben, Herr Doktor!«

Auf dem Korridor begegnete Claus Annina, nahm sie spontan in die Arme und sagte: »Meine schöne Mutter, ich liebe dich.«

Dann grub er die Hände in die Hosentaschen und swingte den Flur, so gut es sein Bycast zuließ, runter und winkte rückwärts seiner Mutter noch einen Gruß zu.

»Sommerzeit, schöne Zeit.« Mehr fiel Annina nicht ein.

Kopfschüttelnd ging sie weiter.

In einem Hochglanzblatt las Claus über einer Werbung den Satz: *Nicht weil die Dinge schwierig sind, wagen wir sie nicht, sondern weil wir sie nicht wagen, sind sie schwierig.*

Aha!

Er stützte den Kopf in beide Hände und meditierte über den Satz. Er befand, daß man ihn auf viele, ja auf die meisten Situationen anwenden kann. Ein interessanter Satz.

Es klopfte an seiner Tür. Hollinger trat ein.

»Wie geht es mit der Konsulin weiter?«

»Mit der Nase. Und gleich morgen«, war die Antwort von Claus.

»Hier lies mal.« Claus reichte ihm die Zeitung.

»... sondern weil wir sie nicht wagen, sind sie schwierig«, las Peter Hollinger laut zu Ende. »Aha!«

»Toller Satz, oder? Und so vielseitig einsetzbar.«

»Ja, Meister.« Hollinger lachte. »Aber nun lasset uns den OP-Plan der kommenden Woche besprechen.«

»Ich liebe deine Ernsthaftigkeit, Herr Kollege.«

Göttliche Regie!

Sophie und Frau Fischer waren auf dem Wochenmarkt, Annina und Claus in der Klinik, und Ludwig wollte in der nächsten Viertelstunde nach Schaernlach starten – es gab diverse Angelegenheiten mit Lars zu besprechen, der Agnès nach Paris bringen wollte –, da knatterte Schwägerin Edith mit ihrem Alfa die Einfahrt hoch. Sie kam Ludwig gerade recht!

Edith stapfte in ihren Chanelpantoletten über den knatschenden Kies, gehüllt in ein pinkfarbenes Flattergewand. Toulouse, den sie unter den Arm geklemmt hatte, trug obligatorisch die passende Schleife zu Ediths Kreation. Wer verkaufte ihr nur solche Dinger und stylte sie zur Senioren-Barbie.

»Guten Morgen, du gewissenloses Raubtier«, begrüßte Ludwig seine Schwägerin.

»Ludwig, guten Morgen, was soll das heißen?« empörte sich Edith.

»Ich denke, du setzt dich besser, sonst kippst du mir noch aus den Pantinen. Drinnen oder lieber an der frischen Luft?« Ludwig geleitete Edith ins Haus.

»Was soll das, bist du die spanische Inkarnation, oder was?«

»Man kann eine Frau nicht hoch genug überschätzen, hat Karl Kraus gesagt.«

»Kenn' ich nicht, und wie kommt er dazu?«

Ludwig überhörte Ediths dämlichen Einwand und kam gleich auf das Wesentliche. Er äußerte sein Mißfallen über ihre unqualifizierten Äußerungen, von wegen Ehe retten etcetera …

»Durch deine Puschel-Tratscherei hängt hier der Haussegen schief, wolltest du das erreichen? Oder war es eine Intrige als Selbstzweck, liebe Edith?«

»Du bist ein ruppiger Individualist, ich hab' es immer gewußt. Dein Bruder war ganz anders, aber mich als Zanktippe hinzustellen, das ist nicht sehr nett, Herr Ludwig Bernbacher. Ich wollte nur, daß alles so hormonisch bleibt wie bisher.« Edith schmollte. Ludwig sah die leicht verblühte pinkfarbene Sommerrose Edith an, und plötzlich tat sie ihm furchtbar leid. Das alte Mädchen hatte sonst niemanden als Ludwig und seine Familie, also unterstellte er ihr, daß sie es wirklich gut gemeint hatte. In gewissem Sinn trug er auch die Verantwortung für sie nach Alwins Tod. Was konnte Edith dafür, daß sie so war, wie sie war … Er ging auf sie zu.

»Ich liebe den Umgang mit Frauen. Ich liebe ihre Schönheit *und* ihr Schweigen.« Ludwig ergriff ihre Hand und hauchte ihr einen Kuß auf den Handrücken.

»Ludwig!« Edith kicherte verlegen.

»Magst einen Kaffee?«

»Lieber einen kleinen Wodka.« Sie zeigte mit Daumen und Zeigefinger fünf Zentimeter, verkleinerte unter seinem kritischen Blick aber auf eineinhalb.

»Prost Ludwig! Schön, daß wir alle Klarheiten ausgeräumt haben.«

»Alwin hat dich wirklich sehr geliebt«, stellte Ludwig augenzwinkernd fest und prostete, nachdem er ihr zugeprostet hatte, in den Himmel.

*

Auf dem Wochenmarkt herrschte buntes Treiben. Dünne Menschen, dicke Menschen, lachende Kinder, greinende Kinder. Biologisch-damische Körndlfresser, erkennbar durch Unfarben, Hennahaare und Jesuslatschen, die Ausschau nach den Ökostandln hielten, dazwischen hellgelbe Gerhard-Meir-Gespenster mit Haarreif in der Frisur und Lodenfrey-Dirndl – zum Wochenmarkt gab man sich bayrisch.

Der bunte Lindwurm schob sich vorbei an den Obst- und Gemüsebauern, vorbei an den Eierpyramiden, den Imkern, die ihren gesunden Honig anpriesen, vorbei an den Niemehr-Kalk-im-Abfluß- oder Eine-Reibe-für-alles-Tandlern. Und so weiter und so weiter.

Rosl Fischer und Sophie hatten jede einen vollen Korb am Arm und strebten gegen den Strom zurück, wichen Kinderwagen und Fahrrädern, die geschoben wurden, aus. Da platzte bei einem Überholmanöver die prallgefüllte Tüte mit Kartoffeln, die Sophie im Arm gehalten hatte. Sophie und Rosl Fischer saßen zwischen Füßen, Reifen und Rädern und sammelten auf.

Sophie erstarrte. Eine dicke Ackergold lag direkt vor zwei Füßen, die in den Siebenunddreißigern steckten!

»Oh, Frau Bernbacher, Sie? Warten Sie, ich helfe Ihnen.« Lernschwester Hanni ging in die Knie. Vor ihr saß mit offenem Mund Sophie.

»Hanni, Sie …«, sagte sie gedehnt.

»Ja, ich hab' heute frei. Toll bei dem Wetter, was?«

»Ganz toll«, antwortete Sophie und meinte die Schuhe.

Claus mit Hanni Hümpel zur Tagung? Nein, das paßte nun überhaupt nicht. Aber die Glitzerschuhe? Na, die passen mit Sicherheit nicht auf den Wochenmarkt. Also?

»Was haben Sie für entzückende Schuhe an«, hörte Sophie sich sagen.

»Ja, stellen Sie sich vor, Frau Bernbacher, die lagen doch tatsächlich bei uns in der Klinik im Container. Irre, was?«

»Ganz schön irre«, antwortete Sophie.

Nachdem alle Kartoffeln eingesammelt waren, wünschten sie sich gegenseitig einen schönen Tag und verliefen sich in verschiedenen Richtungen.

Ludwig saß in seinem Wagen auf dem Weg nach Schaernlach, er sang mit Dean Martin, der im Autoradio zu hören war, um die Wette *When the moon hits your eye like a big pizza-pie, that's amore … vite belle … when you walk in a dream but you know you're not dreaming, signore …*

Dino Latino … Ludwig lächelte in Gedanken. Der hatte auch im Radio gesungen, als er Annina, Doktor Annina Meyer, zum ersten Mal in den Armen gehalten hatte und *slow*, nein, *very slow*, mit ihr über die Schaernlacher Terrasse walzte.

Wie hieß der Song? *Kiss.* Ja, natürlich, *Kiss.* Einer jener Subcutan-Songs dieses Herrn, der nicht ohne Wirkung blieb …

Anschließend hatte er Annina zum ersten Mal geküßt … *thrill me with your charms* … Später stand Claus in der Terrassentür, seinen ständigen, bereits flachgeliebten Schmusebären im Arm, und sah mit schräg gehaltenem Kopf zu Papi und seiner Mamina, die sich über ihre Champagnergläser in die Augen sahen …

»Pleibt sie nu?« hatte er in den zärtlichen Augenblick hineinposaunt.

»Ach ja«, seufzte Ludwig laut in wohliger Erinnerung.

Wie war es dann weitergegangen … Tante Hetty hatte ihren Besuch in Straubing angekündigt, und Ludwig wurde dazu eingeladen. Er stieg die Treppen zu Anninas Wohnung hinauf, und sein Herz klopfte so laut, daß er dachte: Hoffentlich hört das keiner, vor allem nicht die Tante.

Blumen hatte er auch für die Damen dabei, italienische Freilandrosen. Sehr helles Rosé für die Tante und ein sehr kräftiges Pink für Annina.

Mein Gott, war er aufgeregt, er kam sich vor wie ein Primaner, der zum ersten Rendezvous geht.

Das Treppenhaus war erfüllt von einem angenehmen Duft – Rosmarin, Thymian, Sarriette und noch ein paar mehr: Kräuter der Provence. Was Annina wohl gebrutzelt hatte? Können Ärztinnen überhaupt kochen?

Ein Griff an die Krawatte, durchgestreckt und klingeln. Tante Hetty öffnete.

»Guten Abend, ich bin Tante Hetty, Annina holt gerade den Braten aus dem Ofen, deshalb öffne ich, Herr Bernbacher. Bitte treten Sie ein.«

Ludwig dienerte artig, übergab Tante Hetty die Blumen, räusperte sich, »Guten Abend«, und begrüßte Tante Hetty mit formvollendetem Handkuß.

Das wird er werden, dachte Hetty und sah ihn sich, während sie hinter ihm das große Wohnzimmer betrat, näher an.

»Annina erzählte mir, daß Sie einen bezaubernden Sohn haben.«

»Die beiden haben sich sofort ineinander verliebt.« Ludwig strahlte.

Nicht nur die, wie mir scheint, dachte Hetty und schmunzelte.

»Ludwig, entschuldige.«

Da stand Annina mit leicht geröteten Wangen und zog beim Reinkommen das umgebundene Geschirrhandtuch runter. Hinreißend sah sie aus.

»Guten Abend.« Ludwig ergriff ihre Hand und hauchte einen Handkuß, am liebsten hätte er ja, aber … Handkuß ist auch ein Kuß.

»Ist das schön hier«, meinte er staunend.

Annina bat zum Aperitif. »Was darf es sein?«

»In denkwürdigen Augenblicken trinkt man Champagner, liebes Herz!« Tante Hetty strahlte die beiden an.

»Oh, bevor ich es vergesse, das ist für Lars von Claus.« Ludwig zog ein kleines, knautschiges Glanzpapierpäckchen aus der Tasche, um das ein giftgrünes Schleifenband gewickelt war.

Annina löste behutsam das Band und faltete das Papier auseinander.

Inhalt: ein Tütchen Waldmeisterbrausepulver, ein farbenprächtiger Indianer aus Holz und eine zackelig mit der Kinderschere ausgeschnittene Daisy Duck mit Herzchen-Blick.

»Rührend.« Annina lächelte. »Er ist zauberhaft, Tante Hetty, und er hat einen Charme, du kannst es dir nicht vorstellen.«

»O doch, das kann ich schon«, meinte Tante Hetty und zwinkerte Ludwig zu. »Auf den Bernbacher-Charme!« Tante Hetty hob ihr Glas.

»Auf die beste Tante der Welt!« Annina hob ebenfalls ihr Glas.

»Auf die wundervollen Damen des Hauses Cronshagen-Walderstatt.«

Ludwig ließ sein Glas an die anderen klingen.

Nachdem sie getrunken hatten, ergriff Tante Hetty das Wort.

»Lieber Ludwig, ich darf Sie doch so nennen? Ich bin zu alt für langwieriges Tamtam, ich will alle Freuden ausschöpfen, solange ich noch lebe. Ich bin Tante Hetty, und um eines bitte ich euch: Macht mir viel Freude. Prost.«

So einfach war das damals, nie wieder ist Ludwig ein so unkomplizierter Mensch in so hohem Alter begegnet. Noch dazu war Hetty blitzgescheit, und es gab kein Thema, über das sie nicht Bescheid wußte. Täglich las sie außer den »Bamberger Nachrichten« noch »Die Süddeutsche«, »Die Welt« und die »Frankfurter Allgemeine«.

Konstantin, Anninas Bruder, wurde von ihr in die Geschäfte der Bamberger Tuchfabrik eingearbeitet, nicht gleich in allen Bereichen, aber immer ein bißchen mehr.

»Solange Adenauer die Bundesrepublik regiert, werde ich es doch wohl schaffen, eine Fabrik zu führen«, war ihr Credo.

Hetty war sehr glücklich und zufrieden, daß Konstantin und Annina wieder zueinandergefunden hatten; nach Annina war Konstantin Hetty der liebste von Felicitas' Kindern. Es hatte sie damals hart getroffen, daß er so schroff reagiert hatte und weder zur Hochzeit noch nach Gottfrieds Unfall seiner Schwester ein Bruder gewesen war.

Aber vielleicht hatte er seine Zeit gebraucht, um sich aus dem starken Einfluß seiner Mutter zu lösen. Zu ihren anderen Großnichten – Florentine, die mittlerweile mit einem kolumbianischen Plantagenbesitzer irgendwo in der Pampa in Übersee lebte, und Elisabeth, die sich einen alten italienischen Grafen geangelt hatte und auf Sizilien war – hatte sie keinen Kontakt. Sie hatte zu den Hochzeiten gratuliert. Das war es dann.

In Annina entdeckte Hetty viel von sich selbst. Dann kam Konstantin, der erinnerte Hetty sehr an ihren Vater, daher erklärte sich ihre Affinität zu ihm.

Hetty und Ludwig verstanden sich von der ersten Sekunde an. Er hatte sie damals gleich spontan nach Schaernlach eingeladen.

»Ludwig, das war sehr leichtsinnig, denn ich komme«, hatte sie beim Abschied gesagt.

Und sie kam. Allein. Leider konnte Annina mit Lars nicht dabei sein, sie mußte für eine erkrankte Kollegin, die eigentlich Wochenenddienst hatte, einspringen.

»Wir werden uns sicherlich nicht langweilen, was, Ludwig?« Ganz im Gegenteil. Es wurde für Ludwig ein Wochenende, an dem Hetty und er sich menschlich sehr, sehr nahe kamen. Ludwig erfuhr von Hetty Anninas Geschichte. Annina hatte ihm, aus welchen Gründen auch immer, nur erzählt, daß Gottfried, ihr Mann, verunglückt sei.

Und Ludwig hatte nie Genaueres erzählt, wie Elena, seine Frau, ums Leben gekommen war. Vielleicht wollten sich beide nicht gegenseitig weh tun und frischverschorfte Wunden aufreißen.

Ludwig und Hetty saßen vor dem glosenden Kaminfeuer, draußen tobte ein Sommergewitter.

»Magst du einen Rotwein trinken?«

»Gerne, stört es dich, Ludwig, wenn ich einen Zigarillo rauche?«

»Nein, ich finde es gemütlich. Nanu«, staunte Ludwig, »wer ist denn der junge Mann dort?«

»Ich«, antwortete Claus. »Der Bär hat so fürchterbare Angst vor Donner.« In seinen kleinen Händchen hielt er den Schmusebären vor seinem Bauch und streckte ihn zur Bekräftigung seiner Worte den beiden entgegen.

»Dann kommt beide ganz schnell zu mir.« Hetty klopfte auf das Sofapolster. Das mußte sie nicht zweimal sagen. Schwupps, sprang er zu ihr. Fürsorglich legte sie ihr leichtes Schulterplaid aus feinem Cashmere – eine Spezialität der Tuchfabrik Bamberg – über den kleinen Kerl in seinem hellblauen Streifenpyjama.

»Szön kuschelig.« Wohlig rollte sich Claus mit seinem Bären zusammen. Mit zärtlicher Geste legte Hetty den Arm um das Kind.

Ludwig hatte einen Rotwein dekantiert und goß Hetty und sich ein Glas ein. Der einundfünfziger Château Margaux lag schwer in sattem Rot im Glas.

»Kann ich das ma frobieren?«

Hetty nickte Ludwig zu und ließ Claus einen Schluck nehmen.

»Da muß aba noch Zucker rein.« Er schüttelte sich.

Zuerst versuchte er noch zuzuhören, was sich die beiden so erzählten, manchmal können Gespräche von Erwachsenen ganz spannend sein. Er sah den züngelnden Flammen des Kaminfeuers zu, draußen grummelte und grollte es immer noch. Claus fühlte sich wohl und geborgen, eine knappe Viertelstunde später war er eingeschlafen.

Und Hetty erfuhr, während das Kind in ihrer Umarmung schlummerte, die Geschichte vom tragischen Unfall seiner Mutter.

Zögernd erzählte Ludwig; es war das erste Mal, daß er überhaupt darüber sprach, doch Hetty strahlte so unendlich viel Vertrautheit und Nähe aus, daß es ihm wohl tat zu reden.

Es war an einem Herbstmorgen im November. Elena, seine Frau, war eine begeisterte Reiterin, und bei jedem Wetter bestand sie auf ihren morgendlichen Ausritt. Sie war es auch, die Ludwig die Reiterei schmackhaft gemacht hatte. Hinten auf dem Schaernlacher Grundstück hatten sie einen kleinen

Stall für drei Pferde gebaut. Elena hatte ihre Pferde, und Ludwig hatte die Brauerei. Später kam Claus dazu und rundete das Bernbacher Glück ab. Es war Elena, die Ludwig ermuntert hatte, den mittleren Teil der alten erhaltenen Bausubstanz – Portal und linker Flügel, die Vicente de Barricello im Jahre 1857 mit in den damaligen Bau einbezogen hatte – erneut umzubauen und ein Restaurant, das sich von Brauhaus und Bräustüberl unterschied, zu eröffnen.

Ludwig war zuerst sehr zögerlich, aber Elena begeisterte ihn schließlich doch, und so machten sie gemeinsam Pläne, die dann sehr schnell mit Hilfe eines ebenso begeisterungsfähigen Architekten verwirklicht wurden.

»Ludwig, laß uns warme Toscanatöne nehmen«, schlug sie vor.

Ein Restaurant in den matten Farben alter Palazzi, die durch ihre Tönung schon Patina andeuten – damals hatte noch kein Mensch, außer die im Süden natürlich, Terracottafliesen und apricotgewischte Wände. Deutschland schwelgte in Designertapeten und, wenn man sehr extravagant war, in Braun-Orange-Tönen.

Das Restaurant war eine Sensation. Außerdem kauften Elena und Ludwig sehr günstig in Mailand drei alte, große Kristall-Lüster, die – bestückt mit vielen Kerzen – die ineinander gehenden Räume zusätzlich mit warmem Licht erhellten.

Vom ersten Tag an war es schwierig, dort einen Tisch zu bekommen. Die Leute kamen selbst aus München, um in Schaernlach zu essen. Und sie tun es heute noch.

An jenem Novembermorgen wollte Ludwig eigentlich nicht mit ausreiten, da er in der Brauerei mit seinem Braumeister und dem Mälzer eine Besprechung hatte; zudem hatte es in der Nacht wie aus Kübeln gegossen, der Boden war feucht und glitschig, und der Sturm hatte sicherlich dafür gesorgt, daß überall Geäst herumlag. Selbst auf dem

Brauereigelände waren sie damit beschäftigt, Buschwerk und Gestrüpp zu beseitigen.

Elena hatte Ludwig zwar zum Reiten überredet, doch die tägliche Begeisterung darüber, egal wie warm oder kalt es war, die Pferde zu satteln, war nicht so ganz in seinem Sinne. Aber was tut der Mensch nicht alles aus Liebe.

Er holte Aron aus der Box und sattelte ihn.

Elena saß schon im Sattel ihres geliebten Araberhengstes Schirokko und wartete, daß Ludwig auch aufsaß.

Elena liebte ihren Schirokko, Ludwig war er zu neurotisch.

»Er ist nicht neurotisch, geliebter Ludwig, er ist sensibel, hypersensibel, man muß mit ihm umgehen können«, hatte sie ihm einmal erklärt, als er kritisch ihren Neuerwerb beäugte.

»Ach, Elena, es ist kalt, es ist feucht, dazu noch der Nebel, laß uns lieber wieder zurückgehen und einen heißen Tee trinken.«

»Nachher, Ludwig, nachher.« Sie schnalzte leise und signalisierte Schirokko: Los geht's!

Ludwig verkroch sich bis zur Nasenspitze in seinen hochgestellten Kragen. »Na komm, Aron, aber schön langsam.«

Elena preschte vorneweg. Leichter Nieselregen hatte eingesetzt, und der Nebel hing wie ein klebriges Spinnennetz zwischen den Bäumen.

Ludwig ritt vorsichtig, es lagen, wie er vermutet hatte, überall größere und kleinere Äste herum. Er tat sich schwer, mit Elena Schritt zu halten.

Sie ist leichtsinnig, zu leichtsinnig! Ich werde mit ihr reden! dachte er und wischte sich den Regen aus dem Gesicht.

Weit vor sich sah er schemenhaft das Pferd und undeutlich die Silhouette seiner Frau. Plötzlich scheute der Hengst und bäumte sich auf.

»Elena?« Ludwig rief laut. Keine Antwort. »Elena!«

Der Hengst schnaubte seinen Unmut heraus. Immer wieder. Sonst war es ganz still. Kein anderes Geräusch, nur das Schnauben des Pferdes. Gespenstisch.

»Elena? … Elena?«

Er ritt, so schnell es möglich war, zu der Stelle, wo der Hengst nervös hin und her trippelte.

»Elena!« Ludwig sprang vom Pferd.

Schirokko stand vor einem Baum, den der Sturm in der letzten Nacht mit aller Wucht gedreht und gespalten hatte. Auf dem Boden lag ein großer, abgeschlagener Ast, der über dem abschüssig verlaufenden Boden hing und seine kahlen Zweige in die Rotdornhecke bohrte, die den seitlich verlaufenden Knick umwucherte.

»Elena, Elena, wo bist du? Elena!« Ludwig schrie. Schrie seine Angst durch die klamme Kälte.

»Elena.«

Mühsam bahnte er sich seinen Weg. Das Geäst der Büsche schnitt tiefe Risse in sein Gesicht. Er bemerkte es nicht, bewegte sich wie in einem Traum, in dem Sekunden zu Ewigkeiten werden.

»Elena …« Gott sei Dank, da lag sie. »Elena, ich bin froh … Elena? … Elena, bitte sag doch was. Elena …«

Sie lag auf dem Rücken, die Arme abgewinkelt wie ein Kind, das jauchzend ins Gras gefallen war und himmelwärts guckt.

Doch ihre Augen waren seltsam starr. Das Leuchten und die Wärme waren daraus verschwunden.

»Elena!«

Behutsam versuchte Ludwig sie aufzurichten. Ihr Kopf fiel schwer nach hinten. Tränen rannen Ludwig über das Gesicht, er hielt seine Frau in den Armen … Eben, gerade eben, vor einer Viertelstunde, da hatte sie doch noch gelacht … Und sie wollten etwas Heißes trinken, wenn sie zurück waren.

Nachher, Ludwig, nachher …

Die Stille war fast fühlbar, selbst die Pferde waren ganz ruhig. Ludwig war hilflos, kraftlos, machtlos. Doch er schrie.

»Nein!«

Sein Nein bahnte sich den Weg durch den Regen, den Nebel, die Bäume und verhallte mit leisem Echo in der Landschaft.

Er konnte sich später nicht erinnern, wie lange er mit Elena in den Armen so dagesessen hatte. Einfach nur dagesessen …

Langsam, sehr langsam wurde ihm bewußt, daß Elena in die Unendlichkeit zur Ewigkeit verschwunden war und nie mehr lächeln würde.

Wie in Trance nahm er sie auf die Arme und trug sie durch die Stille langsam Schritt für Schritt zurück. Er trug sie behutsam, zärtlich, so wie man ein schlafendes Kind trägt.

Ganz von allein folgten die Pferde ihren Reitern durch die Nebelschwaden des Novembermorgens …

*

Lars saß im großen, hellen Büro der Schaernlach-Brauerei und arbeitete. Zu seinen Füßen lagen die Hunde Hermann und Dorothea.

Natürlich lief auch hier das meiste wie in allen modernen Büros nur über Computer. Ludwig hatte ein sehr gespaltenes Verhältnis zu diesen Dingern, die per Mausklick Rede und Antwort standen, von denen sich von null auf gleich Zahlen und Statistiken abrufen ließen, mit denen man online gehen konnte. Und wenn man es schwarz auf weiß wollte, spuckte ein angeschlossener Drucker sofort alles aus.

Die Schaernlach-Brauerei hatte selbstverständlich eine Website und kommunizierte per e-mail.

Ludwig hatte Lars schon vor Jahren die Brauereigeschäfte überlassen und sich langsam zurückgezogen. Außerdem:

Wozu hatte Lars sonst Brauereiwesen in Weihenstephan studiert?

Es war merkwürdig, daß Lars sich dafür interessierte und sein Bruder Claus für die Medizin. Sein Onkel Claas hatte vergeblich versucht, Lars für die Firma Hummer-Meyer zu begeistern, doch Lars fühlte sich zum Bierbrauer geboren.

Claas hatte 1960 geheiratet und Johann-Jacob und Luise neben Enkel Lars noch weitere drei Hummer-Meyer-Krabben beschert: Sohn Jörn und die Zwillinge Jette und Jule.

Lars reiste, sooft es seine Zeit erlaubte nach Hamburg, um seine Großeltern zu besuchen, und manchmal weiter mit Onkel und Cousin Jörn nach Norwegen, wo die Meyers firmeneigene Lachsgründe besaßen.

Damals hatten Claus und er auch sehr häufig ihre Schulferien im Kreise der Meyer-Familie verbracht.

Es war das Verdienst seiner Mutter, die von Anfang an von *einer* Familie gesprochen hatte, und dadurch war es nie zu einer Bruchstelle zwischen Nord und Süd gekommen.

Es war für Lars von vornherein unmißverständlich klar, daß er gleich nach dem Abitur mit seinem Studium an der TU München, in Weihenstephan, beginnen wollte.

Der Studiengang umfaßt acht Semester und vermittelt unter anderem eine vertiefte akademische Ausbildung, wie sie für eine selbständige Tätigkeit erforderlich ist. Natürlich beinhaltet diese Ausbildung auch vom wissenschaftlichen Standpunkt alle später an den Braumeister gestellten Anforderungen. Neben dem Studium ist eine praktische Tätigkeit von sechs Monaten, also sechsundzwanzig Wochen, vorgeschrieben, die in die Praktikanten-Karte des Studenten eingetragen werden muß. Es ist gleichgültig, ob man dieses Praktikum im In- oder Ausland macht, man muß es nur nachweisen.

Ludwig hatte damals dieselbe Ausbildung gemacht und war seinem Sohn Lars eine große Hilfe. Auch die Braumeister und die Mälzer der Schaernlach-Brauerei standen ihm mit Rat und Tat zur Seite, nicht weil er der Sohn des Chefs war, sondern weil sie ihn mochten. Noch heute läuft in Schaernlach alles Hand in Hand.

Was alles dazugehört, ein gutes, bekömmliches Bier zu brauen und später auszuschenken, wissen die wenigsten, wenn sie sich ein Glas Gerstensaft schmecken lassen.

Lars lernte viel, praktisch und theoretisch, und manchmal, wie man in Bayern sagt, praktisch-theoretisch!

Er lernte, wie man einen Sudbericht erstattet, wie man Schaum, Farbe, Trübung etc. des filtrierten Bieres prüft, lernte auch, die Filteranlagen mit den Siebschläuchen und Rohrsystemen zu reinigen und zu desinfizieren.

Er lernte außerdem Brauereihefe zu unterscheiden, Gärfässer vorzubereiten, Gärdiagramme zu erstellen, die Stammwürze auf Klarheit und Konzentration zu prüfen. Vorher erfuhr er, was die Stammwürze in der Kunst des Bierbrauens überhaupt bedeutet: Es ist der Extrakt, also der Stamm. Und dieser Stamm ist das Ergebnis des Maisch-Läuter- und Würzkochprozesses, in dem die löslichen Bestandteile von Malz und Hopfen enthalten sind sowie die Ionen des Brauwassers. Dieser entstandene Sud wird vergoren, und nach der Vergärung beträgt der Alkoholgehalt zirka ein Drittel der Stammwürze.

Die Stammwürze ist für die verschiedenen Biersorten vorgeschrieben. Einfachbiere müssen zwei bis zweikommafünf Prozent, Schankbiere sieben bis acht, Vollbiere elf bis vierzehn und Starkbiere mindestens sechzehn Prozent enthalten.

Und diese Stammwürze mußte er auf ihre Klarheit und Konzentration prüfen, Malzanlagen, Würzpfanne, Maischebottiche, Hopfenkessel und Gärtanks betriebsbereit sauberhalten, Grünmalz und Darrmalz herstellen können, um es später zu schroten und so weiter und so weiter.

Sein vorgeschriebenes Praktikum absolvierte er in Kopenhagen bei Tuborg, in der Kronenbourg-Brauerei im Elsaß und in der Elbschloß-Brauerei Hamburg. Letzteres sehr zur Freude von Oma und Opa Meyer.

Nach Abschluß des Studiums machte er noch ein zusätzliches Industriepraktikum von fünfzehn Monaten. Dann war er endlich Diplom-Braumeister.

Dipl.-Ing. univ. Lars Meyer-Bernbacher.

Ludwig platzte fast vor Stolz. Und Großvater Hummer-Meyer auch.

In den Semesterferien wurde er von Mal zu Mal besser mit dem väterlichen Betrieb vertraut, so daß er ohne Schwierigkeiten, sozusagen im fließenden Übergang, Schaernlach übernehmen konnte.

Ludwig wachte zwar noch über Restaurant, Brauhaus und Bräustüberl, aber auch von dort zog er sich unauffällig mehr und mehr zurück.

Und genauso machte es Annina in der Klinik. Sie war nur noch Vertretung bei Krankheit und Urlaub oder sprang bei Engpässen mit ein. Ludwig und Annina genossen ihre Freiheit, um sie überwiegend mit ihrer Familie zu verbringen.

»Grüß dich, Lars.« Ludwig betrat das Büro und hatte sofort die Hunde in des Wortes wahrstem Sinne am Hals. Ein Wolfshund ist eben kein Moshammer-Puschel mit Seidenschleife.

»Hallo, Paps.« Lars war aufgestanden, um nach den Hunden seinen Vater zu begrüßen.

»Na, wie schaut's aus? Fröhliches Drunter und Drüber, oder ist hier alles in Ordnung?«

»Hier im Kombinat Schaernlach läuft alles nach Plan«, sächselte Lars. Er sah auf die Uhr.

»Machen wir Brotzeit im Bräustüberl?«

»Gute Idee, mein Sohn. Gehen wir.«

Das ließen sich die Hunde nicht zweimal sagen und rannten zur Tür.

»Nee, nee, meine Lieben, für euch gilt Garten oder hierbleiben.«

So als ob sie es verstanden hätten, zogen sich die Hunde beleidigt unter den Schreibtisch zurück und ließen sich dort geräuschvoll und maulig auf den Boden fallen.

Lars liebte seine Vierbeiner. Schon von klein auf hatte er Tiere. Begonnen hatte es mit Hamstern, Meerschweinchen und Schildkröten. Doch als er von Springmäusen, die er äußerst günstig bekommen könnte, sprach, stieß er auf kategorische Ablehnung seitens seiner Mutter – was Mütter immer so haben! Doch so schnell gab er nicht auf.

»Die sind doch so süß, glaub mir, Mamina, wirklich, und sie sind nur so groß.« Er zeigte mit seinen kleinen Händen Zeisiggröße an.

Ein Schauer schüttelte Annina. »*Nein.*«

Durch Taten überzeugen, hatte Lars irgendwo aufgeschnappt, vielleicht sogar in der Schule.

Am nächsten Tag hätte Doktor Annina Bernbacher um Haaresbreite der Sekundenherztod ereilt, denn Lars hielt ihr seine Wollmütze unter die Nase und meinte treuherzig: »Guck mal, sind die nicht süüüß?«

Anninas gellender Schrei ließ die Krähen draußen aus den Bäumen fliegen.

In der Wollmütze lagen innig nebeneinander drei Wüstenspringmäuse. Doch wie lange noch?

»Lars, halt die Mütze zu … Halt sofort die Mütze zu«, röchelte sie und hockte sich kreidebleich auf die Bauerntruhe, die im Eingang stand.

Was seine Mutter nur hatte, so kannte er sie noch gar nicht, und er kannte sie schon fast acht Jahre, aber diese abweisende Reaktion war ihm unverständlich. So süße Mäuse …

Alles, was Beine hatte, kam angerannt. Was war passiert?

Annina deutete stumm auf Lars und die Mütze.

»Guckt mal, davor hat sie Schiß …« Lars wollte erneut die Mütze öffnen und seine kleinen neuerworbenen Lieblinge präsentieren. Annina fuchtelte tonlos mit den Händen: Zulassen! Auf jeden Fall zulassen. Die Mütze *nicht* aufmachen.

Sofort, noch *vor* dem Essen mußte er seinem Freund Karli die Mäuse zurückbringen. So ein Geschiß!

Karli wollte aber die eingetauschten Prinz-Eisenherz-Hefte nicht wieder rausrücken. Geschäft ist Geschäft. Auf der anderen Seite wollte er seinen Freund Lars nicht verlieren.

»Weißt, vielleicht mag dei Mama nur keine Springmäuse, ich hätt' da noch a weiße, magst die?«

Sollten die schönen Prinz-Eisenherz-Hefte für nix und wieder nix weg sein, einfach futsch? Nö, besser 'ne weiße als keine.

»Na gut, gib schon her.«

Lars stopfte die weiße Maus in seine Manteltasche und trabte zurück. Vielleicht hatte Karli recht, und es lag an der Farbe.

Zu Hause warteten sie mit dem Essen auf ihn. Schnell den Mantel aufhängen, Hände waschen und hinsetzen.

»Alles erledigt?« fragte sein Vater.

Lars nickte. Gleich nach dem Essen wollte er seine Maus versorgen, zwischenlagern in einem Schuhkarton mit Löchern.

Frau Prantl, ihre Haushaltshilfe, räumte die Suppentassen ab, um den Hauptgang zu servieren. Auf dem Weg zur Küche schepperte es fürchterlich, dazu schrie die Prantl wie am Spieß.

Ludwig, Annina und Claus rannten sofort hinaus. Nur Lars blieb sitzen. Er ahnte, was los war.

Auf dem dunkelblauen Tuch seines Wintermantels kraxelte eine kleine weiße Maus. Die Frauen hielten sich die Hände an den Hals, gerade so, als ob sie sie verschluckt hätten oder schlucken sollten.

»Lars!« rief Ludwig.

»Hier bin ich«, rief es bescheiden.

»Lars!«

Zögerlich erschien er an der Tür. »Jaaa?«

Ludwig hatte die Maus in der Hand und sah seinen Sohn ein bißchen streng an.

»Lars, was soll das? Deine Mutter mag keine Mäuse, verstehst du das!«

»Nein.« Er schüttelte den Kopf.

»Lars!«

»Ja, ich denke, sie mag keine grauen. Karli hat das auch gesagt, hat er.« Mit klarem Blick sah er seinen Vater an, dann die anderen. »Hat Karli gesagt. Ja.«

»Kann ich sie mal halten?« Neugierig sah Claus in die Hand seines Vaters.

»Laß es bleiben.« Annina guckte ihre Männer ebenfalls sehr streng an.

Frau Prantl eilte ein Kehrblech holen, um viermal »Alsace« zusammenzufegen.

»Und wohin nun damit?« Ludwig hob die Hand mit der Maus leicht an, und Annina bekam schon wieder diesen Blick …

»Zurückbringen, was sonst.«

»Auch 'ne weiße?«

»Ja! Auch eine weiße!«

Abends, Ludwig und Annina saßen gemütlich zeitunglesend vor dem Kamin, als Ludwig seine »Süddeutsche« sacken ließ und lächelnd über den Rand der Zeitung seine Frau ansah. »Was mich seit heute mittag beschäftigt, mein Herz: Wie hast du das Mäuseproblem denn während des Studiums gelöst?«

Damals war das Sezieren von Mäusen noch Pflicht.

»Kommilitonen bestochen.« Annina strahlte. »Mit Schnaps, Schokolade und Abschreibenlassen.«

Die Kleintierphase von Lars ebbte relativ schnell ab. Sein sehnlichster Wunsch: ein Hund.

»Ich wünsche mir zu Weihnachten einen Hund.«

»Ich mir auch«, wünschte Claus brüderlich mit.

Tristan und Isolde waren die ersten Hunde im Bernbacher-Haus. Lars hatte sich so an den Umgang mit zwei Hunden gewöhnt, daß er auch in späteren Jahren immer zwei Hunde hatte, so wie jetzt Hermann und Dorothea.

»Ich habe vorhin mit Claus telefoniert. Nun bin ich bald vierzehn Tage hier und übermorgen wieder ein paar Tage weg, und wir haben uns nicht gesehen.«

Die Männer betraten das Bräustüberl und setzten sich an einen Fensterplatz in den Erker. Die Fenster waren weit geöffnet und gaben einen herrlichen Blick frei auf die Donau und die Landschaft ringsum.

Ein Platz, um die Seele verschnaufen zu lassen.

Lars entschied sich für die hausgemachte Bratensülze und Ludwig für Briesmilzwurst vom Kalb, in Butter gebraten, mit Kartoffelsalat. Die Speisekarte im Bräustüberl war zweisprachig, Bayrisch und Hochdeutsch, und da las sich die Bestellung der beiden auf bayrisch folgendermaßen: *Scheibn handbundene Briesmuizwuascht vom Kaiwe in Butta rausbacha mit Erdäpfelsolod* und *Hausgmachte Bratnsulz.*

Besonders für die nichtbayrischen Gäste war die Karte ein Ereignis, und viele baten darum, sie mitnehmen zu dürfen. Aber sie nahmen auch Schaernlacher Bier mit, das in Papptragen zu sechs und zwölf Flaschen angeboten wurde. Lars hatte die Idee gehabt, und sie kam sehr gut bei Bayern und besonders Nichtbayern an.

Was konnte schöner sein, als abends in Castrop-Rauxel, Oelde, Lüneburg oder wo auch immer die schönen Tage in Bayern mit Hilfe eines gut gekühlten Schaernlacher Bieres Revue passieren zu lassen.

Die Männer ließen sich ihre Brotzeit und ihr Schaernlacher Weißbier schmecken und besprachen ihre geschäftlichen Angelegenheiten nebenbei. Plötzlich hatte Ludwig eine Idee.

»Wenn Agnès in München ist, wie du sagst, hat sie doch ihr Handy dabei. Was hältst du davon, sie anzurufen. Wir treffen uns alle in Starnberg und gehen zu Anna und Carlo am See essen, später fahrt ihr dann gemeinsam nach Schaernlach zurück, und wir hätten ein kleines, aber feines Familientreffen, hm?«

»Fabelhaft!«

Später im Büro machte Ludwig den Maître de plaisier. Er rief bei Anna und Carlo an, um einen Tisch zu bestellen, »den großen«, bat er. Dann telefonierte er mit Annina und Sophie, und nach kurzer Ladehemmung rief er schließlich auch Edith an.

Annina war besonders begeistert, weil sie endlich ihre Familie wieder einmal an einem Tisch hatte.

»Wann, Ludwig? Zwischen neunzehn und neunzehn Uhr dreißig«, wiederholte sie. »Ihr kommt direkt dorthin. Prima. Claus schafft es auch ohne Schwierigkeiten, er hat nur noch Schlupflider, ein Oberlippen-Laser und Händchenhalten bei der Konsulin auf dem Zettel. Bussi, ich freu' mich narrisch!«

Lars hatte Agnès erreicht und ihr den Weg beschrieben. »Du kannst es nicht verfehlen, außerdem werde ich vor der Tür stehen, um dich in Empfang zu nehmen.«

»Ich würde dich auch im Dschungel finden, parce-que je t'aime.«

»Mmh«, machte Sophie. »Mmh.« Es war vertrackt. Immer, wenn sie mit Claus reden wollte, und es gab mittlerweile einiges, von den Siebenunddreißigern ganz zu schweigen, kam irgendwas oder irgendeiner dazwischen. Heute abend wollte sie einen endgültigen Strich unter das Thema Glitzerpantöffelchen ziehen. Sonst würde es lächerlich. Doch was passierte? Wieder kam etwas dazwischen.

Ist es nicht eigentlich jetzt schon lächerlich? dachte Sophie. Hanni Hümpel aus Augsburg auf dem Wochenmarkt in Schuhen aus Straß, Perlen und Pailletten. Seidenpantoletten! Eigentlich war das komisch: Schuhe, die für ganz andere Gelegenheiten kreiert waren, zierten nun die bayerischen Spreißlhaxn von Hanni Hümpel beim Eierkauf.

Die anfängliche Tragödie schien zu kippen, bekam immer mehr komödiantische Züge. Dabei war es doch im Grunde herzzerreißend traurig, eine richtige Tragödie, oder nicht?

Erster Akt.

Das Paket trifft ein. Der Abend der kneifenden Schuhe bei Kay. Der wütende Claus in der Küche mit den Trippelschühchen unter den Armen. Die verschwundenen Schuhe am nächsten Morgen. Pause.

Zweiter Akt.

Hanni findet die Schuhe im Müllcontainer. Sophie kniet mit zwei Ackergold in den Händen vor den Schuhen, auf dem huckeligen Kopfsteinpflaster des Wochenmarktes. Molto furioso.

Das ist aber kein Stückschluß, nein, nein. Es bleibt alles in der Luft, es fehlt das erlösende Aus, Äpfel, Amen! Ach, wie schön!

Was wäre, wenn der Schlußpunkt, das Finale, anfangen würde zu glitzern wie die Siebenunddreißiger? Das wäre Komödie! Na und? Wäre es nicht wunderbar, wenn sich alles in Wohlgefallen auflösen würde ... und es eine komische Familiengeschichte mehr gäbe, die man immer wieder gerne erzählt, schon wegen der hinreißenden Schlußpointe?

Das alles schoß Sophie durch den Kopf.

Wenn die Pointe nicht zu meinen Lasten geht, bitte schön. Mir soll's recht sein, dachte sie weiter. Und heute abend wird geredet! Und wenn es in der Früh ist.

»Mami, kannst du mal eben kommen? Basti und ich packen das nicht.« Florian holte sie aus ihren Theaterträumen und hielt ihr ein Matheheft unter die Nase.

Sophie verbrachte den Nachmittag damit, Wurzeln zu ziehen. Es war eine arge Schinderei bei fast dreißig Grad im Schatten, da war Wurzeln schrapen schon schlimm genug.

Gegen sechs jagte sie ihre Söhne ins Schwimmbad, zur Erholung.

»Wir fahren kurz vor sieben los, bitte die dunkelblauen Bermudas und weiße T-Shirts anziehen!« rief sie ihnen zu und verschwand zum Regenerieren und Restaurieren nach oben.

»Verkleiden? Bei der Hitze ... So'n Käse«, empörte sich Flo. »Sie will nur mit uns angeben.«

»Mit mir kann sie es auch«, kommentierte Basti. Worauf Flo ihm den Vogel zeigte und mit Getöse ins Becken sprang.

Sophie freute sich einerseits sehr auf den Abend, andererseits sah sie dem Zusammentreffen mit Agnès mit sehr gemischten Gefühlen entgegen.

»Lars ... *Ihr* Lars! Diesmal schien es fundierter zu sein, jedenfalls hatte Annina es gemeint.

»Es wäre doch zu schön, wenn Lars endlich auch heiratet, meinst du nicht, Sophie? Übrigens, Agnès ist bezaubernd.«

Ja, das hatte Annina gesagt, bezaubernd, und das versetzte Sophie einen kleinen Stich. Nicht, daß sie Lars sein Glück nicht gönnte, aber gleich bezaubernd ... Das war ja nun nicht nötig.

Sophie hatte im Laufe der Zeit einige Weggefährtinnen kennengelernt, aber keine mit Attribut bezaubernd. Manchmal waren sie langbeinig, manchmal blond, manchmal dunkel, sogar eine Rothaarige hatte Lars in seiner Sammlung, aber noch nie war es so wie mit Agnès Daroussin, das spürte Sophie.

Französin, milchkaffeefarben, intelligent. Warum pikte es Sophie? Das war doch nicht logisch! Aber wie hatte Tante Edith einmal gesagt: »Was soll ich mit Logik, ich bin eine Frau.«

Sophie, die sich zur Zeit sehr über die blöden Glitzerlatschen, die in Claus' und ihr Leben getreten waren, echauffierte, paßte es absolut gar nicht, daß Familienzuwachs in Form von Agnès ins Haus stand. Bezaubernd, tzzz. Bezaubernd hin, bezaubernd her, egal: Was ziehe ich an?

Mit großzügiger Geste schüttete Sophie Badesalz in die Wanne, ließ Wasser dazulaufen und verschwand in den Schaumbergen. Im Radio sang George Michael *You have been loved* – der liebe Gott hatte es gerade nicht kleiner …

Lars, Sophies erste große Liebe. Wie sagt man immer: Die erste große Liebe bleibt ein Leben lang in Erinnerung … Es folgen andere Lieben, manchmal sind es auch nur Liebeleien, doch sie bleiben Seifenblasen und werden früher oder später vergessen, aber die erste Liebe ist eben die erste Liebe und hat Sternenglanz für die Ewigkeit. Die erste Liebe, die richtig große Liebe, mit viel Heiß und Kalt, wenig Schlaf und himmlischen Träumen …

Nach der winterlichen Nähe und der frühlingshaften Wärme, die Sophie und Lars erlebt hatten, blieb leider die sommerliche Blütenpracht aus, denn Lars ging nach Kopenhagen zu Tuborg und lernte Liese Sörensen kennen, und Sophie ging nach dem Abitur nach Lausanne auf die Hotelfachschule und lernte Moritz Engelmann aus Kitzbühel kennen.

Zuerst hatten Lars und sie sich lange Briefe geschrieben, dann kürzere, dann Postkartengrüße, doch auch die wurden immer weniger … Doch wenn es biestig kalt wurde und draußen alles verschneit war, hatten sie immer herzerwärmend aneinander gedacht und ein bißchen geseufzt …

Nach Lausanne ging Sophie nach Amerika, und Moritz reiste zurück nach Kitzbühel – nice to meet you –, Liese Sörensen traf Jan Ågerup, und Lars schwärmte für die Münchner Madln. Doch wie gesagt, manchmal …

Zum Weihnachtsfest 1983 kehrte Sophie nach Schlehdorf zurück, um im elterlichen Doblerhof mitzuarbeiten.

Schwester Trixie in Hamburg feierte mit großem Pipapo ihren Geburtstag; da es der dreißigste war, wollten die Doblers natürlich dabei sein. Sie fuhren mit dem Kombi, weil sie für Tochter Beatrix eine Barockkommode und noch vieles andere mehr mit nach Hamburg transportieren wollten. Für Sophie war kein Platz mehr im Auto, sie mußte fliegen.

Es war der siebte Januar, ein Tag nach den Heiligen Drei Königen. Alle, die die Feiertage im Süden verbracht hatten, waren auf der Rückreise. Die Autobahnen waren voll, in den Zügen standen die Menschen wie in stramm gepackten Sardinenbüchsen, und der Flughafen München-Riem quoll über.

Geschiebe. Gedränge. Geschubse.

Stimmengewirr, Durchsagen, Kindergeplärre.

Dazwischen Menschen mit viel unhandlichem Handgepäck; die Weihnachtsgeschenke, über die man sich am vierundzwanzigsten Dezember halbverrückt gefreut hatte, waren jetzt mehr als hinderlich. Am liebsten hätte man sie irgendwo abgestellt und vergessen.

»Aua, verflixt noch mal, können Sie nicht aufpassen, verdammt!«

Wütend rieb Sophie sich ihren Haxn und versuchte, die schwarze Schliere, die der Aufprall mit dem überladenen Gepäckwagen hinterlassen hatte, von ihren beigen Chanel-Stiefeletten zu reiben.

»Blöder Scheiß. Passen Sie doch gefälligst auf, wo Sie hinfahren, Mensch!«

»Sie pöbelt immer zuerst, aber nachher ist sie hinreißend«, sagte ein gutaussehender, nein, ein sehr gutaussehender junger Mann, der hinter einem Aufbau von Koffern hervorlugte, zu seinen Begleitern. Es handelte sich um einen weiteren jungen Mann, genauso gutaussehend, und eine junge Dame, die ihre wagenradgroße Fuchspelzmütze bis zu den Augen gezogen hatte, aus denen sie mokant zu Sophie sah.

»Sie, ja, was glauben Sie … Lars? Lars, mein Gott, Lars!« Sophie vergaß, ihr schmerzendes Bein zu reiben, und stand auf einem Fuß in der Abflughalle und staunte.

Lars manövrierte sich um die Menschen und Gepäckwagen herum.

»Sophie!«

»Lars!«

Beide umarmten sich, als wären keine fünf Jahre vergangen. Sophie stand immer noch auf einem Bein.

»Ich denke, die Störche sind längst im Süden«, feixte der andere junge Mann zu der jungen Dame. Doch deren Humor hatte Frost bekommen, sie verzog nur die Mundwinkel nach unten.

»Die ist ja ein Knaller«, staunte er.

»Entschuldigt«, Lars drehte sich um. »Das ist Sophie«, sagte er, »und das sind Clivia Rheinthaler und mein Bruder Claus.«

»Wenn du sie mal kurz loslassen würdest, könnten wir auch unseren Knicks machen. Clivia brennt schon darauf, gell Puppilein?«

»Ähäm«, sagte die gequält.

»Ich freue mich, Sie kennenzulernen, Sophie.«

Und Sophie traf zum ersten Mal der Blick aus diesen unwiderstehlichen Bernbacher-Augen – flüssiger Bernstein mit Creme-Karamel. »Ich freue mich sogar sehr«, setzte er nach.

Sophie reichte ihm sprachlos die Hand und räusperte sich leicht. Puh, dachte sie, Bernbacher im Doppelpack! Puh!

»Nimm dich in acht, Sophie, er ist unser Familiencasanova. Die Reihe seiner gebrochenen Herzen geht zweimal um den Globus«, ergänzte Lars, der seinen Arm ganz selbstverständlich um Sophie legte, sehr zum Mißfallen von Clivia Rheinthaler.

»*Einmal* um den Globus, mein Bruder übertreibt wie immer.«

»Fliegen wir heute, oder wollt ihr hier Wurzeln schlagen«, quäkte es mißmutig unter der Pelzmütze.

»Leider fliegen wir«, sagten beide Männer gleichzeitig.

»Also, ich geh' einchecken.« Clivia wollte den Wagen anschieben, dabei flog ihr Kosmetikkoffer auf den Boden und verstreute den Inhalt durch die Beine der umherstehenden Passagiere.

Claus half ihr, Arden, Chanel, Lancaster sowie Bürsten und diverse andere Tiegel wieder einzusammeln.

»Claus fliegt gleich nach Frankfurt und von dort weiter nach New York, und Clivia und ich fliegen nach Köln, und wohin fliegst du?«

»Nach Hamburg.«

»Ach Sopherl ... Hamburg ...« Lars hatte sie noch immer im Arm und zog sie jetzt noch enger an sich. »Hamburg ...«

»Ihr müßt, Lars, leider.« Claus stupste seinen Bruder leicht in die Seite. »Meine Maschine geht erst in einer Stunde, und Ihre?« Er sah Sophie an.

»Auch.«

»Na, dann können wir winken, Sophie!« Claus strahlte.

Am Eincheckschalter umarmten Sophie und Lars sich noch einmal und sahen sich sehr tief in die Augen.

Clivia war schon mit preußischem Stechschritt zur Maschine unterwegs.

»Ist es etwas Ernstes ... ich meine die beiden«, fragte Sophie zögernd und sah dem winkenden Lars hinterher.

»Das hoffe ich nicht, liebe Sophie, aber jeder Mann hat im Laufe seines Lebens ein paar zu Blonde, ein paar zu Laute, bis die Richtige kommt.«

»Verstehe«, antwortete Sophie, »gleich mehrere, dann stimmt es wohl doch mit dem Zweimal-um-den-Globus bei Ihnen!« Sophie lächelte.

»Schmarrn, trinken wir einen Kaffee, Sophie?«

Der Flughafenimbiß war in einer größenwahnsinnig gewordenen Streichholzschachtel untergebracht, die aus den

Nähten krachte. Es war aussichtslos, irgendwo auch nur mit halber Pobacke dazwischenzukommen. Sie checkten ein und setzten sich im Gang auf eine der unbequemen, tiefliegenden Bänke, auf denen man nicht sitzt, sondern hängt und mit den Knien ans Kinn stößt.

Eine graziöse, damenhafte Haltung bringt man auf diesen Dingern, auch wenn man sich noch soviel Mühe gibt, nicht zustande.

Von irgendwoher schrien Kinder nach ihrer Mutter. Nervtötend. »Mami! … Maaamiii!«

»Maaamiii!«

Sophie schlug die Augen auf. In der Tür des Badezimmers standen Florian und Bastian. Weißes T-Shirt, dunkelblaue Bermudas und schneeweiße Turnschuhe an den Füßen. Die Haare naß und mit viel Gel aus dem Gesicht gekämmt.

»Kinder …« Sophie staunte.

»Naja, dann nehmen wir die Räder und fahren vor.« Florian sah seine Mutter an. »Bei dir dauert es ja wohl noch …«

»Ich mach', so schnell ich kann!« rief Sophie ihren Söhnen hinterher, die bereits die Treppe hinunterstürmten, griff sich ein Badelaken und stieg aus der Wanne.

»Nun machen Sie mal das Beste aus Ihrem Typ, Frau Bernbacher!«

In wunderschön melancholisches Licht getaucht, direkt am Ufer des Starnberger Sees, lag die Trattoria-Toscana von Anna und Carlo.

Jeder Tisch war besetzt, in der Luft lag der Duft von Thymian, Basilikum und einem guten Hauch Knoblauch und dem unverwechselbaren Geruch von frisch zerlassener Butter.

Vom Wasser her fächelte eine sommerwarme Brise durch die bodenlangen weißen Tischtücher und hob das feine weiße Leinen leicht in die Höhe, um es behutsam wieder abzusenken.

Die Sonne blinzelte durch die Platanen und das Weinlaub, das üppig an Spalieren und Arkadengängen wucherte und auch die Außenmauern des hinteren Gebäudeteils mit knackigem Grün umgab. Die großen Fenster des Küchentraktes waren weit geöffnet, und je nach Lage des Tisches konnte man teilhaben an dem regen Treiben in der Küche und zuschauen, wie die verschiedenen Gerichte zubereitet wurden.

Florian und Bastian favorisierten den Tisch mit bestem Blick in die Küche, doch Ludwigs Lieblingstisch war der große ovale unter dem leuchtendgelben Sonnenschirm mit Blick auf den See.

Die Karte bot Köstlichkeiten der *cucina casalinga*, nichts Abgehobenes, mit Sternen Verziertes, aber dennoch ein Essen für Feinschmecker und Genießer.

Nachdem die Getränke ausgesucht und serviert waren, stellte der Ober mit freundlichen Grüßen aus der Küche eine Platte mit Crostini, ein herrliches Antipasto – geröstetes Weißbrot mit Olivenpaste und Hühnerlebermousse – auf den Tisch, oder sie servierten Bruschetta – eine Scheibe toskanisches Bauernbrot mit Tomatenstückchen belegt, frischem Basilikum, etwas Knoblauch, Olivenöl, Pfeffer und Salz.

Während man sich genüßlich sein Antipasto schmecken ließ, konnte man in aller Ruhe seinen »primo piatto«, seinen ersten Gang, wählen. Anna und Carlo boten, typisch für die Küche der Toscana, Pasta, Reis oder Polenta. Dazu einen gutgekühlten Vernaccia di San Gimignano.

Beim »secondo piatto«, dem zweiten Gang, spielt in der Küche der Toscana Fleisch und Geflügel eine größere Rolle als Fisch. Eine der Spezialitäten von Anna und Carlo war Bistecca alla Fiorentina: ein prächtiges Stück Hochrippe mit T-Bone von dem saftigen Fleisch der weißen Rinder aus dem Chiana-Tal. Anna und Carlo würzen es nur mit Salz, Pfeffer und Zitronensaft und grillen es auf dem Holzkohlengrill. Dazu schmeckt ein göttlicher Roter aus Montepulciano, Montalcino oder ein Tignanello von Antinori. Nachdem man Gaumen und Hüften mit einem perfekten Nachtisch verwöhnt hat, trinkt man meist einen Espresso und knabbert ein paar Cantuccini, Mandelkekse, die in einen Dessertwein, den Vino Santo, gestippt werden.

Werbung brauchen Anna und Carlo nicht. Sie sind *der* Tip in der Region, den man wirklich nur an sehr gute Freunde weitergibt.

Im Inneren bieten die zwei ineinander gehenden Räume mit ihren in gedämpften Farbtönen gehaltenen Wänden und Interieurs sowie der von sichtbaren Holzbalken gestützten Decke Ambiente pur. Der prasselnde offene Kamin rundet in den Wintermonaten das Bild zu einem gemütlichen Ganzen.

Anna hatte Ludwig herzlich in Empfang genommen und mit ihm einen kleinen Aperitif getrunken. Nach und nach kleckerte seine Familie ein. Agnès war begeistert von dem Restaurant am See und seiner Lage.

»Comme un rêve … wie ein Traum.«

Annina kam mit Claus, und dann kam Edith.

Sie war gewandet in einen bunten Bauernrock mit viel weißer Bluse und hatte ein schillernd grünes Dreiecktuch keck über die Schulter drapiert; in ihren Ohren funkelten dezent ein paar Karat in Form von Brillantherzen.

Eine giftgrüne Seidenschleife zierte Toulouse. Hermann und Dorothea, die seitlich im Schatten unter einem Busch lagen, vergaßen zu knurren. Sollte das tatsächlich ein Artgenosse sein?

Edith begrüßte ihren derzeitigen Favoriten Claus mit einer von ihr ungewohnten mütterlichen Herzlichkeit.

Bastian und Florian tauchten auf.

»Och Mann, nich' an der Küche, wie öde«, mäkelte Bastian.

»Guten Abend«, sagte leicht vorwurfsvoll Annina.

»Ja. 'n Abend. Warum habt ihr denn so'n langweiligen Tisch genommen?«

Bastian und Florian begrüßten nacheinander die Familienmitglieder.

»Wo ist eure Mutter?« wollte Claus wissen.

»In der Badewanne eingepennt. Die kommt nach.«

»Ich denke mal, das dauert, so wie sie aussah«, ergänzte Florian.

»Schön, wenn man Kinder hat. Prost, ihr Lieben«, Ludwig hob sein Glas. »Auf einen schönen Abend.«

Tante Edith saß neben Claus und tuschelte und flüsterte. Agnès und Lars schauten gemeinsam in die Karte und tauschten zwischendurch verliebte Blicke.

»Und woher kennt ihr euch so intim?« Tante Edith erhob ihre Zarah-Leander-Stimme.

»Durch die Buntkarierten, liebste Edith, wie im richtigen Leben«, antwortete Ludwig und lachte.

»Wie? Ich meine, wie bitte.« Edith guckte wie eine Henne, der die Eier geklaut worden waren.

»Das, liebe Agnès, ist meine liebe Tante Edith, she only understands railway station, bei fast allen Dingen.«

»Wieso versteht die nur Bahnhof?« wollte Bastian wissen.

»Sie hat die gleichen Familiengene wie du, mein süßer Schwachkopf«, erklärte Flo.

Lars erzählte Tante Edith dann aber doch, wann und wo Agnès und er sich kennengelernt hatten, nämlich auf einem Postschiff in Norwegen. Agnès hatte zwei Tage frei, sie war Stewardeß und von Bergen aus zum Nordkap unterwegs, und Lars war auf dem Weg zu den Meyerschen Lachsgründen – wie gesagt, auf dem Postschiff.

Lars erzählte die Geschichte ihrer ersten Begegnung, gewürzt mit allerlei Bonmots, wie sie zwei himmlische Tage im hohen Norden zugebracht hatten und so weiter und so weiter. Ab und zu ergriff Agnès das Wort und parlierte ihrem Lars charmant in die Parade.

Es war nicht zu übersehen: Die beiden waren glücklich.

»Die Liebe ist der Endzweck der Weltgeschichte, das Amen des Universums.« Edith setzte den Schlußpunkt. »Ich bin Tante Edith, Agnès.« Sie griff nach ihrem Glas. »Willkommen in der Familie.«

Die anderen ergriffen ebenfalls die Gläser und ließen sie aneinanderklingen.

»Edith, wer hat denn das über die Liebe gesagt?« wollte Ludwig wissen.

»Das ist aus den Fragmenten von Novalis«, erklärte Edith beiläufig und gab ihre Bestellung auf.

Ludwig nickte. »Respekt, liebe Schwägerin, Respekt.«

Eine wunderschöne weiße Wolke näherte sich dem Tisch. Eine Wolke namens Sophie. In fast bodenlange leichte, weitfallende Baumwolle gehüllt, auf dem Kopf einen zauberhaften, mit einer dicken Rosenblüte garnierten Martensen-Strohhut, schwebte sie heran.

»Sophie!« Lars sprang auf. »Sophie ... Wie lange haben wir uns nicht gesehen, du siehst atemberaubend aus.«

»Unterm Hut hat sie sicher klatschnasse Haare, wetten«, frozzelte Bastian und fing sich einen herzhaften Stoß in die Rippen ein, den ihm kopfschüttelnd Florian versetzte.

»Mann, bist du doof!« Er tippte sich an die Stirn.

Gott sei Dank hatte niemand außer ihren Großeltern das von den klatschnassen Haaren gehört. Annina und Ludwig sahen kopfschüttelnd zu Bastian.

»Mein Gott, Sophie ...«

»Lars ... Guten Abend ... Bitte entschuldigt meine Verspätung.« Sie rappelte sich zur Ordnung. Puh, ist Lars ein toller Mann, strahlend jung, dachte sie. »Sie sind Agnès, nicht wahr?« sagte sie laut und reichte ihr die Hand. Er hat einen großartigen Geschmack in Sachen Frauen, dachte sie weiter, während sie die restliche Familie begrüßte und in deren Gesichter lächelte. Claus zog die überrumpelte Sophie in die Arme und flüsterte ihr »Sophie, du siehst atemberaubend aus, mein Bruder hat recht« ins Ohr.

»Ach, ich bin nicht mehr der versoffene Pandabär?« fragte sie halblaut durch die Zähne und fror ihr freundliches Lächeln ein. »Wo sitze ich?« fragte sie und wand sich geschickt aus seinen Armen.

»Bei mir, bitte«, bat Agnès und rückte für Sophie einen Stuhl zurecht.

Die Abendsonne tauchte die Landschaft in wohliges Safrangelb und vermittelte ein wenig Großbürger-bei-Visconti-Atmosphäre. In den Windlichtern wurden die terracottafarbenen Kerzen angezündet, aus den geöffneten Fenstern des Restaurants erklangen gesungene Emozioni von Boccelli, Ramazzotti und anderen.

»Auf die italienischen Momente in unserem Leben!« Ludwig erhob sein Glas.

»Können wir nicht fahren? Im Fernsehen ist heute abend noch 'n toller altmodischer Film«, bat Florian.

»So, was denn?« fragte sein Vater.

»›Der eiskalte Engel‹ mit Alain Delon.«

»Das nennst du altmodisch? Das war unsere Jugend.« Lars sah seinen Bruder Claus an und schüttelte lachend den Kopf.

»Altmodisch, tzz … Laßt sie gehen, der Film ist große Klasse. Wir waren damals auch begeistert, erinnerst du dich, Claus?«

»Tschüs, ihr Süßen, komm, Bastian!« Florian zog seinen Bruder am T-Shirt, bevor sie sich das anders überlegen und kinderfeindliche Argumente wie *nein* ins Spiel brachten.

»Claus hat sich damals ins Kino geschmuggelt und mich gleich mit, er hat der alten Kassiererin erklärt, wir wären kleinwüchsige zweieiige Zwillinge, und ihr einen zerknitterten Zehnmarkschein aus dem Sparschwein rübergeschoben, und dazu hat er natürlich gelächelt, dieses typische Claus-Lächeln aus den tiefsten Untiefen seiner Charmeressourcen. Die Kassiererin schmolz dahin. Sie händigte Claus die Karten aus und gab ihm für mich ein Kissen, dazu kniff sie verschwörerisch ein Auge zu.«

Ein Handy klingelte durch den italienischen Abend.

Claus fingerte es sich aus dem Sakko, das über der Stuhllehne hing. Er stand auf und humpelte ein paar Schritte ins Abseits.

»Die Klinik, ich muß hin, einer Patientin geht es nicht gut«, erklärte er nach Beendigung des Telefonats.

»Soll ich mit, brauchst du mich?« fragte seine Mutter.

»Nein, danke, aber wer könnte mich fahren?«

»Das mach' ich, weil du mich damals in Watzingers Rialto Filmcasino geschmuggelt hast, komm, Hinkebeinchen, fahren wir. Desto schneller sind wir zurück.«

Der diensthabende Arzt wartete bereits im Entree auf seinen Chef.

»Die Frau Gamswald dreht, glaube ich, durch. Sie zetert rum, hat angeblich Schmerzen und will von keinem, außer von Ihnen, behandelt werden. Bitte entschuldigen Sie, daß ich Sie gestört habe, aber ich wußte mir sonst keinen Rat.«

»Ist schon in Ordnung. Kennen Sie meinen Bruder?«

»Angenehm, Oberholzer.« Der Arzt nickte und verschwand mit seinem Chef eilig nach hinten.

Lars lümmelte sich in einen bequemen Sessel und blätterte durch die Hochglanzzeitschriften, die auf den Tischen lagen.

So eine Klinik im Halbschlaf hat etwas Betäubendes, Einschläferndes. Lars fielen nach kurzer Zeit die Augen zu.

»Gott sei Dank. Da sind Sie ja«, näselte die Gamswald unter ihrem Gesichtsverband und streckte ihre Hände nach ihm aus.

»Liebe Frau Gamswald.«

»Eugenie, lieber Doktor«, fiepte sie dazwischen.

»Ja«, Claus räusperte sich. »Herr Kollege, ich mache das hier schon, vielleicht wollen Sie zwischenzeitlich ein bißchen essen oder einen Kaffee trinken«, scheuchte Claus ihn verbal aus dem Zimmer.

»Was ist denn, meine Liebe?« Claus fühlte Eugenie den rasenden Puls.

»Ich weiß es nicht, ich glaube, ich habe eine Krise, hoffentlich mache ich auch alles richtig, lieber Doktor. Und außerdem juckt es infernalisch unter meinem Nasengips«, jammerte sie mit Mickey-Maus-Stimme durch die verschwollene Nase.

»Bitte ziehen Sie sich einen leichten Bademantel über, ich gehe, so gut ich eben kann, eine kleine Runde mit Ihnen durch den hinteren Garten. Sie werden sehen, danach geht es Ihnen dann wieder viel besser. Kommen Sie, Eugenie. Ich warte nebenan.«

Daß er sie Eugenie nannte, war eine rein medizinisch-therapeutische Maßnahme, so quasi statt Pillen.

Gehüllt in einen Traum aus Seide und eine Wolke Mitsouko, das Gesicht hinter einem starren Visier aus weißem Mull, erschien Eugenie Mathilde Gamswald.

Sie hat wunderschöne Augen, dachte Claus, dem sie noch nie so wie jetzt in dem weißen Verband aufgefallen waren, wirklich wunderschöne Augen mit einem Baldachin aus tausend Wimpern.

»Sie wissen, ich hinke, aber wenn Sie sich abstützen möchten …«

»Mhm.« Frau Gamswald nickte und trat in den Lift.

Ein merkwürdiges Paar ging in der Abenddämmerung durch den Garten.

»Der Schöne und das Biest.« Nachtschwester Lucie, die am Fenster des Bereitschaftsraumes im ersten Stock stand, machte eine Kopfbewegung zum offenen Fenster hin. Pfleger Manfred trat dazu.

»Ja, das Wurstimperium aus Ottershagen. Die ist schon eine Verrückte, aber reich ohne Ende, dazu frisch verwitwet. Ihr Mann ist vor einem knappen Jahr mit seiner Cesna bei Paderborn in einen Acker gerauscht. Stand in allen Zeitungen: Wurstkönig tot!«

»Mensch, Manni, nicht so respektlos«, empörte sich Lucie.

»Hab' ich doch nicht geschrieben, stand da wirklich. Guck mal, und nun geht die Wurstkönigin am Arm von unserem schönen Chef durch die Rabatten. Aber eins sage ich dir, wenn die fertig ist, ich meine so rundherum, die wird 'ne Wucht. Unser Chef ist schon genial. Und wie sagt der Chef immer: In jeder Ente steckt ein Schwan.«

Er setzte sich, um sich wieder in aller Ruhe seinem Kreuzworträtsel zu widmen.

Eine Viertelstunde später brachte Claus Frau Konsul zurück auf ihr Zimmer. Er holte ihr ein leichtes Schmerzmittel.

»So, brav runterschlucken, und dann zum Einschlafen ein bißchen Alain Delon.«

Claus schaltete den Fernsehen ein und zappte sofort auf den richtigen Sender. Wie gut, wenn man Kinder hat!

»So, nun entspannen Sie sich, liebe Patientin, und schlafen Sie nachher gut. Doktor Oberholzer schaut auch noch einmal herein. Sie sind in besten Händen, hier und bei Alain Delon.«

Die unergründlichen Augen lächelten Claus tonnenweise Sympathie entgegen. »Danke«, hauchte Eugenie Mathilde, so gut es ihre Blessuren zuließen, »lieber Doktor ...«

Claus hinkte zur Tür. »Bis morgen.«

Wie verdammt lästig diese Humpelei doch war. Morgen kommt der Bycast runter und Zinkleim drauf! schwor sich Claus.

Bei Anna und Carlo war noch reger Betrieb, und am Bernbacher-Tisch titschten sie ihre Mandelkekse in den Vino

Santo, nur ganz leicht, denn sie mußten alle noch fahren, aber einen Hauch wollten sie trotzdem mit den Cantuccini verkosten; dazu wurde Espresso getrunken.

Lars und Claus setzten sich wieder.

»Es war sicher langweilig ohne uns, gell?«

»Ehrlicherweise haben wir euch nicht eine Sekunde vermißt, aber wahnsinnig viel über euch geredet«, antwortete Edith.

»Tante Edith, ich liebe dich!« Lars warf ihr eine Kußhand zu.

Langsam ging ein schöner Abend zu Ende. Ludwig bat um die Rechnung.

»Das hat die Frau Bernbacher schon alles erledigt.«

»Edith?«

»Na, das war doch wohl dringend einmal nötig. Ich bin doch nicht Onkel Dagobert, außerdem bin ich glücklich, eine so wundervolle verrückte Familie zu haben.«

»Was mischt man ihr unter das Essen?« raunte Ludwig Annina zu, »allmählich wird sie mir unheimlich, und dann kommt sie auch noch mit Novalis, und wer Dagobert Duck ist, scheint sie auch zu wissen.«

Auf dem Parkplatz folgte die Gute-Nacht-danke-für-den-schönen-Abend-Umarmung.

Es waren keine gelogenen Höflichkeiten. Es war ein wirklich schöner Abend, rundherum gelungen. Grazie mille. Bacio, Bacio. Ciao.

»Edith, liebste Familienseele, können wir dich auch allein durch den späten Sommerabend fahren lassen?« erkundigte sich Ludwig und legte seinen Arm um die Taille seiner Schwägerin.

»Na hör mal, Ludwig, ich bin doch keine alte Schachtel und selbst in der Nacht noch sehr scharf auf den Augen«, empörte sich Edith. »Annina, ist er immer so frech?«

»Immer, aber deswegen liebe ich ihn. Komm, Louis, küß die Gören, ich bin müde.«

Annina zupfte ihren Mann am Jackett. »Er kann nie ein Ende finden.«

»Nein, meine geliebte Annina, ich liebe euch alle sehr. Sag doch, wann sind wir schon mal alle miteinander zusammen so wie heute?«

»Spätestens auf unserer Hochzeit im nächsten Sommer«, meinte Lars strahlend.

»Man reiche mir mein Riechfläschchen, meinen kleinen Bruder hat's erwischt!« Claus klammerte sich gespielt an den Kotflügel eines der Autos. Sophie hätte es auch gerne getan, denn sie hatte ganz plötzlich Knie wie ein Sahnebaiser, das in der prallen Sonne gestanden hatte. Lars und heiraten?

»He, Kleine, alle küssen uns und freuen sich, was ist mit dir?« Lars wirbelte Sophie aus ihren Gedanken.

»Ich freue mich wahnsinnig für euch«, log sie tapfer gegen ihr Gefühl an, was auch immer es für ein Gefühl war …

»Dann küß mich gefälligst auch.«

Zum zweiten Mal an diesem Abend wand Sophie sich aus einer Umarmung, diesmal aus der von Lars.

»Agnès, ich freue mich.« Sie umarmte ihre zukünftige Schwägerin und küßte sie rechts und links auf die Wangen.

»Ich trinke zu Hause auf euer Wohl einen Schluck Champagner. Ach, ist das ein Abend, Wiedersehen, Ihr Lieben. Auf Wiedersehen.« Edith stieg winkend wie Lisbeth von England in ihren Alfa.

»Dein Wischmop, Engelchen, du hast den Kampfhund vergessen!«

»Hoffentlich ist er nicht nachtragend.« Edith kicherte, ergriff Toulouse, stieg in die Eisen und bretterte geräuschvoll davon, Arrivederci aus dem runtergekurbelten Fenster winkend.

Der Rest der Familie verkrümelte sich nach Umarmungen und Bussi rechts und links mit »Gute Nacht«, »Kommt gut nach Hause«, »Fahrt vorsichtig« und dergleichen mehr in die verschiedenen Autos.

»Lars, ich glaube, das war wohl der verrückteste Heiratsantrag, von dem ich je gehört habe.« Zärtlich legte Agnès ihren Kopf an die Schulter von Lars, der sie beide ruhig und sicher durch die Dunkelheit chauffierte.

»Nein, den verrücktesten Heiratsantrag hat mein Vater meiner Mutter gemacht.«

»Erzähl bitte«, bat Agnès und kuschelte sich an Lars.

»Tja also, wo fange ich an?«

»Vorne.«

»Ganz vorne?«

»Ganz vorne.«

»Dann muß ich bei Tante Hetty anfangen, meiner Groß-, nein Groß-Großtante oder noch eins zurück, an die ich leider keine Erinnerungen habe, aber sie muß wundervoll gewesen sein und noch dazu ein irres Weib in des Wortes bester Bedeutung ... Ich soll also von vorne anfangen?«

»Mhm.« Agnès nickte.

❋

Der Himmel verdunkelte mit Grauschleiern aller Schattierungen den schwermütigen nachmittäglichen Novemberhimmel über Bamberg.

Hetty stand am Fenster des Salons im ersten Stock und sah den Krähen zu, die mit aufgebrachtem Gekrächze durch die kahlen Äste der Platanen im Park flatterten, irgendwie waren sie unangenehm, diese ölig glänzenden tiefschwarzen Vögel.

Kater Paulus war auf die Fensterbank gesprungen und verfolgte das Treiben aus schmalen Augen. Jagen würde er sie gerne, jagen und vertreiben.

Hetty fröstelte, obgleich es warm war und zusätzlich noch ein Feuer im Kamin knisterte. Sie zog das wärmende Plaid enger um die Schultern.

Die kleine Pendule der Horlogerie Henri Grandjean aus dem Jahre 1892, die seit Hettys Geburt auf dem Kaminsims stand, schlug viermal. Zeit für Hettys Brandy und ihre Grande Panatela.

Hetty schenkte sich gegen die Kälte einen größeren Brandy ein, zündete sich mit einem langen Streichholz, das sie ins Feuer hielt, ihr Zigarillo an und setzte sich in ihren bequemen Sessel vor den Kamin. Ihr Blick ging nach draußen auf die eilig vorbeiziehenden Wolken … Wohin wollten sie noch vor Einbruch der Dunkelheit? Regentropfen klimperten sanft und leise gegen die hohen Fenster und auf die äußeren Metallblenden.

Paulus legte schnurrend seinen Kopf auf die gekreuzten Vorderpfoten, um den trüben Nachmittag zu verdösen.

Hetty gingen die unterschiedlichsten Gedanken durch den Kopf. Da war die lächelnde Annina mit Lars auf dem Arm … Claus und Ludwig … der rote Schopf von Gottfried leuchtete in der Sommersonne, er drehte sich um und ging mit ausgebreiteten Armen auf Hetty zu … auch der Kaiser war plötzlich da, beugte sich ihr entgegen und lächelte …

Paulus schnellte hoch, sprang von der Fensterbank und lief zu Hetty. Maunzend und schnurrend umschmuste er ihre Fußgelenke. Hetty klemmte sich wie gewohnt ihr Zigarillo zwischen die Zähne und griff mit der freien Hand nach Paulus.

»Komm, mein Kater«, sagte sie zärtlich, »wärme mich ein bißchen, mir ist kalt.« Sie zog Paulus auf ihren Schoß.

Bequem rollte er sich zusammen und genoß schnurrend Hettys Nähe, wohlig, gemütlich.

Der Regen wurde stärker, und ein aufkommender Wind scheuchte die Vögel aus den Bäumen, aufgebracht krächzten sie wild durcheinander, um sich dann nach und nach wieder niederzulassen.

Die Dämmerung und die düsteren Regenwolken verdunkelten den Salon, lediglich das langsam verglosende Kaminfeuer erhellte schemenhaft den mittleren Teil des Raumes und zeichnete bizarre Schattenrisse.

Wie gut, daß es in Anninas Leben Ludwig Bernbacher gab … Sie sollten heiraten …

Hetty schloß die Augen, eine plötzliche Müdigkeit überfiel sie, nicht unangenehm, sie war nur müde, unendlich müde … Sie stand unter dem Baldachin auf dem roten Läufer, und ein lauer, weicher Wind fächelte ihr wohltuend übers Gesicht … Alles war so unwirklich, ihr war nicht mehr kalt … Ein nie gekanntes Glücksgefühl schnürte ihr fast die Kehle zu … Sie fühlte sich so seltsam leicht … Wind verfing sich in der üppigen Seide ihres Rockes. Hetty legte wie ein staunendes Kind die Hände an ihr Gesicht. Wie schön alles war … Und der Wind … Der Wind trug sie davon. Schwerelos, glücklich in die Ewigkeit …

Das leere Brandyglas war über den Teppich gekullert und das Zigarillo neben dem Sessel erloschen. Paulus lag schlafend bei Hetty. Hettys Augen waren geschlossen, sie schien zu schlafen. Für immer zu schlafen …

Annina und Ludwig nahmen Paulus mit nach Schaernlach, doch seit Hettys Tod war Kater Paulus nicht mehr Kater Paulus. Er fraß nicht mehr richtig und dämmerte nur noch durch die Tage. Sein Fell verlor den Glanz, und seine Augen hatten einen trüben Schimmer. Am Morgen des dreißigsten Dezember lag er still und für immer stumm auf dem Läufer vor der Terrassentür, so als ob er die letzte Nacht seines Katzenlebens in die Sterne signalisiert hatte.

»Und jetzt?« fragte Ludwig.

»Jetzt müssen wir auch Paulus beerdigen«, lautete Anninas Antwort.

Ludwig sah sie ratlos an. Erstens war Frost, und zweitens: wo?

»Wir fahren heute nach Bamberg«, war Anninas Antwort.

Frau Neumeister pendelte zwischen Straubing und Schaernlach hin und her, sie wollte bei Annina bleiben, jedenfalls bis sie eine andere Hilfe für die Kinder hatte, so hatte Margret es ihrem Horst erzählt. Der hatte nur gelächelt, denn er wußte, ihr waren die Kinder ans Herz gewachsen, der ganz Kleine und der Große auch.

»Können Sie bleiben? Vielleicht mag Ihr Mann nach Schaernlach kommen, und Sie gehen im Restaurant essen. So ganz bonfortionös auf Kosten des Hauses?« schäkerte Annina.

»Klar, bleibe ich, Frau Doktor, aber ich kann für uns auch hier im Haus etwas brutzeln, ich hätt' gar keine Ruhe im Restaurant. Fahren Sie, lassen Sie sich Zeit, fahren Sie vorsichtig, mein Horst und ich, wir machen das hier schon.«

Margret Neumeister schob Annina sanft zur Tür.

»Und keine Eile!«

Annina griff den Blumenstrauß, der in der Dielenvase stand, und verließ mit dem tropfenden Strauß in der Hand das Haus. Dann holte sie Ludwig vorne an der Brauerei ab.

»Wir können dann jetzt. Ach, Ludwig, bitte bring einen Spaten mit.«

Vorsichtig legte Ludwig die Schaufel in den Kofferraum, neben die Hutschachtel, in der Kater Paulus seine letzte Ruhe gefunden hatte, und den Blumenstrauß. Als Ludwig die Blumen sah, ergriff ihn eine dicke warme Welle voller Zärtlichkeit. Was für eine hinreißende, zartfühlende Frau Annina doch ist … Blumen für Paulus.

Es war ihm noch nicht ganz verständlich, warum Paulus nicht hier in Schaernlach beerdigt werden sollte, aber Annina hatte vielleicht recht, daß es in *seinem* Revier in Bamberg geschehen sollte.

Der Wagen rollte langsam zur Ausfahrt, und Annina scherte auf die Straße Richtung Straubing ein, dann auf die Autobahn Regensburg, Nürnberg, Erlangen, Bamberg. Auf der Autobahn war relativ wenig Betrieb so einen Tag vor Silvester; sicher würde morgen zum Jahreswechsel mehr los sein, aber heute ging es. Auf der Höhe von Nürnberg fing es leicht, nur flockenweise an zu schneien.

Wundervolle, einzigartige Annina. Eine Frau, die es fertigbrachte, bei einsetzender Dämmerung mit einem toten Kater im Gepäck fast zweihundert Kilometer pro Strecke zu fahren, um ihn standesgemäß zu beerdigen! Was hatte sie noch gesagt? Ludwig überlegte. Ach ja: Haustiere sind auch Familienmitglieder, und das ist man ihnen schließlich für ihre Liebe, Treue und Zärtlichkeit schuldig. Wie recht sie hatte.

»Sag, Nina, warum sind wir nicht gleich heute morgen gefahren?«

»Weil, äh ... ja weil das nicht ging, Ludwig.«

Ludwig wußte zwar nicht, warum, aber bitte, wenn sie meinte.

Beide hingen während der Fahrt ihren Gedanken nach. Kein Duft von Tante Hettys Panatela würde mehr durch die Räume ziehen, nie mehr würde man sie sagen hören »Zeit für meinen Brandy...«

»Ludwig, weißt du eigentlich, wer Tante Hetty auf den Geschmack von Brandy gebracht hat?«

Ludwig schüttelte den Kopf und sagte nur: »Mmm, mmm.«

»Magst du die Geschichte hören?«

»Immer.«

»Es war Major Scott Stansfield Barner, Stadtkommandant der Amerikaner. Es ist eine typische Tante-Hetty-Geschichte. Ich dachte, du kennst sie schon, sonst hätte ich sie dir längst erzählt. Bamberg war, wie du vielleicht weißt, von den Bombardements des Zweiten Weltkriegs so gut wie verschont geblieben. Es sind nur ein paar Bomben gefallen, wahrscheinlich versehentlich abgeworfen. Die Ziele der Bomber waren überwiegend München und Nürnberg und andere Städte. Eine dieser verflixten Bomben traf ausgerechnet den hinteren Teil der großen Weberei. Der Schaden war, sofern man an Baumaterial herankam, relativ schnell zu beheben. Das war das eine. Und das andere war: Einer der Offiziere hatte sich die Cronshagen-Walderstatt-Villa als deutsches Domizil ausgeguckt. Beide Ereignisse riefen Tante Hetty auf den Plan, und sie fackelte nicht lange, sondern radelte mit mir – ich soll besonders reizend gewesen sein …«

»Bist du heute noch«, warf Ludwig ein.

»Danke, Ludwig. Also, ich hockte vorne auf der Stange des klapprigen Herrenrades, und Hetty radelte zur Stadtkommandantur.

Natürlich habe ich keine Erinnerungen an dieses denkwürdige Ereignis. Hetty nahm mich an die Hand und fragte sich durch die diversen Vorzimmer, bis sie endlich vor Major Scott Stansfield Barner stand. Es war bestimmt nicht einfach gewesen, bis zu ihm vorzudringen, aber Hetty war eben Hetty. Sie soll, so sagt Konstantin, auch des öfteren bei Geschäftsverhandlungen gesagt haben: ›Ihr Nein und Ihr Unmöglich mag für Sie schön klingen, aber leider kann *ich* es nicht akzeptieren.‹ Und dann lächelte sie drei bis vier knallharte Ausrufungszeichen hinterher. Nun, wie gesagt, stand sie vor dem Major, der sich staunend hinter seinem Schreibtisch erhoben haben soll.

Was zur Hölle wollen diese zierliche Lady und der Lockenkopf in Lederhosen in meinem Office, wird er sich gedacht haben …«

»Du hast Lederhosen getragen?«

»Klar, es gibt auch noch Fotos davon.«

»Schenkst du mir eins?« flirtete er.

»Sicher.«

»Bitte, erzähl weiter.«

»Tante Hetty hatte mich sozusagen als Joker eingesetzt, denn welcher Amerikaner, der selber zu Hause einige Kinder hat, die er lange Zeit nicht gesehen hatte, würde nicht weich werden bei dem Anblick eines Kindes …

›What are you doing with your Lederhosenbaby in my office‹, soll er gefragt haben, und Hetty erklärte ihm, weshalb sie gekommen war.

›Okay‹, soll er gesagt haben, ›bringen Sie mir den Boss Ihrer Familie, und ich werde mit ihm sprechen.‹ Hetty erwiderte: ›Ich bin der Boss.‹

Dann hat er gelacht und gesagt: ›Bringen Sie das Kind nach Hause, und wir reden unter Männern beim Poker.‹ Dann soll er so gelacht haben, daß einige Risse im Dom auf sein Konto gingen.

›Okay‹, erwiderte Hetty, ›okay. Tomorrow evening, morgen abend, Herr Major.‹

›We talk it over, young man, wir reden bei Poker und Brandy!‹ soll er ihr nachgerufen haben. Dann kam er hinter uns hergerannt und soll mir eine Tafel Schokolade in die Hand gedrückt haben. Hetty sagte später: ›In diesem Moment wußte ich, den Rest schaffe ich auch.‹«

»Eine irrsinnige Geschichte, spannend. Erzählt bitte weiter, Nina.«

»Natürlich konnte Hetty kein Poker, woher auch? Sie lernte es im Eilverfahren bei einem Organisten, der einen Schwager in der Spinnerei hatte. Hetty hatte verzweifelt herumgefragt. Alle konnten Schafkopfen, Siebzehn und vier, manchmal Rommé – aber Poker? Und dieser Schwager, Hans-Dieter Grieseke aus Berlin, konnte Poker, und der mußte ran. Am Nachmittag lernte Hetty – im Angesicht des Herrn – pokern auf der Orgelbank.

Sie soll sich beim Weggehen mit Blick zum Kreuz und den Worten: ›Verzeihung, es ist aber für eine gute Sache‹, entschuldigt haben.

Gegen fünf am nächsten Nachmittag radelte Hetty zur Kommandantur der Amerikaner. Damit Mr. Major ihr nicht auf die schönen Knie gucken konnte, trug sie Männerhosen und ein Oberhemd, schließlich wollte er mit einem Mann pokern und verhandeln. Konnte er haben.«

»Das paßt zu Hetty, selbstbewußt und couragiert.«

»Ja, und die zitternde, zaghafte Restfamilie saß in der Villa in Furcht und Selbstmitleid ... Tante Hetty wurde erwartet. Auf dem Tisch stand eine Flasche Brandy, und daneben lag ein Stapel Karten. Es muß sein Gutes gehabt haben, daß der liebe Gott an der Sache nicht ganz unbeteiligt war, jedenfalls hat Tante Hetty haushoch gewonnen. Sie war ein bißchen sturzbetrunken, aber sie hatte gewonnen! Keine Einquartierung, und mit dem Baumaterial wollte Scott – ›Call me Scott, Hetty‹ – auch sehen, was er machen konnte. Er hat sie mit viel Schokolade für ›your nice daughter‹ und den Worten: ›You are the best looking man from Bamberg‹ verabschiedet.«

»Eine wundervolle Geschichte.«

»Ja. Major Scott Stansfield Barner hat Tante Hetty auf den Geschmack von Brandy gebracht ...«

One each day keeps the doctor away!

Gegen sieben erreichten sie Bamberg. Sie fuhren mit Paulus eine Ehrenrunde durch den Altstadtbereich, doch dann fuhr Annina nicht zur Cronshagen-Walderstatt-Villa, nein, sie fuhr über die Markusbrücke in Richtung rechter Regnitzarm, vorbei an der Kettenbrücke, über die Luitpoldbrücke und schwenkte auf den Kunigundendamm ein.

Ludwig ahnte, ihm schwante. »Anninaaa ...«

»Jaaa ...«

»Annina, du willst doch nicht ...«

»Doch, Ludwig, ich will. Ich muß. Das sind wir Tante Hetty schuldig.«

Sie sagte *wir*, und dieses Wir traf wie ein Blitz Ludwigs Herzkammern.

Wenn man weiß, daß nur ein Stromfunke eines Blitzes eine Spannung von hundert Millionen Volt haben kann, weiß man, wie glücklich Ludwig Bernbacher durch dieses Einhundert-Millionen-Volt-Wir wurde.

Was immer anstand, er machte mit. Und so kam es, daß Ludwig mit Annina im funzeligen Lichtkegel einer Taschenlampe mit einer sandfarbenen Hutschachtel, einer Schaufel und einem Blumenstrauß bei Frost und leichtem Schneefall zum Cronshagen-Walderstattschen Erdbegräbnis unterwegs war.

»Es ist absolut verboten, Annina, was wir hier machen«, flüsterte Ludwig. »*Streng* verboten.«

»Ich weiß, aber es muß sein.«

Der Platz, auf dem vor vier Wochen über hundert Menschen von Hetty Abschied genommen hatten, lag im Dunkeln, nur erhellt von dem fast schüchternen Licht der Taschenlampe. Es war ganz still, kein Laut war zu hören.

»Und wo soll ich? Ich meine … du weißt schon …«

»Da, am Fußende«, flüsterte Annina.

Die Erde war unnachgiebig und hartgefroren, und Ludwig hatte eine Schaufel eingepackt, keinen Spaten!

Doch egal, wie schwierig es auch war, man flucht nicht in Gegenwart von Damen und einer toten Katze. Und schon gar nicht auf einem Friedhof.

Nachdem Ludwig eine schweißtreibende Viertelstunde schlecht und recht gegraben hatte, forderte er leise aber bestimmt: »Ohne Schachtel!«

Er schurrte noch eine weitere Viertelstunde im Erdreich, dann konnte Annina mit klammen Fingern die Blumen in die Vertiefung legen, und Ludwig bettete sanft Kater Paulus in die Blütenpracht. Annina zog ihren Seidenschal vom Kopf und legte ihn mit einer endgültigen, zärtlichen Geste über Paulus.

»Schlaft gut, ihr beiden, und paßt gut auf uns alle auf.« Sie warf eine Kußhand hinterher.

Ludwig rührte es an. Wieviel Zärtlichkeit Annina besaß, und wieviel Zärtlichkeit sie weitergab. Er fühlte sich so unendlich wohl in ihrer Nähe …

»Ludwig, wir sollten aber den Deckel der Schachtel über Paulus legen, er ist dann geschützter …«

Ludwig reichte ihr den Deckel, und Annina drückte ihn, so gut es ging, in die gefrorene Erde.

Lanvin-Paris erfaßte der Lichtkegel der Taschenlampe. Kater Paulus ruhte unter *Lanvin-Paris.*

Annina lächelte unter Tränen.

»Standesgemäß«, befand Ludwig.

Sie verteilten die aufgeworfenen, gefrorenen Erdklümpchen und drückten sie, so fest es eben ging, an. Der stärker einsetzende Schnee tat ein übriges und ließ es ungeschehen aussehen.

»Annina, du bist wunderbar«, sagte Ludwig zärtlich und legte seinen Arm um ihre Schultern, dann den zweiten, und dann wollte er sie am liebsten trotz Kälte und Schneetreiben nie mehr loslassen.

»Annina, ich liebe dich … Annina, willst du meine Frau werden?«

»Ja, Ludwig, für immer und ewig. Ich liebe dich.«

Tante Hettys Wunsch war in Erfüllung gegangen …

Beide wußten nicht, wie lange sie dort gestanden hatten, aber es mußte schon einige Zeit vergangen sein, denn Schaufel, Taschenlampe und die untere Hälfte der Hutschachtel waren schon ziemlich eingeschneit.

Ludwig ergriff Schaufel, Lampe und Hutschachtel mit der einen Hand, mit der anderen seine Annina und bahnte den Weg zurück durch die tanzenden Flocken.

Sie gingen durch die schwere Eisenpforte zu ihrem Wagen; er stand ein bißchen verkehrswidrig, nämlich im absoluten Halteverbot. Doch was scherten sie heute Verbote.

Ludwig legte die Sachen in den Kofferraum. Er klappte den Deckel zu und sah im fahlen, verschneiten Licht der

Straßenlaterne jemanden im Schutze der Friedhofsmauer durch den Schnee stapfen.

»Guck mal, Nina, der Friedhofsverwalter, der sucht uns«, flüsterte Ludwig.

»Ludwig, hör auf. Ich weiß, es war nicht so ganz, na, du weißt schon, aber ich mußte es einfach tun.«

»Es ist in Ordnung. Ich liebe dich. Und wo feiern wir unsere Verlobung, hier? Oder fahren wir nach Hause?«

»Gib Gas, Ludwig, ich will in unser Zuhause.«

*

»Lars, das ist eine sehr schöne Liebesgeschichte, und ich glaube, der Heiratsantrag ist einmalig, du hast recht. Ach, übrigens, ich liebe dich auch.«

»Und ich dich erst, Agnès. In längstens zehn Minuten sind wir in Schaernlach, dann trinken wir auf uns, auf die Liebe und das Glück einen Gute-Nacht-Champagner.«

»Und auf Tante Hetty«, ergänzte Agnès.

Die paßt nahtlos in die Familie, dachte Lars und lächelte.

Langsam und vorsichtig fuhr Sophie den Wagen in die Garage.

»Herrschaftzeiten bin ich müde.« Claus gähnte gequält.

Aha, dachte Sophie, aha, aber nicht mit mir!

Sophie schloß das Garagentor und bog um die Ecke.

Dieser Bernbacher war doch tatsächlich schnell wie Schmidts Katze zum Haus gehumpelt. Die Tür stand sperrangelweit offen, Licht brannte, und Claus war schon auf der Treppe, die in die obere Etage führte.

»Du hast es ja brandeilig, mein Lieber.«

»Jaaa, ich bin so wahnsinnig müde.« Claus gähnte erneut oder versuchte es jedenfalls, aber er hatte nur einen offenen Mund und sagte irgendwas wie »hoooh« oder »haaah«.

Das sollte Gähnen sein, tzz.

»Claus, bitte komm noch auf eine Viertelstunde runter, ich muß mit dir reden.«

»Was habt ihr Frauen immer mit eurem Reden. Ich bin müde!« trotzte er.

»Was habt ihr Männer immer mit eurem Nicht-Reden und diesem blöden Wenn-ich-die-Augen-zumache-bin-ich-nicht-da-Gehabe.«

»Mein Gott!«

»Und meiner erst«, zickte Sophie. »Steig die Treppe bitte wieder runter, und laß uns mal ein paar Dinge klären.«

»Grundsatzgespräche zur Geisterstunde. Du spinnst. Aber wenn wir dabei sind, habe ich auch mal eine Frage, Frau Bernbacher: Von wem ist eigentlich der riesige Rosenstrauß da drüben auf der Konsole, hä? Von wem?«

Claus beugte sich über das Geländer und sah Sophie in die Augen.

»Der? Der Rosenstrauß« – Annina hatte recht behalten: Stell Rosen hin, und er regt sich auf – »ja, der Rosenstrauß ist vom Viktualienmarkt«, antwortete Sophie wahrheitsgemäß.

»Und Arnold Schwarzenegger hat ihn dir gekauft! Hahaha!«

Das Gespräch, wenn man es überhaupt so nennen konnte, drohte in die völlig falsche Richtung zu kippen. Plötzlich stand Sophie am Pranger. Aber so nicht. Nicht mit ihr!

»Du mußt dich gar nicht aufregen und auf deinem Treppenabsatz krakeelen wie ein Abgeordneter aus der vorletzten Reihe. Überhaupt nicht! Fuchtele nicht so wild mit deinen Armen, du könntest die Balance verlieren.« Sophie sah ihren Claus mit spöttischem Blick an. So'n Mist aber auch, der Schuß ging völlig in die falsche Richtung. Sie hatte sich vorgenommen, ruhig, sachlich und ganz sanft mit Claus über alles zu reden und vielleicht nach einer klärenden Aussprache in seinen Armen zu landen, aber so standen sie sich beide mit gesträubten Nackenhaaren gegenüber. Das war nicht der

Zweck, Sophie, nun sieh zu, wie du das Ruder herumreißen kannst.

Sophie legte ihre Hand auf seinen Arm.

»Komm, Claus, nur fünf Minuten.« Sie versuchte, mit einem Lächeln Claus zum Abstieg zu bewegen.

Er wollte gerade hinuntersteigen, als Sophie vorpreschte. »Ich will eigentlich nur wissen, woher diese Abendschuhe kommen und wem sie gehören.«

»Die sind vom Viktualienmarkt!« brüllte er wütend und humpelte nach oben.

»Und Arnold Schwarzenegger hat sie dir gekauft!« belferte Sophie ihm hinterher.

Claus stand oben am Geländer an der Balustrade und gab sich dramatisch wie Senta in Bayreuth, und unten stand Sophie und war auf dem Weg von der widerspenstigen Katharina zu Virginia Woolf. Ein Wort gab das andere, wie es sich bei einem zünftigen Krach gehört.

Das Feuerwerk mit dicken Böllern, das Claus abschoß, endete mit dem Satz: »Pah, die Schuhe, meine Liebe, waren rein zufällig bei mir im Zimmer. Rein zufällig, du kleinkarierte, mißtrauische Krämerseele!« Dann humpelte er davon.

»Die doofe Frau, die dir das glaubt, muß erst noch geboren werden«, krähte Sophie von unten herauf.

»Was ist denn hier los?« Florian stand verschlafen vor seiner Tür. »Warum ist hier so ein Krach?«

»Wegen der Blumen und Schuhe von Arnold Schwarzenegger.« Mehr fiel Sophie nicht ein, sie eilte nach oben und schob ihren Sohn in sein Zimmer zurück. »Rabenvater!« zischte sie Claus über die Schulter zu.

»Gute Nacht, Rosenresli«, rief Claus und hätte fast die Tür geknallt, doch Florians Nähe hielt ihn davon ab. Sanft und liebevoll sagte er zu seinem Sohn: »Schlaf schnell wieder ein, Florian. Entschuldige, aber manchmal sind Erwachsene so. Gute Nacht.«

Leise schloß er die Tür.

Sophie deckte Florian zu und streichelte ihm die wirren Haare aus der Stirn, küßte ihn und wünschte ihm eine gute Nacht. Auf Zehenspitzen ging Sophie aus dem Zimmer.

»Schau, Mami«, flüsterte Florian ihr hinterher und zeigte auf seinen Bruder, »der pennt! Neben dem kann man Raketen testen. Ist er nun 'n ruhiger Typ oder dickfellig? Egal. Nahacht.« Florian plumpste zurück in die Kissen.

»Gute Nacht.« Sophie schloß die Tür.

Und nun? Was sollte sie tun? Zu diesem frauenfeindlichen Obermotz in das gemeinsame Schlafzimmer schleichen? Niemals! Nicht nach dem, was er ihr geboten hatte, diese männliche Enzyklopädie in Muskeln, dieses Superhirn im Schlafanzug, dieser ruppige Individualist, dieser, dieser ... Ach was, steig mir doch auf den Hut, Bernbacher! Hut?

Sophie faßte sich auf den Kopf. Tatsächlich, sie hatte immer noch ihren Hut auf dem Kopf.

Streit für Dame mit Hut und Herrn mit Gipsbein!

Sophie mußte fürchterlich lachen. Je mehr sie versuchte, ihr Lachen zu unterdrücken, desto schlimmer wurde es. Streit für Hut und Gipsbein.

»Kann man mir mal sagen, was so komisch ist?« ertönte es von oben.

»Wir«, Sophie lachte weiter, »du und ich, Claus.«

»Und wieso?« Schritt für Schritt hinkte er treppabwärts.

»Bleib oben, Claus, ich komme rauf.« Sophie warf ihren Hut auf dem Weg zur Treppe in die Polster und lief Claus entgegen.

»Beinah' hätte ich geglaubt, Männer und Frauen passen nicht zusammen. Aber nur beinah'.« Sophie schmuste sich in die Arme von Claus.

»Schlaf gut, du kleine Furie. Aber den Rabenvater nimmst du zurück, okay?«

»Mhm, wie verrückt«, antwortete Sophie im Halbschlaf.

Den nächsten Morgen haben beide verschlafen.

»Flo hat erzählt, bei Mami und Papi hat gestern noch ganz schön der Hammer gekreist«, berichtete Bastian Frau Fischer mit wichtigem Gesichtsausdruck über seine schiefgehaltene Semmelhälfte, so daß der Honig auf den Boden tropfte.

»Paß du lieber auf deine Semmel auf, sonst kreist der Hammer auch hier«, raunzte die Fischerin.

»Schlafen lassen«, hatte Annina augenzwinkernd zu Frau Fischer gesagt, bevor sie ins Auto gestiegen war und nach München fuhr. Sie wollte mit Ludwig zusammen ein bißchen »unnütze schöne Dinge kaufen«, wie sie sich ausdrückte.

Dreimal hatte die Klinik schon angerufen und nach Claus verlangt. Langsam wurde es der Fischerin unheimlich, da konnte die Frau Doktor Bernbacher zwinkern, soviel sie wollte. Und die Frau Bernbacher? Wo war die? Wird die am Ende auch noch schlafen? So lange schläft kein Mensch, oder? Vielleicht hatten die auch einen Bazillus oder Virus, wie immer die Dinger auch heißen mögen. Im Fernsehen hatten sie grad neulich so etwas erzählt, das war etwas Indisches oder Arabisches, oder war es afrikanisch? Jedenfalls waren es so Viecher, so ein Zeugs, von woanders eingewandert.

Rosl Fischer war wild entschlossen, nach dem Rechten zu sehen und den Herrn Doktor zu wecken. Es war fast elf!

Vorsichtig öffnete Rosl Fischer nach zaghaftem Klopfen die Tür. Das Zimmer lag in »bedeckter Morgensonne«, die Stoffjalousien blähten sich im Wind, der durch die geöffneten Fenster blies. Eine leere Flasche Wein sowie zwei halbvolle Gläser standen auf dem seitlichen Beistelltisch.

Wein im *Bett*! Rosl Fischer schüttelte ungläubig den Kopf. Sie sah sich die Flasche genauer an. Rotwein, tzz. Rotwein gehörte nach ihrem Dafürhalten Weihnachten zum Gansbraten. Aber sonst? No na. Es war also kein Wunder, wenn man in einen Tiefschlaf fällt. Rotwein ohne Gans, es mußte ja so kommen …

Vorsichtig ruckelte die Fischerin Claus am Ellenbogen und flüsterte: »Herr Dokta … Herr Dokta, Hören Sie mich … Ich bin's. Es ist heller Morgen, Herr Dokta …«

»Heller was?« fragte Claus morgenblöde und verschlafen und blinzelte Frau Fischer an.

»Morgen«, antwortete die erleichtert. »Gott sei Dank sind Sie ansprechbar.« Das hatte sie auch aus dem Fernsehen, das stellen dort nämlich immer besorgte Ärzte und Schwestern fest, nachdem sie den Patienten mit Krach und Getöse durch die Gänge gekarrt hatten, ansprechbar!

»Wo ist denn Ihre Frau?«

»Hier«, piepste Sophie aus den Kissen. »Was ist denn?«

»Heller Morgen ist, Frau Bernbacher, und die Klinik hat auch schon dreimal angerufen, aber die Frau Doktor Bernbacher hat gesagt, ich soll Sie schlafen lassen, unbedingt …«

Rosl Fischer zuckte mit den Schultern. »Vielleicht Frühstück?« fragte sie zaghaft.

Sophie und Claus nickten begeistert.

Das Telefon schrillte.

»Die Klinik«, sagte die Fischerin.

»Tante Edith«, sagte Sophie, »das höre ich schon am Klingeln.«

Die Fischerin eilte treppabwärts.

»Wir sind nicht zu Hause!« riefen Sophie und Claus gemeinsam und zogen sich die Laken über den Kopf.

*

Es waren fast vier Wochen vergangen, und Frau Gamswald ging gerafft, gestrafft und gertenschlank zur Visite ins

Erdgeschoß der Klinik. Gut, sie hatte noch einige blaue Flecken am Körper, aber sie mußte ja nicht im Bikini durch die Gegend laufen, noch nicht. Anerkennend sahen einige der männlichen Patienten, die unten in der Halle saßen und die Zeit hinter Verbänden vertrödelten, hinter Eugenie Mathilde her.

Was wollte so ein tolles Weib in der Klinik? Wenn die wüßten, aber Gott sei Dank wußten sie nicht.

»Guten Morgen, lieber Doktor.« Eugenie stand, nein, sie hing mehr oder weniger lasziv in der Tür. Es fehlte nur, daß sie »Grrr« gemacht hätte wie der Lieblingstiger von Siegfried und Roy.

»Oh, die schöne Konsulin!« Claus erhob sich und begrüßte mit Handkuß die Chefin des Ottershagener Wurstimperiums.

Sie hat in der Tat wunderschöne Augen, dachte Claus erneut, als er sich Eugenie Mathildes Gesicht ansah. Rein medizinisch. Er zog hier ein bißchen, straffte Kinn und Hals mit geübten Händen und hob leicht die kleinen Hamsterbäckchen an.

»Es ist kein großer Eingriff mehr. Ich plädiere dafür, daß Ihr Körper ein wenig zur Ruhe kommt und wir Ende Sommer das Facelift machen. Es ist wirklich nur eine Kleinigkeit, maximal acht Tage Klinik.«

»Ach, Doktor«, Eugenie seufzte, »wenn Sie meinen, aber ich habe mich so an die wundervolle Atmosphäre hier gewöhnt ... und an Sie«, setzte sie hinterher. »Es ist keine Klinik, es ist eine kleine, aber feine Oase de Luxe.«

»Merci, ma belle«, flirtete Claus, da er annahm, daß Madame Gamswald vielleicht schon morgen – hoffentlich morgen – heim ins Westfälische fuhr.

»Ach, am liebsten würde ich bleiben. Nun gut, ich füge mich, aber Ende August bin ich wieder da.« Sie griff Claus unter das Kinn.

»Wie schön«, sagte er überrumpelt.

»Sie machen mich glücklich. Sehe ich Sie noch?«

»Wie? Verzeihung, was? Ich meine natürlich, wie bitte?«

Das Gestammel buchte Frau Konsul in die falsche Reihe: nicht in die Reihe »Ach du lieber Gott«, sondern in die Reihe »Ach wie schön!«

Glücklich seufzend eilte sie zur Tür.

»Bye … bis später!« Winkend verschwand sie, schwebte von dannen.

»Was ist los? Hallo, Herr Doktor, jemand zu Hause?« Peter Hollinger wedelte Claus vor dem Gesicht herum.

»Hat dich die schöne Gamswald vom Hocker gehauen? Eines muß man schon sagen, sie ist dir gelungen, ein scharfer Falter.« Anerkennend pfiff Hollinger durch die Zähne.

»Und dabei ist sie noch gar nicht fertig«, antwortete Claus stolz wie ein Erstkläßler, der seinen Hund gemalt hatte.

Bastian und Florian machten Ferien auf dem Ponyhof in Lüneburg. Annina und Ludwig hatten sie auf ihrem Weg an die Nordsee dort abgeliefert.

Sophie wollte eine Woche später nachkommen, und wenn es möglich war, wollte Claus auch für mindestens eine Woche Sommer, Sonne und ganz viel »Mehr« und Meer genießen.

»Und meinereiner vergilbt im Süden«, quengelte Tante Edith. »Fahrt nur und laßt mich auf einsamer Scholle zurück.«

»Dann komm doch einfach mit. Wir haben ein ziemlich großes Ferienhaus gemietet. Und wenn Wind und Wetter mitmachen, kann man durchaus im Freien Gemüse putzen und Kartoffeln schälen. Also, bist du dabei? Was sagst du?« Claus stupste Tante Edith verschwörerisch in die Seite.

»Du hast jetzt schon einen Sonnenstich, bevor es losgeht. Kartoffeln schälen!« Edith schüttelte angewidert den Kopf, daß die Locken wippten. »Du mußt nicht dicht sein. Aber ich komme mit.«

»Du mußt wirklich nicht dicht sein«, sagte Sophie später, als Edith gegangen war. »Mit Edith am Meer! Balla, balla, Cläuschen, balla, balla.«

»Halb so schlimm, Sopherl. Wenn die motzt, graben wir sie bis zur Frisur in den Sand. Wirst schon sehen, wir werden alle viel Spaß haben.«

»Und wer fährt den Lkw für ihre Pillen?«

»Niemand, du vergißt, seit meinem Unfall ist sie doch viel pflegeleichter geworden!«

Tatsächlich saßen Sophie und Tante Edith mit Toulouse auf den Knien in der Maschine nach Sylt.

Claus hatte sie zum Flughafen gebracht. Feixend stand er vor dem Eincheckschalter und zeigte auf Edith, die sich soeben durch die Sicherheitsanlage klingelte. Er machte drei Kreuze. Er machte tatsächlich drei Kreuze, dieser Frechling, aber Sophie warf er Kußhände zu.

In der Maschine erklärte der freundliche Steward die Sicherheitsvorschriften, Notausgange, Sauerstoffmasken etcetera *und* die Schwimmwesten.

»Hahaha«, Edith lachte glockenhell, »junger Mann, was sollen wir denn mit einer Schwimmweste? Wir fliegen doch nicht über den Ozean.«

»Nein, aber über die Nordsee, gnädige Frau«, lautete seine Antwort.

»Und warum?« insistierte Edith.

»Tante Edith, bitte.« Sophie bedeutete durch eine Geste, daß sie ihre Nachbarin aufklären würde.

»Die fliegen doch nur über das Wasser, weil sie Benzin oder Petroleum sparen wollen, Sophie, mir macht man da nichts vor, und dann soll unsereiner eine unhandliche gelbe Weste anlegen, nein, nein, nicht mit mir, ich ziehe sie *nicht* an. Das wäre ja noch schöner.«

Da waren sie wieder, die drei Eier.

Doch Sophie kümmerte sich nicht weiter darum. Selbstverständlich hatte Edith nicht leise protestiert, leise macht ja keinen Spaß. Die um sie herumsitzenden Fluggäste warfen ihr mitleidige Blicke zu.

Es war Sophie schnurzegal, was interessierte sie die Meinung der anderen Leute. Sie freute sich auf die Insel, auf ihre Familie, auf Sommer, Sonne, Scholle, Sand, den leckeren Apfelkuchen im Gogärtchen.

Sophie streckte ihre Seele durch und fing an zu genießen.

Das Feriendomizil war irrsinnig gemütlich und fand selbst vor den Augen der kritischen Edith Gefallen. »Und wo fließt hier das Meer?« fragte sie neugierig.

»Am Briefkasten links vorbei«, antwortete Ludwig.

Die Ferien waren herrlich, und Claus hatte es tatsächlich geschafft, eine Woche später nachzukommen, sehr zur Freude von Tante Edith.

»Ihr könnt gern zu Hause brutzeln, aber Claus und ich gehen aus. Ich will in die Kupferkanne.« Edith strahlte energiegeladen.

»Warum?« fragte Ludwig.

»Weil es da sehr schön sein soll.«

»In einer Kupferkanne?«

»Ludwig!« Annina warf ihm einen warnenden Blick zu.

»Was heißt hier: Ludwig? Sie hat es doch selber gesagt: Ich will in die Kupferkanne. Ist es so, liebe Edith?«

»Genau, geht ihr mit? Claus und Sophie sind schon dabei.«

»Wenn wir da auch noch mit hineinpassen, warum nicht.«

Ludwig wollte noch ein bißchen weitersticheln, doch Annina fiel ihm ins Wort und antwortete für ihn.

»Natürlich gehen wir gerne mit.« Sie stupste Ludwig liebevoll in die Seite. »Sag danke, Ludwig.«

»Danke, Ludwig«, sagte er brav und sah Annina treuherzig an.

»Oh, Ludwig.« Annina strubbelte ihm durch die Frisur. »Ludwig, Ludwig.«

»Flirtet hier jetzt nicht rum, was ist nun? Ja, nein oder doch?«

Edith trippelte ungeduldig zum Ausgang.

»Sie hat es eilig, Seeluft macht hungrig.«

Sie gingen zu Fuß durch den von wildwuchernden Heckenrosen gesäumten Knick, vorbei an der Pferdekoppel bis zu dem geteerten Feldweg. Das Restaurant Kupferkanne lag nur einen Steinwurf von dem Feriendomizil der Bernbachers entfernt an der Wattseite von Kampen.

Edith hakte sich glücklich bei Claus unter, in dem anderen Arm trug sie Toulouse, der ihr nur widerwillig gefolgt war, denn er hatte eine Ferienliebe gefunden: eine Dänische Dogge, die auf dem Nachbargrundstück in Urlaub war.

Damit er nicht wieder zurücklaufen konnte, hatte Edith ihn sicherheitshalber unter den Arm geklemmt.

Erst vorgestern war die ganze Familie ausgeschwärmt und hatte Kampen nach ihm abgesucht, während Toulouse auf dem nachbarlichen Grundstück mit schräghängender Zunge Django, der Dogge, schielend vor Glück Sympathie entgegenhechelte.

»Picasso hat gesagt: Es gibt verschiedene Arten von Liebe, aber sie haben alle nur ein Ziel: den Besitz«, deklamierte Ludwig. »Merk dir das, Edith, und paß auf deinen Hund auf!«

»Deine Frechheiten kann ich nur damenhaft überhören. Sagt mal, schlafen die Möwen eigentlich nie?« fragte sie staunend und sah einer kreischenden Möwe, die zum Watt flog, hinterher.

»Doch, nachts kommt der Kurdirektor und deckt ein Tuch über die Bäume.« Sophie war Ludwig mit ihrer schnellen Antwort zuvorgekommen.

»Ist ja auch egal, jedenfalls ist es schön hier mit euch, sogar mit dir, Herr Ludwig Bernbacher.«

»Ich liebe dich auch«, antwortete er gutgelaunt.

Sie bogen seitlich in die Auffahrt ein, die durch dichtgewachsene Büsche und Kiefern über den breiten Kiesplatz zu dem tiefgelegenen, halb im Erdreich versteckten Restaurant führte. Im Zweiten Weltkrieg hatte dieser unterirdisch weitläufig ausgebaute Bunker dem Militär gedient. Später wurde daraus die berühmte Kupferkanne, ein *Muß* für alle Sylturlauber.

An diesem lauen Sommerabend wehte kein für die Insel typischer Wind, es war nur eine sanfte Brise. Durch das Geschnatter der Menschen, die das Terrain bevölkerten, und das Gekreische der hauseigenen Pfauen, die in den Bäumen hockten, waren Bruchstücke einer Melodie zu hören. Sie kam aus einem roten Backsteinhaus, doch was heißt Haus, es war eher ein Häuschen, das sich sein Reetdach tief in die Fenster gezogen hatte und aus seiner Mulde zu den Menschen hinaufschaute.

»Hört ihr das?« Edith lauschte. »Musik. Das ist Edward Elgar, unzweifelhaft. Die Enigma-Variationen.«

Annina und Ludwig wechselten erstaunte Blicke.

Edith eilte, so schnell es ihre Pumps auf dem Sandweg zuließen, zu dem Haus, das rechts am Weg lag. Vorsichtig schlitterte sie den schrägen Weg hinunter, der zu dem Eingang führte, aus dessen geöffneten Türen die Musik strömte.

»Jugend forscht«, sagte Ludwig augenzwinkernd und guckte mit den anderen Edith hinterher.

»Die nimmt Nachhilfestunden, anders kann ich es mir nicht erklären. Neulich in Starnberg Novalis. Novalis! Man stelle sich vor, Editha Casserelli und die Fragmente von Novalis. Und jetzt Edward Elgar! Sophie, wir sollten ihre Bemerkungen, glaube ich, doch wörtlich nehmen, wenn sie uns verläßt und beiläufig erwähnt, sie habe noch einige Kommilitonen zu erledigen«, stellte Annina prustend fest.

Sophie und Ludwig lachten herzhaft mit.

Claus guckte begriffsstutzig von einem zum anderen.

»Wenn mir mal einer sagen würde, worüber hier gesprochen wird, kann ich mir vorstellen, was gemeint ist.« Ungläubig schüttelte er den Kopf.

»Hier ist ein Atelier«, zwitscherte Edith aus der Mulde. »Was ist, kommt ihr, oder habt ihr Schwellenangst?«

In dem kleinen Haus auf dem Grundstück der Kupferkanne stellte die Malerin Heide Dahl von Frühsommer bis Herbst ihre Bilder aus. Edith blätterte bereits interessiert durch die Drucke, als der Rest der Familie eintrat.

»Hinreißend«, schwelgte Edith. »Halte doch bitte mal den Hund.« Sie reichte, ohne den Blick von den Bildern zu lassen, Toulouse nach hinten. Er landete bei Claus. »Ach, nö.« Der schöne Bernbacher stand nun mit dem beschleiften Toulouse in der Galerie zwischen hereinströmenden und hinauseilenden Urlaubern.

»Sind Sie auch so angetan von dem Ambiente?« fragte ihn nasal ein braungebrannter, goldgesträhnter Herr, der keck seine Calvin-Klein-Brille in die Haare geschoben hatte.

»Wahnsinnig«, antwortete Claus, doch dann ergriff er die Flucht, drückte Sophie den Hund in die Arme und eilte ins Freie.

Ludwig, Annina und Sophie giggelten hinter Ediths Rücken.

»Seid doch bitte nicht so albern, meinereiner konzentriert sich gerade.«

Die Bilder waren wunderschön und vermittelten stimmige Atmosphäre. Ganz gleich, ob es sich um hingetupfte üppige Blumenarrangements, Porträts, Bilder von Kindern mit hinreißenden Schnutengesichtern oder Tieren handelte, alles hatte einen sehr femininen Touch; kein Weichzeichnerkitsch, nur schön und das Wesentliche einfangend.

Edith betrachtete drei fröhliche Ziegenköpfe.

»Ediths Bridge-Club.« Ludwig konnte es sich nicht verkneifen.

»Und die in der Mitte ist die Puschel.«

»Sehr komisch, Ludwig, sehr komisch.«

Mit einer gut verpackten Rolle verließ Edith das Atelier.

»Hast du die Ziegen gekauft?« wollte Ludwig wissen.

»Nein, aber die weiße Gans für meine Küche«, verkündete sie stolz.

»Nachdem Edith nun ihr Wappentier eingekauft hat, bekommen wir vielleicht etwas zu essen. Komm, meine Schöne, hak dich ein.«

Ludwig bot ihr seinen Arm und strebte in das Restaurant, gefolgt von den anderen.

Eigentlich wollte Edith wegen der drei Ziegen ein bißchen schmollen, aber da er sie »meine Schöne« genannt hatte, verzichtete sie darauf.

Später am Abend, nachdem sich die Männer mit diversen Tageszeitungen in die bequemen Sessel gelümmelt hatten und Edith sich zu ihrem Schönheitsschlaf und zum Aufladen ihrer »Energien«, wie sie sich ausdrückte, unter die seidene Satinschlafmaske zurückgezogen hatte, saßen Annina und Sophie noch draußen vor dem Haus, um den lauen Sylter Sommerabend ausklingen zu lassen.

Ein Windlicht flackerte schwache Helligkeit und verfing sich zu kleinen leuchtenden Punkten in ihren Gläsern.

Sie sprachen über dies und das und alles mögliche. Plötzlich fiel Sophie etwas ein.

»Was ich dir schon seit langer Zeit erzählen wollte, Annina, das mit den Glitzerpantinen hat sich aufgeklärt, es war alles ein ganz großer Irrtum. Sie hingen mit dem Vormieter der Suite zusammen. Natürlich mit seiner Frau. Ärzte aus den USA, die aber noch vor Ende des Kongresses wieder abgereist sind. Claus hat sich informiert.«

»Ach, ja?«

»Und eine Suite mußte er mieten, alles andere war belegt. Du siehst, Mamina, alles hat sich aufgeklärt.«

Liebe und Logik gehören nicht unbedingt zusammen, aber die Hauptsache ist, daß Sophie glücklich ist. Ein bißchen blind, aber glücklich, wir wollen nicht daran rühren, dachte Annina.

Die Sonne strahlte aus wolkenlosem blauen Himmel.

Claus kam mit frischen Semmeln oder – wie man hier im Norden sagt – Brötchen oder Rundstücken angeradelt.

Durch Haus und Garten zog der Duft von frisch gebrühtem Kaffee. Frühstücksatmosphäre mit Wohlfühlfaktor, herrlich.

Annina ordnete die verschiedenen Semmeln in einen Brotkorb. Claus stand apfelkauend neben ihr, an die Spüle gelehnt.

So beiläufig wie möglich fragte Annina ihren Sohn: »Hast du eigentlich jemals wieder etwas von Lori gehört?«

»Lori ...«? fragte Claus gedehnt.

»Mhm ... Doktor Laureen Bailey ...«

»Ach, die ... die meinst du ...«

Annina nickte.

»Wenig ... fast gar nichts, also ganz wenig, das heißt, neulich ... also unlängst ... ich meine Sommeranfang, da ja ... da war sie auf dem Kongreß in Berlin ... aber ohne ihren Vater ... ja.«

Annina drückte ihm den gefüllten Brotkorb in die Hände und deutete mit einer Handbewegung an, daß er ihn im

Garten auf den Frühstückstisch stellen sollte. Claus schlappte nach draußen.

»Wie kommst du eigentlich auf Lori?« fragte Claus und tauchte mit dem Brotkorb in der Hand wieder auf.

»Übrigens, sie hat geheiratet ... einen Kollegen ...«

»Und der war auch nicht mit«, ergänzte Annina.

»Richtig! Wieso weißt du das?«

»Mütter kommen noch vor Sherlock Holmes ... Lori hat ja sehr kleine Füße, nicht wahr ...?«

»Siebenunddreißig!« Posaunte Claus strahlend.

Bums, er war auf die vorbereitete Glitsche gesprungen.

»O Gott!«

»Nein, ich bin deine Mutter. Hier, bring bitte den Kaffee nach draußen.« Annina reichte ihm die Kanne. Claus stellte den Brotkorb ab, um die Kanne zu nehmen, blieb aber wie angewurzelt stehen.

»Kschksch nach draußen«, sie scheuchte ihn in den Garten.

»Ich sollte dir, glaube ich, erklären ...«

»O nein, bitte nicht. Vergiß die Semmeln nicht!«

»Es war ja nur ... äh ja ... eigentlich war nix ... nur die Dings, diese Schuhe haben gekniffen ...«

»Dann wollen wir es auch gemeinsam glauben, nicht wahr, mein Sohn?«

Annina griff den Brotkorb, der immer noch in der Küche stand, und ging in den Garten.

»Bitte, bring doch den Quark mit. Du weißt doch, was Quark ist? *Quark,* Claus!« rief sie von draußen.

»Wieso meinst du, ich weiß nicht, was Quark ist?« Claus schüttelte den Kopf. »Tzz.«

»Gut so, daß du *weißt,* was Quark ist, dann ist alles in Ordnung.«

»Guten Morgen.« Gutgelaunt erschien Sophie am Frühstückstisch. »Worum geht es, worüber redet ihr beiden?«

»Wir haben uns über Quark unterhalten, mein Herz.«

Annina küßte ihre Schwiegertochter rechts und links auf die Wangen und setzte sich.

»Quark-Quark, wenn du verstehst.« Claus legte die Hände um Sophies Taille, um sie herumzuwirbeln. »Quark-Quark.«

Edith kam um die Ecke, sie sah zu Claus und Sophie und meinte: »Ja, ja, das kommt von der jodeselfkörnchenhaltigen Luft«, dazu klimperte sie schalkhaft mit den Augendeckeln.

»Guten Morgen, ich höre da Körnchen, wie wär's damit?« fragte Ludwig, der Ediths Bemerkung gehört hatte.

»Von wegen, damit ich hier in der gesunden Seeluft kollaboriere. Aber Kaffee hätte ich gerne.« Edith entfaltete sich auf einem Gartenstuhl. Sie war elegant in Weißblau gestreift verkleidet. Ihre Augen schützte sie mit einem Sonnenschild, auf das in die Mitte ein großer goldener Anker gestickt war; sie sah aus wie der maritime Kassenwart von Al Capone.

Ludwig beäugte sie von der Seite. »Ich kann mir nicht helfen, Edith, aber du hast was von Marlene Dietrich auf der Piratendschunke. Ahoi und prost Kaffee.«

Edith strahlte über das Kompliment, mit Marlene Dietrich verglichen zu werden. »Übrigens, Annina und ich fahren heute über Land«, verkündete sie stolz.

»Du meinst, ›über Insel‹«, korrigierte Claus, der endlich wieder Worte fand.

»Sag' ich doch. Wir fahren nach Rantum, Tinnum, Keitum, List, und zwischendurch essen wir Krabben bei Wonnemeyer am Meer!«

»Und wir?« fragte unisono der Rest.

»Ihr könnt machen, was ihr wollt.«

Edith war die einzige, die die rasenden Fahrten im offenen BMW mit Annina genoß. Es konnte ihr gar nicht zugig und schnell genug sein. Außerdem war sie für alle seit dem Rotkreuzeinsatz nächtens bei Claus viel pflegeleichter geworden.

»Schocktherapie«, hatte Ludwig gemeint.

»Nein, das Gefühl, gebraucht zu werden, geliebter Ludwig«, war Anninas Antwort.

*

Die Sylter Urlaubstage waren für alle richtig schöne Ferien, und auch Bastian und Florian trennten sich schwer von ihren liebgewordenen Vierbeinern auf dem Reiterhof.

»Sie verkaufen Zwergponys, Mami, gar nicht teuer, könnten wir doch in den Garten stellen, und leben könnte es im Geräteschuppen«, versuchte Bastian Sophie zu überzeugen.

»Und den Rasenmäher und das andere Gerät stellen wir ins Wohnzimmer. Du bist plemplem, das kommt gar nicht und überhaupt nicht in die Tüte!«

»Soll ja auch in den Schuppen.« Basti sah seine Mutter treuherzig an.

»Nein! Ich will nicht!«

Sophie ließ ihren Sohn stehen und ging nach unten, um zum vierten Mal die Waschmaschine mit Urlaubswäsche zu füllen.

Der Alltag hatte sie wieder. Und Claus auch.

Frau Konsul Eugenie Mathilde Gamswald hatte sich angesagt. Gegen Nachmittag rollte ihr Jaguar die Einfahrt hinauf.

Leichtfüßig schritt sie ins Entree, während ihr Chauffeur damit beschäftigt war, erneut große und kleine Gepäckstücke und diverse Kleidersäcke aus dem Auto in die Klinik zu schaffen.

Als erstes lief sie Doktor Hollinger in die Arme.

»Wenn ich nicht wüßte, liebe gnädige Frau, daß Sie es sind, ich würde es nicht für möglich halten.«

»Kleidergröße sechsunddreißig.« Kokett kniff sie ein Auge zu. »Wo ist mein Dottore?«

»Der operiert noch, aber in einer Stunde, denke ich, steht er zu Ihrer Verfügung.«

Annina kam durch die Halle.

»Die schöne Mama vom schönen Doktor.« Die Gamswald ging auf sie zu und streckte ihr die Hände entgegen.

Annina erwiderte lächelnd den Gruß. Warum fällt es mir ein bißchen schwer, freundlich zu der Konsulin zu sein, überlegte sie, nachdem sie zum Verbandswechsel in den ersten Stock weiterging. Sie war zwar anstrengend, die gute Eugenie, aber doch eigentlich nicht unsympathisch. Komisch. Vielleicht bin *ich* zickig. Aber warum?

»Gucci mal, komm mal chanel hierher zum Fenster, Manni«, rief Schwester Anne in den Verbandsraum. »Madame la Konsül ist zurück.«

»Die sieht ja irre aus, 'ne Figur wie Cindy Crawford.« Manni pfiff anerkennend. »Unser Chef«, sagte er stolz. »Einfach Klasse, und die tolle Klamotte.«

»Armani würd' ich sagen.«

»Wo ist Armani?« wollte Oberholzer wissen, der in den Raum kam.

»Frau Konsul *trägt* Armani. Da draußen geht sie und tänzelt um unseren Chef herum«, lautete das Statement von Pfleger Manfred.

Der Pieper von Oberholzer signalisierte, daß man ihn suchte. Er fragte in der Zentrale nach und hörte, daß der Chef nach ihm verlangte. »Um vier Uhr in Ihrem Zimmer.«

Oberholzer federte mit schnellen Schritten über die Marmorfliesen. Im Sprechzimmer von Claus wurde er bereits erwartet.

»Herr Kollege, ich möchte mit Ihnen über Frau Gamswald sprechen. Sie will nicht nur ein Facelift, sie will auch einen neuen Busen.«

»Alles, was hängt, läßt sich straffen.«

»Oberholzer!« Claus schüttelte den Kopf, mußte aber grinsen. »Und da Sie der BfB sind ...« Oberholzer guckte ein bißchen ratlos. »... unser Bester für Busen«, klärte Claus ihn auf, »lege ich den von Frau Konsul in Ihre und Kollegen Prielmeyers Hände. OP übermorgen.«

»Und wann drehen Sie bei ihr am Zeiger der Zeit, will sagen: wann ist der Facelift-Termin?«

»In der Woche darauf.«

»Na denn.« *Alles neu macht der Mai* pfiff Oberholzer, während er zum Lift ging, um bei Frau Konsul seinen Antrittsbesuch zu machen.

Nach kurzer Begrüßung legte die Konsulin Doktor Oberholzer ein Hochglanzfoto der Loren hin. »Den will ich.«

Oberholzer war Bayer durch und durch. Einmal hatte die Gamswald es geschafft, daß er rat- und hilflos war und ihr Gezeter ihm an den Nerven zerrte. In seiner Ratlosigkeit hatte er seinen Chef angerufen, und der war lediglich mit ihr durch den Park spaziert. Ein zweites Mal würde sie ihn nicht aus seiner Ruhe bringen.

Die friß i aufm Kraut, dachte er, aber einen schönen Busen werden der Prielmeyer und ich dir zaubern.

Er klärte Frau Gamswald noch über das Wie und Was auf. Informierte sie auch über eventuelle Komplikationen, zum Beispiel, daß eine Kapselfibrose eintreten konnte, das heißt, eine pathologische Gewebevermehrung um das Implantat. Und noch einige wichtige Details mehr.

»Herr Doktor Oberholzer, das will ich alles gar nicht wissen, weil mich nur das Ergebnis interessiert.«

»Ich bin verpflichtet, Sie darüber aufzuklären«, konterte Oberholzer.

»Es interessiert mich aber nicht, so einfach ist das.«

Zwick mi, i glaab, i draam – kneif mich, ich glaub, ich träume –, die Spinatwachtel mit ihrer hauseigenen Arroganz, aber die bieg' ich mir zurecht.

Oberholzer lächelte und griff nach dem Lorenschen Busenbild. »Dann schau'n wir mal.«

Nach einer halben Stunde verließ er das Zimmer und ließ sich von Hanni einen Kaffee geben, extrastark.

⁂

»Vive la France, vive Paris! Nina, ich finde es großartig, daß wir beide nach Paris fliegen.« Ludwig nahm Anninas Hand.

»Ich auch, Ludwig. Und wie sagt Rosl Fischer immer: Mein Gott, bin ich aufgeregt.«

»Das ist verständlich, denn du fliegst mit mir.« Ludwig küßte ihr die Hand.

Monsieur Serge Daroussin wollte die bayrische Verwandtschaft vor der Hochzeit im nächsten Jahr kennenlernen, und was lag näher, als sie einzuladen. Ohne viel *radotage* – Schnickschnack – hatte er in Schaernlach bei Annina und Ludwig angerufen und beide nach Paris eingeladen.

Ludwigs Französischkenntnisse beliefen sich auf *aujourd'hui* (meist in Verbindung mit »liegt gar kein Schnee«), *toujours l'amour* und *l'addition, s'il vous plaît,* natürlich *merci* und *bonjour* und *bonne nuit* sowie noch einige Worte mehr, doch der Rest lag in seinem Hirn auf Lager.

Annina drückte ihm Langenscheidts Schulwörterbuch in die Hand und »Französisch in 14 Tagen«.

»Du liegst gut in der Zeit damit, wir fahren erst in fünfzehn Tagen«, sagte sie und warf ihm einen Kuß zu.

September in Paris … Eigentlich war es Anfang Oktober, aber September hörte sich einfach romantischer an.

»Je t'aime, Ludwig.«

»Moi dich auch«, antwortete er zärtlich.

⁂

Der Patient muß sich nach dem Facelift wiedererkennen. Er soll sein altes Selbstbildnis verschönt wiederfinden, denn es wäre doch schrecklich, plötzlich hinter einer völlig fremden Fassade leben zu müssen, egal wie schön sie auch sein mag.

Bei einem Facelift werden die ausgeleierte Oberhaut und die darunterliegende Einheit aus Muskeln und Stützgewebe und natürlich die Blutgefäße wieder »zurechtgerückt«; für die Mediziner lautet der internationale Fachbegriff SMAS – Submuscular Aponneurotic System. Nach einen großen Facelift dauert es ungefähr drei bis vier Wochen, dann sind Blutergüsse und Schwellungen abgeklungen. Die Narben, die hinter dem Haaransatz und im Ohr verlaufen, brauchen aber mehrere Monate, bis sie verblassen.

Das hatte Claus Frau Konsul Gamswald bis ins Detail erklärt, und Eugenie Mathilde hatte sich voller Erwartung in das Abenteuer »mein schöneres Ich« gestürzt.

Am Abend vor dem großen Eingriff ging Claus noch gute Nacht sagen. »O Doktor, ich glaube, ich bekomme wieder so einen Anfall wie damals. Was ist es? Ist es unterdrückte Angst?« fragte sie zaghaft.

»Das ist ganz normal, kommen Sie, wir drehen noch eine kleine Runde um die Blumenbeete, bevor Sie einschlafen.«

Claus reichte ihr die Hand, die die Konsulin gar zu gerne ergriff. Am liebsten hätte sie sich auf seinem Arm abgestützt, doch dazu gab es heute gar keinen Grund. Aber ab übermorgen! Man muß warten können, und Eugenie konnte warten.

Oberholzer und Prielmeyer hatten ihr einen atemberaubenden Busen modelliert, sie war schlank und hatte endlich die langersehnte Traumfigur. Nun fehlten nur noch das schöne Gesicht und Claus zu ihrem Glück. Das schöne Gesicht sollte sie morgen bekommen, und dann würde man sehen … Eugenie lächelte.

Am nächsten Morgen wurde Frau Gamswald sanft von Manfred in den OP gerollt. Peter Hollinger tätschelte verbale Freundlichkeiten auf die Seele der Konsulin, bevor er ihr die

Narkose setzte. Das letzte, was sie sah, bevor sie in schöne Träume fiel, waren die sanften braunen Augen von Claus. Aus weiter Ferne hörte sie seine Stimme.

»Sie werden eine wunderschöne Frau werden …« Dann war sie eingeschlafen, lag entspannt in Morpheus' Armen.

»Dann wollen wir ihr mal das Fell über die Ohren ziehen«, meinte Prielmeyer und reichte Claus den Zeichenstift, damit er die Schnittführung einzeichnen konnte.

Keiner nahm Notiz von seiner flapsigen Bemerkung, denn in der Tat wird dem Patienten das »Fell« über die Ohren gezogen. Im Fachjargon nennt man das Tailoring. Es wird das Zuviel an Masse zurechtgeschneidert; wenn der Chirurg sehr gut ist, kann der Patient durchaus wieder mit Gel geglättete Haare oder eine Hochsteckfrisur tragen, ohne daß erkennbar ist, der oder die hat ein Facelifting hinter sich.

Nach drei Stunden Operation lag Frau Gamswald unter einem dicken, weißen Verband wieder in den Kissen ihres Zimmers. Sie wirkte durch den Druckverband wie ein großes, hilfloses weißes Kaninchen mit einem riesigen Kopf.

Langsam kam sie wieder zu sich.

Schwester Anne saß Wache und kontrollierte ab und zu den Blutdruck der Konsulin. Claus war leise ins Zimmer getreten, und das erste, was sie sah, war er. Er! Ihr Herz tat einen Hüpfer.

»Ist alles gut verlaufen?« fragte sie mit schwerer Zunge.

»Es ist großartig verlaufen, und wenn ich es Ihnen nicht als Arzt verboten hätte, sollte man darauf Champagner trinken«, antwortete Claus.

»Das machen wir sicherlich später …«, meinte sie matt und fiel wieder in Halbschlaf.

Inzwischen waren drei Wochen vergangen, und frisch gestylt, mit neuer Frisur, kam Eugenie aus München zurück.

Ihr Chauffeur hatte sie morgens abgeholt und zum Friseur gefahren. Dann war sie ein bißchen einkaufen gegangen.

Claus wollte gerade zu seinem Wagen gehen, als sie seinen Weg kreuzte. Obgleich sie quasi sein Werk war, blieb ihm die Luft weg.

Mein lieber Schwan, das war eine Frau! So eine, bei der man als Mann sieben bis elf Ausrufezeichen in die Augen bekam. Und von der Ente, die sie einmal gewesen war, war nichts, aber auch gar nichts mehr übrig. Nicht eine einzige Feder.

Fast hätte er anerkennend gepfiffen.

»Doktor«, gurrte sie, »ich habe mich an unser Gespräch neulich erinnert. Da sagten Sie, wenn man sich danach im Falle eines Falles für eine neue Frisur oder einen Bart entscheidet, fiele es viel leichter, daß man … na, Sie wissen schon …« Sie ließ den Satz in der Luft hängen. »Wie Sie sehen, *ich* habe mich für eine neue Frisur entschieden«, erklärte sie lächelnd und funkelte ihn mit ihren wunderschönen Augen an. Die hatte ihr allerdings der liebe Gott gemacht.

»Übermorgen geht's zurück, nicht wahr?« fragte Claus, so sachlich er konnte. Was hatte er nur?

»Ja, aber morgen abend, lieber Doktor, gehen wir beide feiern.«

Claus strich sich in Ermangelung einer Krawatte, da hätte er den Knoten festruckeln können, durch die Haare. Was war nur mit ihm los? »Die Abschiedsfete, nicht wahr …« Er räusperte sich.

»Abschiedsfete würde ich nicht sagen, lieber Doktor. Also morgen abend um neunzehn Uhr.«

Eugenie Mathilde rauschte vorbei, eine Wolke Mitsouko umnebelte den total verdutzten Claus. Schach und fast matt. Morgen abend? Was sag' ich zu Hause? Was sag ich Sophie? Warum ist meine Mutter in Paris!

Völlig verwirrt stieg er ins Auto und fuhr los.

»Komm, Claus.« Sophie empfing ihn im kleinen Schwarzen in der Haustür. »Wir müssen uns beeilen.«

»Warum beeilen?«

»Wir haben doch Theaterkarten von den Eltern für heute abend. Los mach hin, Claus, in spätestens zwanzig Minuten müssen wir starten.«

»Ach, du lieber Gott«, er stöhnte, »und was sehen wir?«

»Cymbelin.«

»Cymbe-was?«

»Lin. Shakespeare! In den Kammerspielen.«

»Ach das dauert doch so lange«, mäkelte Claus, während er mißmutig die Treppen in die erste Etage rauftapste.

»Meckere nicht, geh schnell 'ne Runde schwimmen, dein Smoking liegt schon parat.«

»Und essen? Ich meine, stundenlang Shakespeare mit leerem Magen?«

»Mosere nicht, Beckett mit leerem Magen ist schlimmer, aber ich mach' dir ein Sandwich.«

Tatsächlich saßen er und Sophie zwanzig Minuten später im Auto und fuhren Richtung München. Sophie lenkte den Wagen.

»Brösel dir nix auf deinen Smoking, Claus«, ermahnte sie ihn.

»Wie man ißt, weiß ich«, muffelte er.

Claus sah sich seine Sophie von der Seite an. Hübsch sah sie aus, das kleine Schwarze stand ihr sehr gut; schlicht, aber sehr chic.

»Du hast ein tolles Kleid an, Valentino?«

»Nee, Sommerschlußverkauf Oberpollinger. Achtundneunzig Mark mit Tüte.«

»Toll. Sag mal, Sophie, worum geht es in ›Cymbelin‹? Das soll von Shakespeare sein?« Claus zerknüllte die Papierserviette und ließ den Papierball von der rechten in die linke Hand hin und her fallen.

»Da ist man geteilter Meinung, man nimmt an, daß nur ein geringer Teil von Shakespeare ist und der Rest von einem Nachahmer.«

»Und was hat er nachgeahmt?«

»Shakespeare im Schnelldurchgang: Cymbelin, König von Britannien, ist in zweiter Ehe mit einer intriganten Natter vermählt, die seine Tochter aus erster Ehe haßt, weil die wiederum nicht ihren Sohn aus erster Ehe heiraten will, sondern einen einfachen Edelmann mit Namen Posthumus …«

»Blöder Name.«

»Hör zu, weiter: Die böse Frau Königin erreicht, daß Posthumus – lach nicht so blöd, sonst höre ich auf – verbannt wird, und die besagte Tochter Imogen …«

»Hatten wir eine in der Schule, die hieß auch Imogen, Imogen Pichlmayr, Zahnspange und schußfeste Brille.«

»… Imogen, die Tochter aus erster Ehe von Cymbelin, soll vergiftet werden. Das Gift bewirkt nur ihren Scheintod. Posthumus wettet in der Verbannung mit Jachimo, daß Imogen ihm trotz Trennung treu sei, und Jachimo läßt sich in einer Truhe in ihr Schlafzimmer schmuggeln …«

»Nicht sehr bequem …«

»Claus! Dann behauptet er, er habe Imogen verführt. Posthumus will nun die untreue Imogen ermorden lassen, aber der Diener, der den Auftrag bekommen hat, rät ihr zu fliehen. In Männerkleidung sucht sie ihren Posthumus auf … Na ja, und dann Ende gut, alles gut.«

»Und dafür fahren wir ins Theater?«

»Claus!«

»Na ja, es ist doch unser täglich *Bild* gibt uns heute. Bis auf den Scheintod, siehe Romeo und Julia, ist da wenig Shakespeare, aber viel Dallas und Denver-Clan. Spielt wenigstens Joan Collins mit?«

»Claus, hör auf. Die Imogen spielt die Melles.«

»Ich muß dich korrigieren, meine liebste Sophie, sie ist jetzt Prinzessin, nicht so salopp, meine Liebe, tzz.«

»Aber nicht Prinzessin Melles.«

»Nein, Stein-Huckebein oder so ähnlich.«

»Sayn-Wittgenstein! Du bist richtig furchtbar, aber ich liebe dich trotzdem.«

»Ich dich auch.« Zärtlich kraulte Claus Sophies Nacken. »Ich freue mich auf den Theaterabend mit dir. Und wie lange dauert das Stück, sagtest du?«

»Lange, Claus. Ungefähr fünf Stunden.«

»Dann mach noch einen Stop bei McD., bevor ich entkräftet vom Sessel rutsche.«

Sophie hatte den Wagen in der Garage der Münchner Wohnung geparkt, zu Fuß waren es keine fünf Minuten bis zu den Kammerspielen.

Dort herrschte Gedrängel wie gewohnt. Auch das Publikum war wie gewohnt, ein Gemisch von München très chic über handgestrickt und körnerverbunden bis zu cool und extra cool der sogenannten Szene-Insider, alle auch in freundlichem Schwarz oder Grau und bis zum letzten Hemdknopf verschlossen.

Die Glocke klingelte wichtig und leicht heiser ihr letztes Zeichen, das hieß: Auf die Plätze, fertig, wir fangen an!

Nach ungefähr zwei Stunden war Pause.

»Ich hol' uns etwas Trinkbares. Wenn ich dich hier im Gewusel nicht wiederfinde, laß ich dich ausrufen, oder besser, bleib hier stehen.«

Claus wurde von der Masse geschluckt.

Um Sophie herum strömte es. Leises Gebrabbel, lautes Lachen, Husten und Hallo-Gerufe begleiteten die Menschenmenge, die in der Pause die Gänge des Theaters bevölkerte.

Sophie stand in versunkener Betrachtung.

»Sophie, schöne Sophie«, sagte eine Stimme.

Sophie fuhr zusammen und sah nach links. Waldeck, Christopher Waldeck!

»Sophie, wie schön. Wie wunderschön, Sie wiederzusehen.«

»Sie?« fragte Sophie gedehnt und blöde, was die meisten in so einer Situation fragen: »Was machen Sie denn hier?«

»Ich habe Sie wie immer gesucht und *endlich* gefunden.«

O Gott, Hilfe, wenn Claus jetzt kommt, was sage ich? Stell dich nicht so an! Du sagst, darf ich bekanntmachen …, das schoß Sophie durch den Kopf. Laut sagte sie gegen ihren inneren Willen: »Christopher! Wie schön.«

Die Menge drängte sich zwischen die beiden.

»Kann ich Sie sehen? Morgen gegen sieben bei Käfer, Hofgarten?«

»Ich will …«

»Schön, nein, wundervoll!« Die Menge schob ihn weiter ins Abseits.

Sophie wollte eigentlich »Ich will gerne, aber es ist nicht möglich« sagen, aber über die Köpfe der Leute rufen? Nein. Sie machte ein Zeichen, das hieß: Wir telefonieren, ich rufe an.

Glücklich winkte Christopher ihr einen Kuß rüber. Dann war er verschwunden.

»Frau Bernbacher, hallo, jemand zu Hause?« Claus stand unmittelbar vor Sophie. »Cymbelin in allen Ehren, aber so muß es dich doch auch nicht mitnehmen.« Claus drückte ihr ein Mineralwasser in die Hand. »Du bist hinterher eingeladen, wohin du willst, Sophie. Dann trinken wir etwas Gescheites. Prost. Wohin wollen wir gehen?«

»Käfer«, schusselte Sophie noch ganz in Gedanken.

Wo saß er? Sophie versuchte nach der Pause ein wenig durch die Reihe zu schauen – nichts. Auch auf dem Rang war er nicht zu finden. Auf der Bühne ging das

Treiben der Lieben und Intrigen unbeachtet von Sophie weiter. Die saß in Gedanken wieder im Hofgarten bei Lanson rosé …

Claus war zwischenzeitlich auch nicht bei der Sache. Seine gedankliche Unterbrechung hieß Eugenie. Wie erkläre ich Sophie, daß ich morgen mit Frau Konsul Abschied feiern muß … muß? Muß! Hausinterne Besprechung? Quatsch, die dauert doch nicht Stunden! Wieso dauert ein Abschiedsabend denn Stunden? Weil, ja, weil … ach, ich weiß es auch nicht …

Claus hatte den Handlungsfaden des Bühnengeschehens verloren, aber dank Sophies ausführlicher Erklärung fand er sich wieder langsam hinein. Und irgendwann war das Stück auch zu Ende.

»Du willst also zu Käfer, Sophie?« Claus strebte mit ihr an der Hand zum Ausgang.

»Käfer?«

»Ja, Käfer, war doch dein Wunsch. Komm, bis zum Hofgarten ist es nicht weit.«

Was weiß er? Was ahnt er? Wieso will er plötzlich zu Käfer und nicht zu Kay? Und warum Käfer Hofgarten und nicht in die Käfer-Schenke? Sophie fühlte sich nicht so ganz wohl in ihrer Haut. Dabei war gar nichts. Waldeck hatte sie Anfang des Sommers frech und mit hinreißendem Charme beflirtet. Mehr nicht. Pööh. Und nun war er heute plötzlich wie ein Schachtelteufel vor ihr wieder aufgetaucht. Apropos Schachtelteufel, er war ein Schlaganfall von einem Mann …

»… findest du nicht auch, Sophie?« fragte Claus.

»Ja, toll«, lautete ihre Antwort. Aber worauf?

Claus stieg mit ihr vor dem »Vier Jahreszeiten« in ein Taxi.

»Käfer im Hofgarten, bitte. Warum sollten wir laufen, du bist ohne Mantel unterwegs, und der Herbst liegt spürbar in der Luft.« Beschützend legte er den Arm um Sophie.

Er wird gesagt haben, wir nehmen ein Taxi, Sophie, findest du nicht auch? Erleichtert lächelte sie.

Käfer war bummvoll, dennoch bekamen sie einen kleinen Zweiertisch, der soeben frei wurde.

Bevor Claus nach der Karte griff, nahm er Sophies Hände in seine. »Du bist eine wundervolle Frau, meine grünäugige Sophie.« Er küßte ihre Fingerspitzen und benebelte sie mit diesem typischen Claus-Blick. Sophie tauchte ein in dieses Creme Caramel mit Sahne.

Er ist ein Schlaganfall, dachte sie. Noch einer? Oh, oh, Sophie Bernbacher. Den anderen mußt du ja nicht anrufen, und Claus ist dein Mann in guten wie in schlechten Tagen. Das hatte sie damals auch mit einem lauten und kräftigen Ja zugesichert.

»Claus, ich bin sehr glücklich mir dir.«

»Und ich mit dir, Sopherl. Champagner?«

Lange nach Mitternacht tobten Sophie und Claus ausgelassen durch den Hofgarten. Sie schwang sein Sakko, das er ihr wärmend um die Schultern gelegt hatte, wie eine Muleta.

»Juchhu, vengo, vengo, Toro«, lockte sie ihn.

»Sophie, du bist eine Traumfrau. Ich liebe dich und deine Macken wie verrückt. Du spleeniges, himmlisches Weib.« Dann rannte er los. Kreischend und so gut es ihre hohen Absätze zuließen, ergriff sie die Flucht. Claus holte sie in der Mitte des Hofgartens ein, dort, wo zwischen den Blumenrabatten der kleine Pavillon steht.

»Gewonnen! Weiße Frau du Beute!«

»Du Tarzan keine Highheels. Weiße Frau sagen: Gildet nix.«

Lachend riß sie sich los, um erneut davonzurennen.

Außer Atem standen beide knapp eine Viertelstunde später vor ihrer Wohnung.

Das Leben ist schön!

Kurzerhand warf Claus Sophie mit kühnem Schwung über die Schulter. »Liebe, Liebe, Liebelei« sang er aus voller Brust und *nicht* leise. Nebenbei schloß er die Tür auf und ließ sie drinnen mit einem leichten Stoß des Fußes ins Schloß fallen. Dann schmiß er Sophie in die Kissen. Liebe, Liebe, Liebelei ...

Der Wecker klingelte viel zu laut und viel zu früh. Ein schneller Kaffee, und los ging's nach Starnberg.

Claus saß am Steuer. Sophie hatte die Arme hinter ihrem Kopf verschränkt und genoß an der Seite ihres Mannes den frühen Morgen. Beide hatten sich in Anninas und Ludwigs Kleiderschrank mit Pullis und Jeans bedient.

Bei der guten Rosl Fischer im kleinen Schwarzen und Smoking aufzukreuzen, hätte doch irgendwie und irgendwo übernächtigt gewirkt, außerdem wollten sie die gute Seele nicht erneut verunsichern. Der Rotwein *ohne* Gans hatte ihr sicherlich lange im Magen gelegen.

Der Wagen fuhr die Einfahrt hoch. Claus schaltete den Motor aus.

Rosl Fischer flatterte ihnen schon in der Haustür entgegen.

»Ja mei, eine Minute früher hätten'S kommen sollen. Grad hat die Frau Doktor aus Paris angerufen. Paris!« setzte sie nach.

»Und, geht es allen gut?« Claus ging der Fischerin entgegen.

»Ja und wie. Sie wollen verlängern, weil ... weil sie fahren noch an die Küste, und ganz schöne Grüße hat sie auch noch gesagt.«

Die Fischerin eilte wieder zurück ins Haus. Mei, ein Gespräch aus Paris ... Es war schon schön bei ihre Bernbachers und immer wieder aufregend.

»Sicher fahren sie ans Mittelmeer, Großmutter Cronshagen-Walderstatt und ihren Baron besuchen, wenn sie schon da unten sind.«

Claus setzte sich an den Frühstückstisch. Sophie setzte sich dazu. »Wie ist das damals eigentlich passiert? Ich habe von dem Unfall gesprächsweise gehört, aber nie nachgefragt.«

»Die beiden juchtelfuchtelten an der Riviera herum, und wahrscheinlich hat der Herr Baron versucht, auf der Küstenstraße nach San Remo meiner Großmutter ans aristokratische Knie zu fassen, und schwupps«, Claus machte eine fliegende Bewegung und sang: »Fly me to the moon ...«

»Claus!«

»Was heißt, Claus! Oma Walderstatt war kein besonders freundlicher Mensch, im Gegensatz zu Mamina. Es war Großmutter Felicitas' Wunsch, wenn je, dann da unten, und nun liegt sie da mit Meeresblick. Er natürlich auch. Kann ich bitte noch etwas Kaffee haben?«

»Verrückt, wie das Leben manchmal so spielt.« Sophie seufzte. »Großmutter Cronshagen-Waldeck war eine sehr schöne Frau.«

»War sie, Sopherl, aber sie hieß Walderstatt, Cronshagen-Walderstatt.«

»Und was hab' ich gesagt?«

»Waldeck.«

»Ach.«

»Herrschaftzeiten, ich muß los, einem netten Herrn den Popo liften.«

»Geht das überhaupt?«

»Und wie das geht. Du weißt doch, wie traurig ein Elefant von hinten aussieht.«

Sophie nickte.

»So sieht mein Patient aus, aber in längstens zwei Stunden ist er wieder knackig und zackig.«

Claus wirbelte Sophie herum.

»Und worauf sitzt er nach der Operation? Oder bewahrt ihr ihn hängend auf?«

»Er liegt. Auf dem Bauch. Der Narben wegen, die soll doch später keiner sehen, gelle?«

Das Telefon läutete.

»Das ist die Klinik, ich bin schon weg.« Flüchtig küßte er Sophie und eilte Richtung Diele, dort drehte er sich noch einmal um. »Frau Bernbacher, es war schön gestern abend mit dir.«

Dann klappte die Haustür, und Sophie hörte den Wagen davonfahren.

Es war nicht die Klinik, es war Tante Edith!

Claus durchquerte im Stechschritt die Halle, er war spät dran.

»Na, ihr kleinen grünen Männchen«, begrüßte er gutgelaunt die Kollegen Hollinger und Prielmeyer, die schon im Vorraum des OP auf ihn warteten. Er warf einen Blick auf die Tafel mit dem Tagesplan. Der anstehende OP-Tag war, bis auf eine kurze Mittagspause, bis in den Abend hinein voll: Bauchlifting, Oberarme, Schenkel, eine Nase und ganz zum Schluß Tränensäcke. Dazwischen Visiten und Aufnahmen und Entlassungen.

»Morgen verläßt uns die Konsulin, richtig?« wollte Hollinger wissen.

»Ja, es wird auch Zeit, die gehörte schon fast zum Inventar, die nervige Person«, motzte Prielmeyer.

»Na, nervig würde ich nicht sagen, eher anspruchsvoll«, verteidigte Claus seine schöne Zuchtrose.

»Mich hat sie ganz schön gescheucht, diese verwöhnte Dame aus dem Westfalenland.« Prielmeyer seufzte.

Die Ärzte konnten sich so ungeniert unterhalten, da Hollinger den Po-Patienten bereits in Narkose versetzt hatte.

»Auf keinen Fall mit Lokalanästhesie, nie und nimmer nicht«, hatte der nun mit freiliegender Kehrseite bäuchlings ausgestreckte Patient verlangt.

»Anspruchsvoll oder nervig, hin wie her, aber schön ist sie geworden, wunderschön. Kompliment, Chef. Ich hätte es nie für möglich gehalten.«

»Gut Ding will Weile haben, und ihr seht, das Ergebnis spricht für sich.«

Dann arbeiteten sie still und konzentriert dem Patienten »die Bäckchen« auf.

Bei den letzten Stichen der zweiten Naht erzählte Claus seinen Kollegen vom Theaterbesuch.

»Das dauert doch endlos«, meinte OP-Pfleger Manfred.

»Fünf, in Worten: fünf Stunden Königsschicksal! Fünf Stunden!«

»Das kann *er* vorläufig knicken«, sagte Peter Hollinger mit Blick auf den Patienten, der nun keinen »Hängeboden« mehr in Jeans oder Armani haben würde.

Es war ein überaus turbulenter Tag. Gegen halb sechs saß Claus endlich bei einer entspannenden Tasse Tee, als es an seine Tür klopfte.

»Darf ich?« fragte Eartha Kitt und betrat in Form von Eugenie Mathilde sein Zimmer. Mitsouko umnebelte Claus die Sinne.

»Ja, bitte«, krächzte er heiser vor Überraschung. Guter Gott, welch eine Frau!

»Tee? Sie trinken Tee? Wäre Champagner nicht viel angebrachter?«

»Wie, äh, nein, äh, ja, aber wieso, ich meine Tea-time after five, very british, oder was meinen Sie?«

Der stottert deinetwegen, schlußfolgerte Eugenie.

»Wenn ich störe ...« Eugenie ließ die Worte in der Luft hängen.

»Sie?! Nein, überhaupt nicht, darf ich Ihnen eine Tasse Tee anbieten?«

»Sie dürfen mir alles anbieten. Und ich nehme es«, setzte sie hinterher. Bald, ganz bald würde er sich in ihren Netzen verheddern ...

Es ist sehr warm hier im Zimmer, dachte Claus und öffnete ein Fenster.

Aha! dachte die Frau Gamswald erfreut und rührte den nicht vorhandenen Zucker in ihrer Tasse um.

Aha, dachte Claus erfreut, keinen Zucker, aber rühren.

Dann trafen sich ihre Blicke über den Rändern ihrer Teetassen.

»Wann treffe ich Sie? Bleibt es bei sieben Uhr heute abend?«

Eugenie beugte sich sanft in seine Richtung und gestattete einen tiefen Einblick auf das Wunderwerk der Kollegen Oberholzer und Prielmeyer.

Claus war völlig verwirrt.

Die Konsulin ergriff seine Hand, die leicht nervös auf die Schreibtischplatte trommelte.

»Ja?« hauchte sie fragend und lächelte mit den schönen Augen ihr ›Wehe nicht!‹

Claus räusperte sich, er hatte einen dicken Kloß im Hals, und darauf saß ein Ochsenfrosch.

Es klopfte an der Tür, Oberholzer trat ein.

»Grüß Sie, Frau Konsul, na, geht's heim? Chef, Zimmer sechzehn erwacht aus der Narkose und verlangt nach Ihnen.«

Ja, verreck, um dieses Weib werden sich die Männer reißen, so schön wie die aufpoliert ist, da treibt's dir die Augen raus. Oberholzer schluckte.

»Ich bin gleich zurück, in längstens zehn Minuten.« Claus stand auf. »Gehen Sie nur, ich warte. Egal, wie lange es dauert.«

Blöde guckte Oberholzer von der Frau Konsul zum Chef und wieder zurück. Hatte er gestört? Aber wobei?

Draußen vor dem Sprechzimmer ließ die Wirkung nach, und Claus war aus der Gamswald-Hypnose erwacht.

Oberholzer beobachtete ihn noch aus den Augenwinkeln, aber alles war normal. Er hatte sich sicherlich getäuscht. Die

Gamswald und sein Chef? Lachhaft! Aber möglich wär's schon. Oder? Oder doch nicht?

Ich kann doch nicht den Waldeck anrufen. Aber du hast es ihm versprochen. Ach, was verspricht man nicht alles im Laufe seines Lebens. Aber es ist nicht fair. Pööh ... Du mußt nur den Hörer abnehmen und sagen: Es tut mir leid, es geht nicht. Genau, so machst du es. Und *warum* geht es nicht? Dumme Nuß, das weißt du selber. Es war ein besonders schöner Abend mit Claus, verwässere ihn dir nicht. Was heißt verwässern? Immerhin ... Da wurden Sophies Gedanken unterbrochen, denn es hatte geläutet.

»Mich hört ja wohl keiner mehr. Hast du nicht gehört, wie ich gehupt habe?« Edith enterte den Wohnbereich und ließ sich ins Sofa plumpsen.

»Ich wollte Bescheid geben, die Ponys kommen morgen.«

»Wer bitte kommt morgen?« fragte Sophie entgeistert.

»Die Ponys für die Jungs, mein Gott, guck nicht so, Sophie, die Pferde. Hottehüh ...«

»Und wohin kommen die Tiere?« fragte Sophie lauernd.

»Zu mir. Rede ich Kasachisch? Es war alles abgesprochen.«

»Willst du mir erzählen, es kommen zwei Ponys, und du wirst sie beherbergen?«

»Was ist daran so ungewöhnlich? Großtante Edith erfüllt ihren Neffen einen Wunsch. Nicht ganz selbstlos, meine Liebe, nicht ganz selbstlos. Sie werden jeden Tag kommen müssen, um a) die Tiere zu versorgen; du weißt, Sophie, der Mensch muß lernen, für etwas die Verantwortung zu übernehmen, und b) ist bei mir wieder Leben auf dem Grundstück.«

»Tante Edith«, Sophie sah sie staunend an, »bist du dir bewußt, was du dir an Haus und Hof holst?«

»Na klar, aber schließlich bin ich noch keine antiquitätische Erscheinung, die ihren Kalk auf den Teppich rieseln läßt.«

»Wissen Mamina und Paps davon?«

»Wir haben es doch gemeinsam geplant. Der Stall ist fertig, du wirst staunen. Komm, wir fahren rüber.« Edith schnellte aus dem Sofa.

Sophie war so überrumpelt, daß sie zu Edith in den Alfa stieg. Und das hatte sie *nie* mehr tun wollen!

Sophie hatte sich eines der Räder ihrer Söhne geschnappt.

»Wir essen noch bei Tante Edith, sie holt uns allen was bei McD., und dann radeln wir auf einem Rad nach Hause, bitte, Mami, das geht toll«, bettelte Basti.

»Sei flexibel, Sophie«, ermahnte Tante Edith. »Die Kinder halten uns fit.« Sie zwinkerte.

Der kühle Abendwind wehte Sophie um Gesicht und Beine, während sie nach Hause strampelte. Verrückt, meine Tante ißt wahrhaftig Doppelburger mit Ketchup, dabei war sie im Frühsommer noch von allen Pillen besessen. Wer hätte je gedacht, daß sie sich ihrer Neffen annehmen würde *und* zuläßt, ja sogar anbietet, zwei Ponys auf ihrem Grundstück unterzubringen. Na ja, groß genug ist es, aber trotzdem. Ob das gutgeht, zwei Kinder allein in der Abenddämmerung auf einem Fahrrad? dachte sie weiter. Mach nicht auf Glucke, es wird schon. Deine Eltern haben es auch überstanden, als du nachts im Schneesturm unterwegs gewesen bist … In Hamburg. Mit Lars. Lars …

»Sagen Sie mal, junge Frau, haben Sie Kreislaufstörungen oder einen Schwips? Sie fahren in mordsgefährlichen Schlangenlinien.«

Der Autofahrer neben ihr hatte seine Scheibe runtergekurbelt, um Sophie die Leviten zu lesen, aber er änderte seine Meinung, als er das hübsche Träumerle ansah. Sie wirkte so hilflos.

»Verzeihung«, stotterte Sophie, »ich mußte an den Schneesturm vom vierzehnten Februar neunzehnhundertachtundsiebzig denken.«

»Schon gut, alles klar.« Der Autofahrer gab Gas. Schneesturm 1978! Oha, die Landbevölkerung!

Sophie stieg vom Rad und ging den Rest des Weges sicherheitshalber zu Fuß.

Der Anrufbeantworter blinkte ihr wichtig und grün entgegen. »Sopherl, hier ist Claus. Es wird leider später, weil ja, nun, also, ich melde mich.«

Sophie drückte die Taste *Löschen*. Wann wollte er kommen? Zu spät. *Gelöscht* meldete das Display. Nun denn.

Draußen herbstelte es ungemütlich, und Sophie hatte eiskalte Beine und Füße. Deshalb erst einmal ein wärmendes Bad und einen heißen Tee.

Christopher Waldeck mußte sie nun *nicht* mehr absagen, der Abend war bereits angebrochen. Gut so.

»Ich wollte es tun, es sollte nicht sein.«

Im Fernsehen wünschte Herr Wickert der Nation freundlich noch einen angenehmen Abend.

Sophie hatte sich, nachdem ihre Söhne nach Hause gekommen waren, in einen bequemen Bademantel gekuschelt und sich durch das Fernsehprogramm gezappt. Apropos zappen. Draußen war es zappenduster, und wo war Claus? Sicherlich gab es noch etwas Unvorhergesehenes.

Natürlich gab es etwas. Aber so unvorhergesehen war es auch wieder nicht, es war absehbar, daß Eugenie Mathilde Gamswald zu einem gewissen Zeitpunkt die Schlinge, die sie seidenweich um den Bernbacher-Hals gelegt hatte, fest und mit kühnem Ruck zuziehen würde. Nun hatte sie »geruckt«, Claus Bernbacher saß mit ihr in München im Königshof beim Abendessen, schon seit drei Stunden. Ab und zu sahen sie auf den Stachus zu dem sprudelnden Brunnen hinüber, aber meistens sahen sie sich in die Augen.

Endlich, endlich, endlich, dachte Eugenie.

Was für eine wunderschöne Frau. Und dieser Charme, schwelgte Claus in seinen Gedanken. Und eine Stimme wie barfuß übern Rollsplit …«

Daß Eugenie Mathilde *sein* Werk war, daran dachte er überhaupt nicht, er war nur fasziniert. Diese Stimme (!), die in ihrer Kehle und auf seiner Wirbelsäule Achterbahn fuhr.

»Claus, ich darf doch endlich Claus sagen, oder?« raunte sie ihm in den sechsten Lendenwirbel.

»Bitte, gern, Eugenie.« Er schmachtete sein Werk an. »Was für ein Abend.«

»Mhm«, gurrte die Gamswald und berührte zärtlich sein Gesicht, »in der Tat, was für ein Abend.«

Im Fernsehen brachte ein stahlharter Cowboy »Vierzig Wagen westwärts«. Doch wie sollte Claus seiner davor schlafenden Sophie, seinem ihm angetrauten Weib, Mutter seiner Kinder, beibringen, daß es zwei Uhr morgens war? Wie? Wie sollte er die schlafende Sophie nach oben bringen, ohne sie zu wecken?

Am besten gar nicht! Den Fernseher aus. Eine Decke über Sophie. Und ab nach oben. O wie gut, daß niemand weiß …

Er stellte sich den Wecker auf sechs Uhr dreißig. Opfer müssen gebracht werden. Um sechs Uhr fünfunddreißig schlich er an der schlafenden Sophie vorbei nach draußen in den Garten. Gott sei Dank war das Wasser im Pool noch nicht ausgelassen, und er konnte sich eiskalt wachtoben. Um sieben betrat er putzmunter das Wohnzimmer und verströmte frische Kälte. Sophie schlug die Augen auf. »Claus, du?«

»Ja, ich, liebe Sophie.« Er hockte sich zu ihr auf das weiche Polster und strich ihr liebevoll die verwuselten Haare aus der Stirn. »Ich hab's nicht übers Herz gebracht, dich aus deinen Träumen zu reißen«, log er morgenfrisch und -frech.

»Lieb von dir, Cläuschen. Ich hab' himmlisch geschlafen. War es spät gestern?«

»Nein, relativ früh. Der Fernseher lief noch, ich habe ihn ausgeschaltet und dich zugedeckt.«

»Es war eh eine Wiederholung von Derrick, die kannte ich schon.«

Daß er die »Vierzig Wagen westwärts« des Nachtprogramms ausgeschaltet hatte, verschwieg er sicherheitshalber.

»Was war denn noch gestern, wieso wurde es so spät?«

Hilfe, an alles hatte er gedacht, nur nicht an eine gute Ausrede. Vor lauter Gamswalderei hatte er sich darüber keine Gedanken gemacht. Was sage ich? Wenn ich jetzt an einer Ausrede bastele, merkt Sophie es sofort. Oh, oh … Klarheit und Wahrheit. Er hatte nur wenig gegessen. Mehr war nicht, fast nicht, das bißchen Händchenhalten, was soll's; jeder Arzt hält irgendwann seinen Patienten mal die Hand. Gegen Mittag reist die Gamswald sowieso ab …

Sei locker und natürlich, Bernbacher, befahl er sich.

»Ich war mit einer Patientin schwofen.«

»Hahaha«, machte Sophie und erhob sich.

Tja, so ist es im Leben. Sagt man einmal ohne Umschweife die Wahrheit und nichts als die Wahrheit, wird sie einem nicht geglaubt.

»Wenn du mit Hollinger und Konsorten ein Bier unter Kollegen trinkst, ist doch nichts dabei. Bitte, weckst du die Kinder?«

»Gerne.« Weg war er. Er war so erleichtert, daß er mit drei Sätzen in der ersten Etage war.

Rosl Fischer kam ins Haus.

»Grüß Gott, bin ich spät dran?«

Die Fischerin staunte, die Frau Bernbacher schon unten anzutreffen.

»Guten Morgen, nein, wir sind zu früh dran.«

»Aber bittschön, lassen'S das nicht einreißen, sonst bringen'S mir den Tag durcheinander.«

»Versprochen. Jetzt könnte ich einen starken Kaffee vertragen«, bat Sophie.

»Expresso, ich schick' mich«, lautete die Antwort, und sie meinte, à tempo.

»Ja, bitte, für mich auch einen, und bitte dalli, dalli!« rief Claus von oben, und er meinte Espresso.

Wie unbeschwert und heiter sich doch der Tag anließ. Claus war erleichtert. Daß seine Sophie noch etwas morgenblöde und verschlafen war, kam ihm entgegen, denn sonst hätte sie Ursachenforschung betrieben. Aber so, wunderbar. Dem Himmel sei Dank, daß seine Eltern heute nicht mit am Frühstückstisch saßen!

Die frühstückten gemütlich und ausgiebig in Aix-en-Provence unter freiem Himmel auf der Hotelterrasse.

»Frau Queisser, hier ist die Schlußrechnung für die Frau Konsul Gamswald.« Frau Seitzbach war persönlich aus der Buchhaltung zur Rezeption gewatschelt.

»Wenn man die Zahlen sieht ... Ich meine, der Betrag ist astronomisch, dafür bauen andere. Mit Pool!« Kopfschüttelnd legte sie einen dicken Umschlag auf den Empfangstresen.

»Bei dieser Dame ist ja nun wirklich alles neu, ist doch so«, fuhr sie fort, bekam aber keine Antwort von Frau Queisser.

Eine gertenschlanke, elegante Dame durchquerte die Halle Richtung Lift. »Wir sehen uns«, sagte sie, der Queisser zuwinkend.

Frau Queisser lächelte und winkte zurück.

»Ist das ein Filmstar?« fragte staunend die Seitzbach.

»Nein, Ihr Eigenheim mit Pool. Tja, liebe Frau Seitzbach, nun heißt es sparen, nicht wahr?«

Die Seitzbach stand wie vom Donner gerührt und zog, so gut es ging, den Bauch ein. Aber es ging nicht gut. Sie blieb hoch wie breit. Quadratisch-praktisch-gut!

»Die muß doch irrsinnig vermögend sein.« Sie nahm lauernd den Gesprächsfaden wieder auf.

»Ist sie auch«, antwortete Frau Queisser beiläufig. »Ihr gehörten eine große Fabrik, die halbe Königsallee in Düsseldorf, fast das ganze Villenviertel an der Rheinpromenade und so weiter. Aber warum fragen Sie, wollen Sie sich adoptieren lassen?«

Die Seitzbach schnaufte und wackelte grußlos zurück in ihr Büro. Sie mußte dringend eine Praline essen, ach was, her mit der Schachtel!

Claus war auf dem Ich-habe-doch-ein-schlechtes-Gewissen-und-will-es-wiedergutmachen-Trip. Zudem wußte er noch nicht, wie sich der Abreisetag von Eugenie Mathilde gestalten würde, nachdem er ihr gestern einiges erlaubt hatte, was nicht ganz der Norm – dem Verhältnis Arzt und Patientin – entsprach. Doch in aller Deutlichkeit: Die Frau war ein Vulkan auf hohen Absätzen!

»Sopherl, mein Schatz, willst du nicht heute nach München reinfahren und ein bißchen durch die Stadt bummeln?« fragte er und faltete nebenher bedächtig eine große Scheibe Mortadella auf seiner kleinen Semmelhälfte.

»Nö, doch würde ich gerne mit euch allen am Wochenende nach Schlehdorf zu den Eltern fahren, es ist ewig her, seit wir dort waren.«

»Jetzt? Wegfahren? Wo die Ponys kommen?« entrüstete sich Flo.

Bastian brabbelte auch irgend etwas Empörtes.

»Welche Ponys kommen wann wohin?« wollte Claus wissen.

Alle redeten durcheinander.

»Ruhe, bitte! Einer!« bat Claus.

Wieder schlugen die Wellen hoch.

»Einer!«

Bastian und Florian erzählten die Ponygeschichte wechselweise. Wie alles kam, wie alles weiterging, und wie sie nun nach Starnberg zu Tante Edith kamen.

»Ich denke manchmal, was wäre, wenn du nicht gefallen wärest, denn seitdem ist sie wie ausgewechselt. Noch Kaffee?«

»Was ist denn nun, heute kommen die Ponys«, quengelte Basti.

»Ja, und ihr müßtet auch kommen. Es ist doch eine Familiensache. Tante Edith backt extra Apfelkuchen.« Floh sah seine Eltern an.

»Ponyeinweihung mit Apfelkuchen, wer kann dazu schon nein sagen. Aber was ist mit den Wochenendplänen?« fragte Sophie in die Runde.

»Also, wir können nicht«, antworteten die Zwillinge unisono.

»Sophie, fahr doch allein, deine Eltern werden sich sicherlich freuen, dich einmal wieder ohne Anhang für sich zu haben. Und ich rede mit Tante Edith, wir machen das hier schon.«

Claus war aufgestanden. »Ich mach' es gleich.«

»Super, Papi.«

»Jungs, was habt ihr mit Tante Edith gemacht? Die will euch das ganze Wochenende einladen?«

»Nix, nur normal behandelt und ihr gesagt, wenn sie spinnt.«

»Ja, spinnen macht alt«, senfte Bastian dazu, »und Flo hat es ihr gesagt, seitdem gibt sie sich Mühe.«

Sophie und Claus wechselten Blicke und grinsten.

»Du kannst in aller Ruhe nach Schlehdorf zockeln.«

»Und was machst du, Claus?«

»Ach, ich werde mich schon zu beschäftigen wissen …« O ja, das würde er! Was hatte Eugenie gegurrt: »Ich bin am Wochenende in Kitzbühel, ich sehe mir dort eine Wohnung an, haben Sie nicht Lust, mich zu begleiten?« Und wie sie ihn dabei angesehen hatte aus den tiefsten Untiefen ihres

Gefühlsreservoirs. Die Versprechungen, die sie guckte, die konnte und würde sie mit Bestimmtheit halten.

»Oh là là«, sagte er laut.

»Wie bitte?« staunend sah Sophie ihren Mann an.

»Ich sagte oh là là, was für ein turbulentes Wochenende mit Ponys und Apfelkuchen, und du willst nach Schlehdorf, oh là là, das Leben in seiner ganzen Vielfältigkeit.«

»Ich habe noch gar nicht gesagt, daß ich nach Schlehdorf will.«

»Aber du willst doch, oder?«

»Mensch, wir müssen los, komm, Flo!«

Mit Getöse verschwanden die Jungs. Plötzlich war es fast still, nur aus der Küche sang Rosls Schwarm Hansi Hinterseer von Herzl mit Schmerzl mit Rosl um die Wette.

Eigentlich wäre ein Wochenende in Schlehdorf schön. »Ich fahre, und ich freue mich.«

»Wunderbar.« Claus war aufgesprungen und riß die Karaffe mit dem Orangensaft um.

»Was jubelst du denn so, man könnte meinen, du willst mich loswerden.«

»Ich jubele nicht, ich freue mich für *dich*. Frau Fischer, ich brauche einen Lappen.«

Claus verschwand eilig in die Sicherheit der Küche.

Der hat zu kalt gebadet, wir sollten das Wasser ablassen, dringend. Nachher rufe ich in der Klinik an, daß Kober kommt und das Wasser abläßt und die Plane drüberrollt, dachte Sophie.

Wochenende – sich einmal um gar nichts kümmern, nur ruhige Stunden bei den Eltern. Ja, sie wollte nach Schlehdorf fahren.

»Ruf an, daß du morgen kommst, und liebe Grüße.« Claus umarmte Sophie flüchtig und eilte hinaus.

Das schönste am Seitensprung ist der Anlauf, hätte sicherlich sein Vater Ludwig gesagt und ihm ein Bein gestellt.

Doch sein Vater war nicht da, und seine Mamina auch nicht. Was tat er denn schon? Nichts, so gut wie nichts. Das bißchen Flirten, na und? Eugenie hatte so wunderschöne Augen …

Und deine Frau, die etwa nicht? keifte sein Gewissen ihm in die Schwärmerei.

Sophie, o ja, die hat die schönsten Augen der Welt, funkelnd grün. Überhaupt ist sie die schönste, himmlischste, einzigartigste Frau, die mir je begegnet ist.

Und warum machst du der Gamswald den Hof, hä?

Weil, na weil, sie ist sexy und hat so etwas Fatales.

Fatal ist dein Benehmen, Bernbacher!

Nun schlägt's Dienstag! Ich habe überhaupt nichts gemacht, worüber ich mir Gedanken machen müßte.

Du nicht, die anderen schon.

Claus mußte das Zwiegespräch beenden, er war vor der Klinik angekommen, parkte seinen Wagen und stieg aus.

Wir reden noch, belferte ihm sein Gewissen hinterher.

»Welch ein Zufall«, sagte Eugenie lächelnd und kam Claus in der Halle entgegen. Dabei hatte sie zwanzig Minuten herumgetrödelt, um ihm per Zufall in die Arme zu laufen.

»Abschlußuntersuchung in einer halben Stunde?« fragte er, nachdem er die Konsulin mit Handkuß begrüßt hatte.

Eigentlich hatte er jetzt Hemmungen, bei der Dame etwas freizulegen und anzufassen, sollte das doch Oberholzer machen. Er würde ihr lediglich hinter die Ohren gucken.

»Nur zu gerne«, hauchte sie, »in einer halben Stunde.« Um so erstaunter war sie, statt Claus Doktor Oberholzer anzutreffen.

»Sie?«

»Ja, ich, der Chef mußte zu einem Notfall, er kommt aber gleich. Wir können schon einmal anfangen, gnädige Frau. Wenn ich bitten dürfte.«

Oberholzer komplimentierte sie hinter einen Paravent.

Eugenie knöpfte bereits den letzten ihrer vielen Knöpfe wieder zu, da erschien Claus. Blieben tatsächlich nur die Ohren.

»Perfekt, Chef, alles ohne Befund. Ich bin dann weg. Alles Gute und pfüad Eahna, Madame.« Oberholzer deutete eine Verbeugung an und schloß die Tür hinter sich.

»Es sind nur noch kleine rosarote Striche, und die sind auch in absehbarer Zeit nicht mehr zu sehen.« Claus strich die Haarsträhnen, die er angehoben hatte, sanft wieder hinter ihre Ohren.

Diese zärtlichen Hände; Eugenie Mathilde schloß die Augen.

»Wir sehen uns doch am Wochenende, mein Lieber?« Sie sah ihn an, und Claus hörte auf zu denken. »Ich bin im Schloßhotel Münichau.«

»Wir können Freitag abend zusammen essen«, antwortete er, ohne es zu wollen.

»Dann bis Freitag.« Sanft küßte sie ihn, strich ihm durch die Haare und schwebte von dannen.

»Ja, bitte«, stammelte Claus an die Innenseite der geschlossenen Tür.

Na, du Trottel, meldete sich sein Gewissen.

Was heißt hier, du Trottel, noch bin ich nicht da, und heute ist erst Donnerstag, basta!

Auf dem Grundstück von Edith Bernbacher stapfte ein junges Mädchen über die Wiese, bekleidet mit Stiefeln, Bluejeans und dickem Pulli. Unter dem Arm schleppte sie einen dicken Strohballen.

»Hallo, junge Frau, wissen Sie, wo ich Frau Bernbacher finde?«

»Meinst du mich oder deine Frau?« fragte die fesche Person.

»Tante Edith?«

»Mund zu, warum sollte ich es nicht sein?«

»So, so kenne ich dich gar nicht?«

»An diesen Anblick wirst du dich gewöhnen müssen. Hier, nimm mal.« Sie drückte ihm den Ballen ans Sakko. »Komm, die sind dahinten.«

Mit weitausholenden Schritten – und das Edith, die sonst nur trippelte, wenn sie ging – marschierte sie voran.

Edith wurde wirklich jeder Rolle gerecht; nun gab es Edith nach Gutsherrenart.

Es war lange her, daß sie mit den Kindern bei Edith zu Gast waren. Heute war ein besonders schöner Tag. Der gedeckte Kaffeetisch stand draußen. Claus reckte und streckte sich wohlig in den Polstern. »Was für ein schöner Altweibersommertag.«

»Altweibersommer habe *ich* nicht gehört. Wie schmeckt euch der Kuchen?«

Ein schöner Nachmittag ohne Wolke oder Wölkchen.

»Wie heißen die beiden Ponys?« wollte Sophie wissen.

»Wir wollten sie ehrenhalber Edith und Alwin nennen, aber das will sie nicht«, sagte Flo und stopfte Apfelkuchen nach.

»Mein Alwin muß nicht postrum geehrt werden, das lassen wir. Nein, nein, denken wir doch gemeinsam Namen aus, die besten nehmen wir.«

»Hennes und Mauritz«, schlug Claus vor.

Hahaha.

»Aber wie findet ihr Ginger und Fred?« mischte Edith mit.

»Kennt keine Sau«, sagte Flo, aber das ging im Trubel unter.

»Alice und Ellen.«

»Mensch, Mami, es sind männliche Tiere.«

»Ach so, dann vielleicht Hauser und Kienzle?« korrigierte sie sich, »oder Derrick und Harry?«

»Ihr nehmt das nicht ernst, Lars wüßte sofort etwas, echt.« Bastian guckte mit steiler Stirnfalte in die Runde.

Da ging die Blödelei seitens der Erwachsenen erst recht los. Lothar und Matthäus, Puntila und Matti, nein, Matula und Punti und so weiter und so weiter.

»Ernie und Bert«, sagte Edith, und dabei blieb es.

Sophie saß entspannt hinter dem Steuer ihres Wagens, genoß ein Violinkonzert von Vivaldi, das aus dem Autoradio klang, und die wunderschöne, umbra- und terracottagetönte Herbstlandschaft, durch die sie nach Schlehdorf fuhr.

Ach, Sophie Bernbacher, du bist eine sehr glückliche Frau.

Sie freute sich auf das Wochenende, auf die Eltern, den Dobler-Hof, eben auf alles.

Prielmeyer und Oberholzer versahen den Klinik-Wochenenddienst. Claus konnte schon relativ früh nach Kitzbühel starten.

Aus dem Autoradio erklang ein Violinkonzert von Vivaldi, beruhigend und schön. Claus genoß die Musik, den schönen Herbsttag und den Blick auf die sich verfärbenden Bäume.

Ich bin ein sehr glücklicher Mann. Ich habe eine großartige Frau, zärtlich und schön, und heute abend werde ich mit einer anderen hinreißenden Frau zu Abend essen …

Und was ist mit Nachtisch? Da war sie wieder, seine zweite Hälfte des Gewissens.

Ich esse nie Nachtisch!

Wer redet von essen?

Claus schaltete von Vivaldi auf einen anderen Sender. Cher. Toll, da konnte er mitsingen, laut und kräftig gegen sein ihn ermahnendes Ich angrölen.

»Dov'è l'amore … Come to me, baby, don't keep me waiting …«

Er trällerte jeden Song, der aus dem Radio ertönte, mit. Wer singt, muß nicht nachdenken.

Sein Wagen rollte in die Auffahrt vom Schloßhotel Münichau.

»Frau Gamswald erwartet mich.«

»Der Herr Konsul. Herzlich willkommen. Ihre Frau erwartet Sie in der Halle.«

»Danke«, flüsterte Claus mit trockenem Hals.

»Wenn der Herr Konsul mir bitte folgen.«

Das träume ich alles nur, und wenn ich das nicht träume, dann …

»Könnte ich einen Obstler bekommen … oder besser einen Wodka.«

»Gern, Herr Konsul.«

»Im Licht des Feuers sind die Gesetze von Raum und Zeit außer Kraft …« Claus sah Eugenie Mathilde zärtlich an und prostete ihr zu. Sie saßen beim Abendessen, ohne zu essen …

Sie schlug jungmädchenhaft die Augen nieder. Hoch in den Neununddreißig, die sie war. Und nur dank des Meisters, der kuhäugig sein Werk betrachtete, sah sie so aus, wie sie aussah. Niemand war da, der den guten Claus durchschüttelte und ihn von seiner Wolke kickte. Er war das hypnotisierte Karnickel vor der Schlange.

Und Eugenie wollte wie die Schlange im Dschungelbuch sein Schutzengel sein. Vorsicht, Bernbacher, Vorsicht!

Rrrr, fauchte sie innerlich und freute sich auf ihren hübschen, attraktiven Braten.

»Alles in Ordnung, Herr Konsul?« fragte der Ober.

»Alles vom Besten, danke«, antwortete Claus, ohne den Blick von Eugenie zu wenden.

Sophie saß zur selben Zeit im Dobler-Hof und genoß es, Kind im Hause zu sein. Es gab soviel zu erzählen, von jetzt und früher. Vater Leopold war besonders erpicht auf Tante-Edith-Geschichten.

»Da gibt es nicht viel Neues, sie wird immer normaler. Seit dem Unfall von Claus hat sie sich verändert. Vielleicht liegt es auch an uns, wir beziehen sie in alles ein, behandeln sie nicht mehr wie die spinnerte Tante. Früher hat sie vor lauter Pillenschluckerei geklötert, wenn sie treppabwärts ging. Jetzt ist sie vollkommen pillenlos. Als neuestes läuft sie in Jeans und Reitstiefeln durch die Gegend, sicher von Hermès, aber immerhin.«

»Es kommt der Tag, Sopherl, da bekommen die Buben sie auch aufs Pony, möcht' ich wetten. Kommt, wir gehen nach nebenan, es gibt Schweinsbraten.«

Therese Dobler war aufgestanden und bat Mann und Tochter zum Essen.

Schweinsbraten! Wundervoll. Sophie hatte Heißhunger auf Braten, Knödel, Kraut und fettigglänzende Kruste.

Herrlich, dieses Wochenende auf dem Lande.

Ich will das alles nicht! war der letzte Gedanke von Claus, bevor er ins weiche Plumeau fiel.

*

Der November schauerte, graupelte, nebelte vor sich hin.

Sophie hatte sich ihren dicken Schal zweimal um ihren Hals gewickelt und kämpfte sich mit ihrem Regenschirm, in den sich immer wieder Windböen verfingen, durch die Theatinerstraße.

Sie ging ins Wiener, um eine heiße Schokolade gegen kalte Wadln zu trinken und ein Sahneeclair zu essen, aus dem quittengelbe Creme herausquoll.

Doktor Xaver Ungerer lieferte die Erklärung für Sophies ungewohnte Gelüste.

»Wie konnte das passieren?« fragte Sophie entgeistert.

»Liebe Frau Bernbacher, Sie kennen doch die Geschichte mit den Blüten und den Bienen.« Doktor Ungerer lachte schallend.

Sophie nickte und sagte kleinlaut: »Ja schon, aber ...«

»Kein Aber. Sie sind gesund und jung genug, freuen Sie sich. In vier Wochen will ich Sie wiedersehen.«

Sophie war so durcheinander, daß sie vergaß, den Schirm aufzuspannen, und stand wie vom Donner gerührt im Nieselregen.

Schwanger! Sie, jetzt. Bastian und Florian waren fast zwölf!

Ach, du liebe Zeit! Was Claus wohl sagen würde? Der war in letzter Zeit so komisch ... Wie dem auch sei, ich brauche jetzt dringend eine, eine was? Vielleicht eine Gewürzgurke?

Wann und wie soll ich zu Hause erzählen, daß wir ab Sommer einer oder eine mehr sein werden, überlegte sie auf der Rückfahrt. Bei einem schönen Familienessen oder Claus allein bei prasselndem Kaminfeuer, während draußen der Novemberwind um das Haus heulte? Oder erst in vier Wochen unter dem Weihnachtsbaum?

Ihr Lieben, mein Geschenk dieses Jahr ist ...

Wenn sich aber keiner freut? Und warum nicht? Warum sollten sich nicht alle freuen? Freust *du* dich denn, Sophie?

In Kitzbühel scheuchte Frau Konsul Handwerker und Einrichter durcheinander. Eugenie Mathilde beim Nestbau.

Auch wenn sie ihren Claus höchst selten zu Gesicht bekam, sie konnte warten, und eines Tages würde ihr der Doktor Bernbacher ganz von alleine in Tür und Arme kullern.

»Ich hätte gerne einen Cassina-Schreibtisch, die Platte aus afrikanischem Granit, für meinen Mann.« Sie sagte tatsächlich: für meinen Mann!

»Der Konsul« – das war Claus mittlerweile bei Kellnern und Handwerkern – »liebt klare Linien«, betonte sie mit Nachdruck und strich sich über ihre glatten Wangen.

Claus saß in seinem Sprechzimmer und war verzweifelt. Wo war er da nur reingeschlittert? Ich will das alles nicht! Soll ich mit Mamina reden? Nein, das ist mir peinlich, sehr peinlich. Mit Hollinger oder Oberholzer, vielleicht Prielmeyer? Die lachen sich halbtot. Mit Sophie? Damit sie mich rauswirft? Tante Edith? Da kann ich gleich einen Abreißkalender um die nötigen Sprüche bitten. Lars. Lars? Lars wäre nicht schlecht. Jawohl, ich rede mit Lars!

Das Telefon läutete.

»Hast du einen besonderen Wunsch für die Farbe der Wände, mein Liebling?« schnurrte es durch die Leitung.

»Eugenie«, Claus schnappte nach Luft, »bitte, ich rufe gleich zurück. Entschuldige.«

Claus legte verschreckt den Hörer auf. Es war verrückt, komplett verrückt. Nein, nicht es. *Er*!

Er führte ein Doppelleben, und das, ohne es zu wollen. O Gott, wie sollte er da rauskommen? Einen besonderen Wunsch für die Farbe der Wände – bin ich denn verrückt geworden?

Die Tür wurde geöffnet. »Ich dachte, Sie sind nicht da, ich habe schon einige Male geklopft«, sagte Prielmeyer. »Ist alles okay, fühlen Sie sich nicht wohl?«

»Doch, doch, nur der Föhn macht mir heute zu schaffen«, antwortete Claus zerstreut.

»Ach so, dann ist es gut.« Prielmeyer sah aus dem Fenster in den strömenden Regen. Föhn! Pfft, Föhn!

Am Nachmittag erreichte Claus seinen Bruder.

»Lars, ich muß mit dir reden, kann ich heute nach Schaernlach rauskommen?«

»Klar. Ich hole die Indianer vom Speicher, und wir reden. Wann kommst du? Wir haben sturmfreie Bude. Paps ist mit

Mamina in München, und Agnès ist in Paris. Ich freue mich. Es ist doch nichts Schlimmes passiert, oder?«

»Nein, ich denke nicht. Also bis heute abend gegen sieben. Wenn es dir recht ist, bleib' ich über Nacht.«

Sophie wollte es Claus doch gleich am Abend erzählen, quasi als Nachtisch nach dem Abendessen bei einem Glas Wein, wenn die Kinder im Bett waren.

Sie wollte sich besonders hübsch anziehen und ihm dann sagen: »Claus, vor dir sitzt eine werdende Mutter ...«

Sicherlich würde er ihr vor Begeisterung Frisur und Kleid verwuseln und »Sopherl, ich bin glücklich« jubeln. Ja, heute abend, Claus. Plötzlich freute sie sich unbändig auf alles, aber erst einmal auf den Abend, auf Claus.

Gegen halb sieben läutete das Telefon.

»Sophie, mein Engel, Lars hat mich angerufen, er will dringend etwas mit mir besprechen. Ich fahre nach Schaernlach und bleib' draußen. Wir sehen uns morgen. Tschüs, Süße. Alles in Ordnung, oder ist noch was?«

»Nein, alles in Ordnung. Grüße an Lars.«

Traurig und enttäuscht legte Sophie den Hörer zurück und wischte sich ein paar Tränen mit dem Handrücken aus dem Gesicht.

Lars und Claus saßen im Bräustüberl bei Wurscht und Kraut und Schaernlacher Weizen.

Sie redeten über dies und das und wie gut sich die Eltern in Frankreich erholt hatten. Lars berichtete über die Familie von Agnès und wie nahtlos sich ihre Eltern in den Kreis der Franzosen der Familie Daroussin eingefädelt hatten. Und so weiter. Lars wußte, daß sein Bruder früher oder später auf sein Anliegen zu sprechen kommen würde ...

Nach dem Essen gingen sie rüber ins Haus.

»Ich war ziemlich lange nicht hier.« Claus genoß die Atmosphäre sichtlich. »Wir hatten eine wunderschöne Kindheit, nicht Lars? Ich liebe das Haus, in dem wir aufgewachsen sind. Wenn ich die Augen schließe, ist es immer noch genauso wie damals ... nur, daß ich kein kleiner Junge mehr bin. Ich würde gern mal in unser altes Zimmer reinschauen.«

»Also spielen wir doch mit unseren Indianern. Geh vor, ich hole uns ein Glas Wein.«

Claus betrat das alte, geräumige Zimmer ihrer Kindheit. Da standen das Schaukelpferd, das Kasperltheater, das alte Tretauto, zwei vereinsamte Bären blickten ihm vorwurfsvoll entgegen. Im Wandbord stapelten sich Märklinkartons mit Schienen, Loks und Waggons. An der Wand hingen eine Ritterrüstung und ein bunter Indianerkopfschmuck, ein paar Plastikschwerter, ein Kriegsbeil und ein Flitzbogen. Die auf dem Boden herumliegenden Bücher und Hefte ließen auf einen schnellen Aufbruch seiner Söhne bei ihrem letzten Besuch in Schaernlach schließen. Seine Söhne ...

»Du hast uncoole Vibrations«, hatte Flo ihn neulich getadelt. Er hatte es sich verbeten, doch wenn er genau darüber nachdachte, hatte der Junge recht. Uncoole Vibrations, was für ein Ausdruck!

»Back to basics«, sagte er laut und in genauso blödem Neudeutsch.

»Was meinst du?« Lars war mit einer Flasche Wein und zwei Gläsern ins Zimmer gekommen.

»Ich meine: Zurück zum Wahren.«

»Englisch kann ich schon, ich will wissen, was passiert ist, damit du back to basics kannst.« Er reichte Claus ein Glas und setzte sich quer auf das Schaukelpferd.

Claus hockte sich auf den kleinen Spieltisch, nahm einen Schluck Wein, dann noch einen, und dann erzählte er die Geschichte. Gefangen in den Fesseln von Eugenie Mathilde Gamswald.

Lars ließ ihn reden und muckste sich nicht, obgleich er gerne manchmal etwas gesagt hätte, und gelacht hätte er auch gerne.

»Es ist wie ein Strudel, Lars, ich wollte und will das alles nicht, aber es reißt mich mit, einfach so.«

»Man kann sich wehren, du Idiot. Du schnitzt dir eine Traumfrau, und hopplahopp, läßt du dich in die Buntkarierten zergeln.«

»Nicht buntkariert, Seidendamast«, korrigierte Claus wahrheitsgemäß.

»Mein lieber großer kleiner Bruder. Du bist also auf dem Weg, ein westfälischer Hans-Dosenwurst zu werden, du Hormonochse. Sag bloß nichts den Eltern, das übersteigt selbst Maminas Toleranz. Ahnt oder weiß Sophie etwas?«

Claus schüttelte den Kopf.

»Gut. Sehr gut. Sophie, die wundervolle, grünäugige Sophie«, schwärmte Lars.

»Weiß ich«, entgegnete Claus patzig.

»Und die andere Dame, was denkt die sich? Wie alt ist sie?«

»Geboren neunzehnhundert und Mittwoch. Ich weiß es nicht! Und ich will es auch nicht wissen. Hör auf, Lars, und hilf mir. Ich liebe Sophie. Ich liebe alles an ihr. Ich liebe das Leben mit ihr, den Kindern, mit euch allen. Ich will wieder glücklich sein.«

»Der kleine Bruder holt dem großen Bruder noch ein Glas Wein, und dann weinst du ein bißchen, und morgen bekommen wir alles wieder auf eine gerade, blanke Schiene, okay?«

»Wenn du wüßtest, wie froh ich bin, daß ich kein Einzelkind bin.«

»Ich auch«, bestätigte Lars und legte einen Arm um seinen Bruder.

Am nächsten Morgen saßen die Brüder bereits um sieben am Frühstückstisch und waren albern und gut gelaunt.

Lars ging trotz des Regens mit zum Auto, umarmte seinen Bruder und winkte ihm hinterher.

Kein Wort zu irgendeinem, da waren sie sich einig. Und Klarheit und Wahrheit in der Wurstabteilung hatte Lars verlangt.

»Nimm Pflock, Kreuz und Knoblauch mit!« rief er dem Wagen nach.

»Herr Doktor Bernbacher, da war ein dringender Anruf aus dem Spital in Kitzbühel. Es ging, glaube ich, um Frau Konsul Gamswald«, empfing ihn aufgeregt Frau Queisser.

»Gamswald? Ach, Gamswald, ja, ich erinnere mich. Wo ist die Nummer?«

»Hier.« Frau Queisser reichte ihm einen Zettel.

Claus ging in sein Zimmer und wählte.

»Hallo, Süße, ich hoffe, ich habe dir gefehlt. Liebe Grüße von Lars.«

»Klar hast du mir gefehlt.« Sophie schossen die Tränen in die Augen, doch diesmal vor Glück.

Er gab nach der Frühbesprechung unter fadenscheinigen Angaben dem Kollegen Oberholzer die Nummer der Kitzbüheler Klinik.

»Fragen Sie doch mal nach, was da passiert ist, bitte. Ich bin im OP, vielen Dank.« Winkend verließ er das Zimmer.

Auch im OP verbreitete er wieder die gewohnte gute Laune.

»Ich dachte, der leidet unter einer gewissen Spätpubertät oder einem beginnenden virilen Klimakterium, so wie der in letzter Zeit drauf war. Aber Gott sei's gedankt, er ist wieder er«, frozzelte Hollinger später mit seinem Kollegen Prielmeyer.

»Manchmal ist hier ja auch Föhn«, antwortete der augenzwinkernd.

Nach vier Stunden im OP ging Claus auf die Station, um nach einer Patientin zu sehen und einen Kaffee zu trinken, als ihm Oberholzer mit flatternden Kittelschößen entgegeneilte.

»Endlich, ich wollte Sie nicht anpiepen, es wäre auch nicht gegangen, Sie haben operiert. Chef, die Gamswald rollt an.«

»Die *wer* rollt an?«

»Na, die Frau Konsul. Sie hat einen komplizierten Bruch und will nur hier liegen. Ich habe mit Frau Queisser alles besprochen, wir hatten zum Glück noch eine kleine Suite frei, denn unter dem tut sie es doch nicht.«

»Ja, Oberholzer, unter dem tut sie es nicht«, sagte Claus tonlos.

»Ich mag die Konsulin nicht sonderlich, wie Sie wissen, aber eine ausgebuchte Suite im Weihnachtsmonat, die sollten wir uns nicht entgehen lassen, dachte ich. Finden Sie nicht auch, Chef?« setzte er treuherzig nach.

»Oberholzer, ich liebe Sie«, sagte Claus ernst, »ich liebe Sie wirklich.«

»Claus, mein Junge, guten Morgen.«

Annina kam ihm entgegen. »Ist was passiert?«

»Frau Konsul Gamswald kommt.«

»Als was? Da ist doch alles gemacht.«

»Ich weiß es nicht«, sagte er geistesabwesend, »frag Oberholzer, unser Glücksbärli.«

»Claus, hast du zuwenig Schlaf gehabt in letzter Zeit?« wollte seine Mutter wissen.

»Ich bin überhaupt nicht mehr aus dem Bett herausgekommen.« Er sah seine Mutter verzweifelt an.

»Kind, Claus, ich glaube, du brauchst ein paar Tage Erholung, hm?« Sie griff ihm aufmunternd unters Kinn.

»Ja, ein paar Tage Pulverschnee in Kitzbühel wären wunderbar.« Dann fing er an zu lachen und konnte kaum aufhören.

Mein Gott, es war wie verhext. Lars, Hilfe!

Der Junge ist völlig überarbeitet. Ich werde mit Ludwig reden, daß ich Claus ein bißchen entlasten werde in der nächsten Zeit.

Sophie hatte sich entschlossen, die Familie tatsächlich mit ihrem ganz persönlichen Weihnachtsgeschenk zu überraschen, es waren sowieso nur noch drei Wochen bis zum Heiligen Abend, und es war noch absolut nichts zu sehen.

Es fiel ihr nicht leicht, besonders nicht Mamina gegenüber, den Mund zu halten, doch sie hatte es sich fest vorgenommen: erst Weihnachten nach der Kirche.

La résidence Madame Nervensäge – jemand hatte einen Zettel an die Tür der Suite geklebt, wahrscheinlich zum Entmisten der Seele und zum Abbau aufkommender Aggressionen. Lieber sich schriftlich äußern, als zum Würger von Starnberg werden.

Alle kamen in Betracht, alle – sogar der Chef.

Eugenie Mathilde harfte auf den Nerven aller.

Zehn Tage vor Weihnachten flog Claus die Sicherung raus. »So geht das nicht, meine Liebe. Ich lasse es nicht zu, daß meine Ärzte und Schwestern unter Ihrer Launenhaftigkeit zu leiden haben, Madame. Launen haben gewöhnlicherweise zickige, frustrierte und unzufriedene alte Weiber. Eugenie, was soll das?«

»Ich bin so unglücklich«, jammerte sie. »Du bist auch so verändert, Herr Doktor.«

»Ich bin hier der Arzt, hier ist Starnberg und nicht Kitzbühel. Ich hoffe, Sie … du verstehst.«

Eugenie hingen zwei funkelnde Tränen in den Wimpern ihrer schönen Augen.

Prompt tat sie ihm leid. Er sollte nicht so harsch und unfreundlich mit ihr reden, schließlich stand bald Weihnachten vor der Tür. Claus versuchte zu lächeln.

»Aber Kitzbühel ist wieder Kitzbühel, ja?« setzte sie so zaghaft wie möglich nach, schnuffelte in ihr Taschentuch und sah ihn hilflos an.

»Kitzbühel bleibt Kitzbühel«, antwortete er besänftigend und wahrheitsgemäß.

»Auf, auf, junge Frau, Pfleger Manfred kommt zum Laufenlernen. Brav sein, Herzchen, und nicht zicken. Das macht unnötig älter, und das haben wir hinter uns, nicht wahr, Frau Konsul, schön, wie wir sind. Auf Wiedersehen.« Freundlich lächelnd ging Claus aus dem Zimmer.

»Wiedersehen, Herr Konsul«, sagte Eugenie leise und glücklich.

Schön, wie wir sind, oh, oh, Claus hatte seine Schwierigkeiten. Gewiß war sie wunderschön und makellos, doch Bruder Lars hatte sie ihm gründlich ausgetrieben, richtig vergrault.

»Sieh dir ihre Vorher-Bilder an, lieber Bruder, dann wirst schon sehen, Burschi!«

Er hatte sich die Bilder angesehen und mußte *immer* daran denken! Kleine Brüder können Giftzwerge sein.

Drei Tage vor Weihnachten wurde Frau Konsul mit großem Pipapo entlassen. Sie hatte für sich eine Privatpflegerin und eine Krankenschwester engagiert.

»Für kein Geld der Welt möcht' ich den Job tun«, sagte Hanni und ging mit den beigen Krücken zur Gamswald-Suite. »Es wird doch ein bißchen was Eleganteres geben als kobaltmetallic«, hatte sie die ihr gelieferten Gehhilfen moniert. Und Manni hatte im Schwesternzimmer geraunzt: »Ich lackiere sie ihr wunschgemäß höchstpersönlich, wenn sie nur endlich, endlich geht! Diese verwöhnte westfälische Spinatwachtel, die macht hier alle verrückt, selbst unser Chef leidet, und der hat an sich Nerven wie Bandnudeln.«

Schwester Anne brachte es auf den Punkt.

»Wir tun ihr unrecht, sie ist äußerlich ein Schlaganfall, so irre, wie die jetzt aussieht, aber innendrin, hier«, sie tippte sich an die Stirn, »ist sie doch so alt wie auf der Geburtsurkunde. Die hat Probleme, glaubt mir. Außen Hollywood und innen Wohnstift Entenbach.«

Nun war es soweit, Eugenie Mathilde ging, nein, humpelte davon. Girrend und gurrend saß sie im Sprechzimmer von Claus.

»Ich fahre nur nach Ottershagen, weil du es so willst«, schmollte sie, »aber ab Mitte Januar kümmere ich mich wieder um das Domizil, unser Domizil in Kitzbühel.«

Claus drohte ihr spielerisch. »Nie wieder auf eine Leiter steigen, versprochen?«

»Ich verspreche alles.« Sie legte Claus ein kleines Päckchen auf den Schreibtisch.

Claus wickelte ein Handy aus. Extra klein, das Neueste vom Markt.

»Ich habe ein Handy für Notfälle.«

»Ein Handy nur für *uns*, Claus, es ist alles programmiert, meine sämtlichen Anschlüsse, Mailbox etcetera. Mit einem extrastarken Akku.«

Verständnislos sah Claus auf Handy und Eugenie Mathilde.

»Sonst halte ich die Feiertage nicht aus, verstehst du?«

Er nickte schwach und rief sich zur Ordnung. In spätestens einer Viertelstunde rollte sie vom Gehöft, er mußte nur noch eine Viertelstunde Nerven bewahren.

»Was für eine verrückte Idee, danke.« Er stopfte das Handy in die Hosentasche.

Der Himmel schickte Oberholzer, so daß der Abschied von Patientin und behandelndem Arzt in korrekter Form verlief. Eugenie machte noch Kulleraugen und warf ihm einen Kuß zu, ungesehen von Oberholzer, denn sie stand mit dem Rücken zu ihm. Dann war sie verschwunden.

Eine Wolke Mitsouko blieb noch im Raum hängen. *Aber sie war weg*!

Frei, endlich wieder frei! Nie wieder, nie wieder sollte ihm das passieren, und nie wieder würde er eine so perfekte, makellose Person schaffen und sich wie weiland Pygmalion verhalten, denn der Trottel hatte sich auch in die von ihm gefertigte Statue verliebt.

Wer für alles offen ist, muß nicht ganz dicht sein, Bernbacher. Er mußte blödsinnig gewesen sein, er hatte seine wunderschöne, grünäugige Sophie. Ihm war plötzlich sehr danach, Sophie zu umarmen, einfach so. Er knotete sich seinen Pullover um die Schultern und durchquerte mit eiligen Schritten die Halle.

»Claus, wo willst du hin? Ich wollte ...«

»Ich bin gleich zurück, Mamina!« rief er ihr zu. »Ich fahr' nur schnell Sophie küssen.«

»Ich liebe dich, mein Sohn.« Belustigt schüttelte Annina den Kopf.

Sophie saß auf dem Teppich und sortierte Weihnachtsschmuck, da stürmte Claus ins Haus.

»Sophie, Einzige, Geliebte, Mutter meiner Kinder. Komm, küß mich«, deklamierte er überglücklich und zog Sophie in die Höhe.

»Claus«, stammelte sie, »Claus, ist etwas passiert? Ich meine, bist du in Ordnung?«

»Besser geht es gar nicht. Ich wollte dir nur sagen, ich liebe dich und bin verrückt nach dir.«

Dann umarmte er sie und trat drei Weihnachtskugeln platt.

»Ich komme heute ganz früh nach Hause, gehen wir essen? Wollen wir nach München reinfahren?«

»Du bist himmlisch verrückt.« Sophie ordnete ihre Haare.

»Oh, der Herr Doktor, Sie kommen mir grad recht. Können sie den Baum in den Fuß stellen? Ich wollt' schon den Kober anrufen.«

»Fischerin, für Sie tue ich alles.«

Die dicke, halbhohe Tanne hing leicht schräg im Metallfuß.

»Nur gradruckeln und festschrauben, die Vorarbeit hab' ich schon g'macht, wie Sie sehen.«

Claus ging in die Knie. Das blöde Handy störte ihn. Er legte es auf den Fernseher und dachte: Das muß ich so schnell wie möglich entsorgen, die Queisser soll es auf die Post geben: Fundsache.

Der Baum stand kerzengerade. »Zufrieden?«

Die Fischerin nickte.

»Ich muß los, ein fliehendes Kinn einfangen.« Eilig rannte er zur Tür, küßte Sophie auf die Nase. »Denk dir was Schönes aus, Sopherl.«

Claus legte seine Hände ans Herz. »Ti amo, bella.«

Herrschaftzeiten, Sacklzement, das Handy! Er schnappte es sich und verschwand.

In der Klinik angekommen, legte er es der Queisser auf den Tresen. »Das hat Frau Gamswald vergessen, bitte nachschicken, ich bin im OP.« Weg war er.

Warum um alles in der Welt soll ich der Frau Konsul Gamswald eine Fernbedienung nachschicken? Die gehört doch sicherlich uns.

Frau Queisser seufzte. Der Chef war doch sehr überlastet in der letzten Zeit. Sie rief auf der Station an und erfuhr, daß die Fernbedienung auf dem Apparat lag. Na dann, sie nahm einen gefütterten Umschlag und suchte im Computer die Ottershagener Adresse von Frau E. M. Gamswald heraus.

Kober nahm später den dicken Umschlag mit den anderen Briefen und brachte alles zur Post.

In Schaernlach liefen die Weihnachtsvorbereitungen auf Hochtouren. Wie jedes Jahr wurde das Fest dort gefeiert. Im Restaurant war die riesige Tanne geschmückt, die Tische wurden zur festlichen Tafel aneinandergerückt.

Ludwig war in seinem Element. »Kümmert ihr euch um alles andere, ich spiele wie jedes Jahr den Weihnachtsmann, alles inklusive.«

Aus der Restaurantküche duftete es köstlich nach Vanillekipferl, Rosenfondant, flüssiger Schokolade und dergleichen Festtagsschmankerl mehr.

Florian und Bastian waren schon, wie jedes Jahr, mit ihrem Großvater nach Schaernlach vorausgefahren, nachdem Hausmeister Kober von der Klinik versprochen hatte, sich um die Ponys zu kümmern und Ernie und Bert am Heiligen Abend eine Extraportion Möhren zu geben.

Die Zwillinge saßen im alten Kinderzimmer von Vater und Onkel Lars und probierten in gegenseitiger Regie ihre Weihnachtsüberraschung.

»Dazwischen machen wir für die Frauen Bocelli oder Pavarotti«, schlug Flo vor, »arienmäßig, kommt gut.«

»Toll, und für die Männer *Happy Birthday* von Marilyn Monroe«, meinte Bastian.

»Sag mal, bist du denn völlig doof? Es ist Weihnachten!« Florian klatschte sich gegen die Stirn. »So etwas Mohndoofes!«

»Ja und? Ist doch jemand geboren, oder? Fragt sich, wer hier nun der Blödie ist.«

»Mit dir kann man künstlerisch nicht klarkommen, uns trennen Welten.« Florian seufzte. »Los, mach noch mal deinen Text. Und leiere nicht so!«

Sophie war mit Claus in einen kleinen Landgasthof am Ammersee gefahren. Gemütlichkeit mit Gänsebraten und Händchenhalten. Sophie war einige Male versucht, Claus zu sagen, daß sie ein Baby erwartete … Aber: Heiligabend nach der Kirche, hatte sie sich vorgenommen, und dabei sollte es bleiben.

Claus fühlte sich wunderbar leicht, so als hätte jemand tonnenschwere Gewichte von ihm gewälzt. »Sophie, ich liebe dich.«

Am nächsten Tag war die Weihnachtsbescherung für das gesamte Personal mit Angehörigen in der Klinik. Anna und Carlo lieferten wie jedes Jahr das warme Buffet und die Getränke.

Über die Feiertage waren nur drei Patienten in der Klinik, und auch die waren herzlich eingeladen. Großes *Merry Christmas* unter der dicken Tanne in der Halle, mit Krapfen, Punsch und Kerzenlicht.

»Lächeln Sie doch mal, es ist Weihnachten«, sangen Sophie und Claus auf dem Heimweg mit Achim Reichel, der gutgelaunt aus dem Autoradio tönte, um die Wette. Schön und laut. »Lächeln Sie doch mal ...«

Am späten Vormittag des vierundzwanzigsten Dezember starteten Claus und Sophie Richtung Schaernlach, vorher sammelten sie noch Tante Edith inklusive ihrer diversen Geschenkpakete und Toulouse ein.

»Der Wagen droht aus allen Nähten zu platzen, ihr solltet euch ein familiengerechteres Auto zulegen«, meinte sie leicht aufmüpfig.

»Klar, liebste Tante, wo man auch schon mal ein Pony hineinbekommt«, sagte Claus und stopfte Edith mitsamt den Paketen und Päckchen auf den Rücksitz.

»Ihr mögt es vielleicht nicht für möglich halten, die Tiere sind mir richtig ans Herz gewachsen, besonders Bert freut sich immer schnaubend, wenn ich komme.«

»Das ist dein Parfum, der ist wild nach deinem Schnuff.«

»Ach, ihr«, wehrte sie lachend ab. »Aber ich mußte mich mit Bronchialgewalt heute von ihnen losreißen.«

Sophie und Claus prusteten los.

»Lächeln Sie doch mal, es ist Weihnachten«, intonierte Claus.

»Ihr seid alle miteinander ein bißchen verrückt, aber ich liebe euch trotzdem«, lautete ihre Antwort auf die Singerei.

»Und wir dich erst.«

Gegen Mittag erreichte die Fuhre Schaernlach. Es gab einen kleinen Imbiß im Bräustüberl.

»Völlerei erst ab sechs, wie jedes Jahr. Schön, euch alle hierzuhaben. Lars muß auch gleich eintreffen, er holt Agnès vom Flughafen ab.« Annina und Ludwig lotsten die Truppe weiter.

Bastian und Florian hatten es wichtig, sie liefen mit inzwischen völlig zerfledderten Manuskriptseiten unter den Armen herum. Für ihr Dafürhalten war die Musik jetzt auch megagut gewählt.

Weihnachten in Schaernlach war jedesmal ein Ereignis.

Die Familie ging um vier Uhr zu Fuß in die nahe gelegene Kirche zum Weihnachtsgottesdienst. Danach zogen sich alle festlich an, und um sechs öffneten sich die Türen des Restaurants. Rechts vom großen Kamin stand wie jedes Jahr eine dicke, barocke Tanne. Für Annina und Ludwig war es seit jeher die Einstimmung auf den vierundzwanzigsten Dezember, wenn sie zusammen am Abend vorher den Baum schmückten. Untermalt von schöner Musik und mit einem guten Glas Rotwein hängten sie pausbäckige Engelchen, schillernde Sterne, rotweiße Holzpferdchen, glasierte Äpfel, vergoldete Nüsse und vieles mehr in die Zweige.

Der Baum sah jedes Jahr so aus, wie er in den Kindertagen von Lars und Claus ausgesehen hatte – so, wie sie ihn liebten. Kein Schickimicki-Straß und Goldglitzerbaum. Eben ein echter bayrischer Landhausbaum.

Über die gesamte Länge der Tafel zog sich eine dicke Tannengirlande, in die neben den Schleifen und dem Schmuck allerlei Naschereien garniert waren, das Tafelsilber glänzte im Schein der Kerzen und brach sich im feinen Kristall der Gläser.

Das Personal von Schaernlach, das nicht nach Hause gefahren war, feierte mit. Die Tischordnung war eine Erfindung von Annina. Vor jedem Platzteller stand eine Karte mit einem weihnachtlichen Symbol; das Doppel befand sich in einem Champagnerkühler. Jeder zog sich sein Symbol, und das Ergebnis war eine bunt zusammengewürfelte Tischordnung, keine Trennung zwischen Familie und Personal. Alle gehörten zusammen.

Agnès war so überwältigt von dem stimmungsvollen Ambiente, daß sie zu Sophie sagte: »Ich bin der glücklichste Mensch. Daß ich in diese Familie hineinheiraten darf, ist magnifique, merveilleux.« Spontan umarmte sie Sophie. »Ich denke, wir werden uns gut verstehen. Die Mamina und der Ludwig und meine Eltern haben sich auch sofort verstanden.«

Jemand hielt ihnen ein Tablett hin, auf dem Gläser mit Champagner standen. »Auf gute Familienfreundschaft, sagt man das?« Agnès sah Sophie an. »Auf gute Familienfreundschaft, Agnès.«

»Frohe Weihnachten!« Ludwig hatte sein Glas erhoben. »Ich freue mich, mit euch allen wieder einmal in trauter Runde hier in Schaernlach Weihnachten zu feiern, und wünsche uns allen einen schönen Weihnachtsabend.«

»Frohe Weihnachten«, tönte es von rechts nach links, von links nach rechts. »Frohe Weihnachten.«

Ehe Sophie etwas sagen konnte, kamen ihre Söhne ihr zuvor. Florian ergriff das Wort.

»Liebe Gemeinde«, verstieg er sich festlich christlich, »wir, mein Bruder und ich, haben uns etwas ausgedacht, um euch ein bißchen anzutörnen auf Weihnachten ...«

»Du Kaffer«, flüsterte Bastian, »mein Bruder meint, die schöne Stimmung zu Weihnachten zu äh, na ja, zu ...«

»… untermalen.« Flo ergriff wieder das Wort. »Hier unser Programm. Und bitte setzt euch, es dauert einen Augenblick.«

Stühle schurrten, dann herrschte absolute, erwartungsvolle Stille.

Bastian gab durch Kopfnicken zu verstehen, sein Bruder solle den CD-Player starten.

Bachsche Fanfarenklänge ertönten, wurden leiser gezogen und ausgeblendet, dann begann Florian: »Und es begab sich zu der Zeit …«

Er sprach die Weihnachtsgeschichte klar und deutlich und fast auswendig. Die Erwachsenen waren gerührt, besonders die Frauen, zaghafter Applaus ertönte am Schluß, den er jedoch mit einer Handbewegung abwehrte. Dann sang Marlene Dietrich – statt Marilyn Monroe – ein einschmeichelndes Weihnachtslied im Walzertakt.

Darauf folgte die Geschichte »Der kleinste Engel und der Weihnachtsstern« von Charles Tazewell, gelesen von Florian.

Die Geschichte trieb Tante Edith derartig das Wasser in die Augen, daß sie tränenblind »Panis Angelicus«, gesungen von Andrea Bocelli, zuhörte. Und nicht nur Tante Edith war gerührt.

»Frohe Weihnachten und einen schönen Abend.« Flo und Bastian verbeugten sich. »Wenn ihr jetzt wollt, könnt ihr klatschen«, setzte Florian nach.

Und ob die Erwachsenen wollten. Als der Beifall verebbte, erhob sich Sophie, ging zu ihren Söhnen und legte rechts und links ihre Arme um die beiden.

»Bitte, darf ich euch sagen, daß ich sehr stolz auf meine beiden Großen bin.« Sie küßte nach rechts und links. »Ich sage ›meine Großen‹, denn im nächsten Jahr müßt ihr ein Kinderstühlchen dazurücken.« Sie lächelte. »Frohe Weihnachten.«

❋

Feiertage verlangen von den Menschen ein gerüttelt Maß an Zeit und Ausdauer. Hier ein Brunch, dort ein Lunch, hier ein Empfang, dort ein Essen »im kleinen Kreis« – meist handelt es sich dabei um ein Dutzend feiertagswilliger Esser –, ein Fünfuhrtee unter Freunden und so weiter und so weiter. Gelegenheiten gab es reichlich.

Claus schwebte in den Wolken, so glücklich war er. Bastian und Florian sahen dem Familienzuwachs noch mit sehr gemischten Gefühlen entgegen. Bei Schulfreund Joschi Ertl war seit neuestem eine kleine Schwester, die den ganzen Tag plärrte, und das sollte ihnen nun auch ins Haus stehen? Sie trösteten sich bei Tante Edith mit den Ponys, außerdem hatten sie noch bis zum Frühsommer ihre Ruhe.

Am zweiten Feiertag klinkte Sophie sich aus. Sie konnte sich, wann immer sie keine Lust zu irgendeiner Sache hatte, für die nächsten Monate mit triftigem Grund entschuldigen. Sie wollte sich einen faulen Tag mit Zeitungen, Büchern und Fernsehen machen.

Claus, Agnès, Lars und die Jungens waren in Hellabrunn »Affen gucken«. Tante Edith hatte sich ihnen angeschlossen.

»Verliert sie nicht. Im Geist lese ich schon die Headline: Exaltierte Tante im Zoo ausgesetzt.« Für diese Bemerkung knuffte Annina ihren Ludwig in die Seite, aber lachen mußte sie trotzdem.

Nachdem Lars und Agnès in Schaernlach aus dem Haus waren, machten Annina und Ludwig einen langen Spaziergang durch die winterliche Kälte. Gegen Nachmittag setzte leichter Schneefall ein, der sich bis zum Einbruch der Dunkelheit verstärkte.

Annina kam mit frisch gebrühtem Tee aus der Küche.

»Hast du mal rausgesehen, Ludwig? Es schneit wie wild.«

Ludwig sah von seiner Lektüre auf.

»Oh, wenn das so bleibt, werden Agnès und Lars Schwierigkeiten haben, nach Hause zu kommen, da ist in Kürze alles zugeschneit. Aber wir sitzen trocken und warm, und die Kinder sind erwachsen. Zur Not können sie bei Sophie und Claus übernachten.«

Sophie hatte sich in die Kissen und Polster gekuschelt. Sie las ein bißchen, sie träumte ein bißchen, sie genoß die Ruhe. Später wollte sie sich im Fernsehen den Weihnachtsfilm »Ist das Leben nicht schön« ansehen, mit James Stewart und dem wundervollen alten Lionel Barrymore, der sich in der Rolle seine Engelsflügel verdienen muß. Immer wenn ein Glöckchen läutete, bekommt ein Engel seine Flügel, heißt es da. Eine herrlich sentimentale Geschichte, die wunderbar zu heißer Schokolade und Bratäpfeln paßte.

Sophie sah auf die Uhr. In einer halben Stunde erst sollte der Film anfangen. Blieb noch Zeit, ein wenig zu träumen und zu denken.

Das Stakkato einer lauten Autohupe ließ sie hochfahren. Schon stürmten die Zoobesucher ins Haus und skandierten: »Wir wollen heiße Schokolade, wir wollen heiße Schokolade!«

Lars, Agnès, Claus, Basti und Flori schälten sich aus der winterlichen Verpackung. Toulouse sprang in die geborgene Sicherheit der Sofakissen, was darauf schließen ließ, daß, hinter Menschen, Schals und Mänteln verborgen, auch die schmale Edith stehen mußte.

»Kann mir bitte jemand aus dem Mantel helfen?« tönte es über die Köpfe der Truppe hinweg.

Da stand Edith, gehüllt in einen dunkelbraunen Kürschnertraum.

»Wir wollen alle fernsehen, den Heulfilm, der fängt gleich an.«

»Es ist ein Weihnachtsfilm voller Gemüt«, tadelte Edith.

»Los, ihr Frauen, ein bißchen zackzack in die Küche, Schokolade kochen und Stollen schneiden!« Lars klatschte in die Hände und machte mit den Händen eine scheuchende Bewegung Richtung Küche.

»Edith deckt den Kaffeetisch, und wir erwarten euch.« Lars plumpste in die Polster.

»Nein, du wirst den Fernseher einschalten, während ich kurz in der Klinik anrufe, ob alles in Ordnung ist.«

Lars erhob sich. »Welcher Sender?«

»Zapp durch.«

»Damit?« Lars hielt ihm das Handy hin. »Wo ist die Fernbedienung?«

»In Ottershagen.«

»Wo?«

»Ich sagte doch: in Ottershagen!«

Claus klärte seinen Bruder mit kurzen, knappen Worten auf.

»Das ist eine klingelnde Bombe, die mit fürchterlichen Auswirkungen in dein Eheleben einschlagen kann. Entsorgen, so schnell wie möglich.« Lars überlegte. »Bring das Handy aus dem Haus!« Er sah auf das Display. »Du hast bereits eine Nachricht drauf. Bring das Ding aus dem Haus!«

»Ins Auto?«

»Das ist nicht weit genug weg, fahr damit in die Klinik und leg es für heute in die unterste Schublade deines Schreibtischs. Abflug, großer Bruder, ich richte das hier schon. Fröhliche Weihnachten, Liebster«, flötete er ihm nach.

Claus war so zerstreut, daß er fast Tante Ediths Pelz angezogen hätte; er griff sich einen Schal, und nichts wie raus.

»Gehst du weg?« Basti und Florian kamen die Treppe herunter. »Mensch, der Film fängt gleich an.«

»Bin gleich zurück.«

Lars tischte eine glaubwürdige Geschichte über das Verschwinden von Claus auf. Alle waren zufrieden, und dann fing – Gott sei Dank – der Film an.

»Habt ihr mal rausgesehen?« Claus war zurück und wuselte sich den Schnee aus den Haaren.

»Schscht.«

»Es schneit!«

»Schscht, hier im Film auch. Setz dich und red nicht dazwischen.«

Edith bedeutete ihm per Handbewegung, er möge Platz nehmen. Lars sah ihn fragend an, Claus nickte, machte Dürersche Hände und schielte an die Decke.

Lars grinste.

Nachdem die Schlußmusik verklungen war, meldete sich Claus wieder zu Wort. »Draußen schneit es ununterbrochen.«

»Waaas?« Sie eilten alle an die Fenster.

»Ihr werdet hier übernachten müssen. Bei dem Wetter kommt ihr nicht nach Schaernlach und du nicht nach Hause, Edith.«

»Inklusive ohne mich. Ich habe nichts dabei. Unmöglich!« Tante Edith schüttelte energisch den Kopf.

»Du bekommst einen Bärchen-Schlafanzug von Flo oder Basti und gibst Ruh'.« Claus legte den Arm um seine Tante.

»Wir machen uns einen schönen Familienabend mit Tanz und Geschichten und Kaminfeuer. Es sind bestimmt noch ein paar Konserven im Haus, mit denen wir über die nächsten Tage kommen, liebe Tante.« Lars küßte ihr leicht die Wange.

»Mit euch werden selbst Katastrophen zum Ereignis.«

»O ja, außerdem habt ihr zwei Fachleute für plötzliche Wintereinbrüche mit Schneeverwehungen im Haus, gell, Sophie?«

Sophie lächelte, räumte das Geschirr vom Kaffeetisch und ging in die Küche.

Was wäre, wenn sie jetzt vielleicht, anstatt mit Claus, mit Lars ... Doch war Lars nicht eigentlich genauso wie ihr Claus? Lars hatte blaue Augen, oder?

Sophie sah aus dem Fenster in die tanzenden Flocken. Der Schnee hatte den Büschen und dem Zaun schon dicke Mützen und den Ästen der Bäume eine Schicht Puderzucker verpaßt. Im Schneetreiben die Richtung erkennen, geht das? Kann man das?

Lars war hinter Sophie getreten und legte seinen Kopf in die Kuhle zwischen ihrem Hals und ihrer Schulter.

Sophie drehte sich nicht um.

So standen sie beide eine Weile und sahen in die Flocken, die im matten Lichtschein der Außenbeleuchtung durcheinanderwirbelten.

»Es ist lange her, Sopherl, daß wir in die Schneeflocken geträumt haben.«

»Es ist eine schöne Erinnerung, die nur uns ganz allein gehört.«

Lars küßte Sophie zärtlich auf den Hals und spürte den Schlag ihres Herzens.

Sophie legte ihre Hand für den Bruchteil einer Sekunde an sein Gesicht. »Wir werden, bis wir alt sind, immer ein bißchen Schneetreiben in unseren Gedanken haben ...«

»Und das ist wunderbar.«

Hermann und Dorothea standen in der Diele des Hauses in Schaernlach und wollten nach draußen.

Ludwig öffnete ihnen die Tür, und die Hunde stürmten an ihm vorbei. »Annina, zieh die Moonboots an, es ist prachtvoll, alles tief verschneit.«

Mit doppelten Pullovern, dreifach gewickelten Schals und dicken, warmen Handschuhen tobten Annina und Ludwig eine Viertelstunde später mit den Hunden um die beleuchtete Tanne auf dem Vorplatz.

»Louis, fang!« Annina hatte ihm einen dicken Schneeball zugeworfen, er fing ihn aber so ungeschickt auf, daß er vor seinem Gesicht zerplatzte.

»Warte, Frau Bernbacher, jetzt gibt es Saures!« Er rannte Annina hinterher. Sie ließ sich fallen, und beide rollten prustend durch den Schnee, der aus ihnen panierte Schneemänner machte.

»Ludwig, wenn uns einer sieht, der muß doch denken …«

»Mir doch wurscht, was sich andere denken; außerdem sieht uns keiner, außer vielleicht Tante Hetty von oben, und die hat ihren Spaß. Soll ich sie einseifen, Hetty?« fragte Ludwig mit Blick in die Sterne.

»Sie hat ja gesagt«, sagte Ludwig lauernd durch die Zähne.

Kreischend sprang Annina auf. »Ludwig! Ludwig! Untersteh dich! Ich sag's dir, laß es!«

Sie rannte, so gut man eben durch hohen, dicken Schnee laufen kann, davon. »Respekt, Ludwig, im Frühsommer werde ich zum drittenmal Großmutter«, keuchte sie.

»Das ist ja das Schöne.« Ludwig hatte sie erreicht. Beide fielen erneut lachend in den Schnee.

»Großmutter, ich liebe dich«, sagte er und küßte ihr die Schneeflocken von den Wimpern.

⁂

Claus zog die Schublade seines Schreibtisches auf. Da lag es, das Handy. Und nun? In den Container? Damit es auch gefunden wird, o nein. Doch was sollte er tun. »Ein Handy nur für uns« – tzz! Ratlos sah er auf das Gerät in seiner Hand. Herrschaftzeiten! Plötzlich klingelte es. Vor Schreck ließ er es fallen. Es klingelte und klingelte. Claus nahm es zaghaft in die Hand, so als müßte er eine Vogelspinne aufheben.

Er drückte die Taste und fragte zögerlich: »Jaaah?«

»Ach, bin ich froh, mein liebster Claus«, schnurrte es kabellos.

Fast hätte er das Handy schon wieder fallenlassen.

»Hmm, hmmhmm«, stammelte er halb erstarrt.

»Wie geht es dir? Ich war in Sorge. Schön, dich zu hören«, sie seufzte erleichtert, »wunderschön.«

»Ja«, antwortete er männlich sachlich.

»Verstehe, du kannst nicht reden.«

»Genau.« Seine Einsilbigkeit rettete ihn, doch nur für dieses Mal. So konnte und sollte es nicht weitergehen.

»Laß dir nur sagen, falls wir keinen Kontakt haben können, ab fünfzehnten Januar bin ich in Kitzbühel.«

»Auf Wiedersehen, Herr Faltermeier, am fünfzehnten. Ich wünsche noch einen schönen Tag.«

»Ich bin verrückt nach dir! Bye-chen.«

Dann war die Verbindung durch den entschlossenen Druck von Claus auf die Austaste unterbrochen.

Feige bin ich. Warum sage ich nicht: Frau Konsul Eugenie Mathilde Gamswald. Aus – Äpfel – Amen. Ich wollte das alles nicht. Dann nach einer kleineren Überlegung kam ihm die rettende Idee. Ich werde ihr sagen: Madame Konsul, Sie sind so schön, Sie können jeden haben und brauchen mich *überhaupt* gar nicht. Jawohl, das war es. Und das würde er ihr sagen! Am fünfzehnten oder sechzehnten oder in Kitzbühel.

Schonfrist von fast zehn Tagen. Herrlich!

Doch der Fünfzehnte rückte Tag für Tag näher. Die Akkus des Handys waren leer. Endlich. Und er mußte es nicht mit Gewalt kaputtmachen, damit es nicht mehr in sein Leben klingeln konnte.

»Na, Mister Landleberwurst, wie steht's?« meldete sich Lars telefonisch bei seinem Bruder.

»Sie ist ab morgen in Kitzbühel. Ich fahre hin zum Schlußstrichziehen.«

»Denk daran, behalt es vor dem inneren Auge: das Michelin-Männchen in Chanel.«

Sophie wollte am Samstag mit Annina nach München fahren. Seine Söhne betreuten ihre Ponys. In längstens einer Stunde könnte er in Kitzbühel sein, und in längstens drei Stunden wäre er wieder zu Hause. Kurzes Mittagessen in den Unterberger Stuben, und: Adios, Frau Konsul.

Er wollte es ihr außerhalb der schützenden häuslichen vier Wände sagen, da war er sicherer, falls sie kreischen oder schreien würde. Er hatte auf den Kitzbüheler Anrufbeantworter gesprochen. Um halb eins im Restaurant; er hatte einen Tisch bestellt. In Kitzbühel war Hochsaison. Einen Tisch für Frau Konsul Gamswald – er hatte am Telefon so getan, als ob er der Gamswaldsche Privatsekretär wäre, nur nicht sagen, daß er der Bernbacher aus Starnberg war, nur nicht! »Und bitte einen Tisch nicht so in der Mitte, vielleicht hinten links.«

Schon beim Betreten des Lokals roch er Mitsouko. Madame Wunderwerk war also schon da. Sie war eine Dicke, eine richtige dicke Dicke, funkte sein Hirn.

»Ich bin mit Frau Konsul Gamswald verabredet.«

Da winkte sie auch schon. »Hier bin ich, Liebling!«

Claus versuchte durch einen Hustenanfall ihren Enthusiasmus zu übertönen. Es klappte einigermaßen.

Da saß sie, der üppige Zobel war ihr von den Schultern gerutscht und umspielte schmeichelnd das helle, weiche Cashmere-Ensemble. Dezent baumelte ihr eine Kette aus suppenmakronengroßen Perlen auf dem schönen Busen. Der ist von Oberholzer und Prielmeyer, Bernbacher! Reiß dich zusammen und starre nicht so. Denk an die Vorher-Bilder! Sicherheitshalber hätte er sich ein Polaroid einstecken und vor Betreten des Restaurants noch einmal einen Blick drauf werfen sollen.

»Setz dich, Claus, bitte.«

»Ja, ich setze mich.«

Laß das Gestammel, befahl er sich. »Eugenie, laß mich gleich zur Sache kommen. Es muß vorbei sein.«

Sie sah ihn fragend an.

»Wir hätten keine Zukunft, es war eine Liebelei – Sag was Nettes, Claus –, eine schöne Liebelei, doch nun kehrt der Alltag zurück. Du bist eine so schöne Frau, du kannst an jedem Finger zehn haben. Sieh mich nicht so an, Eugenie, bitte.« Ihm wurde siedendheiß. Weiter! befahl er sich.

»Unser – nennen wir es – ›Flirt‹ war doch absehbar und unausweichlich. Verstehst du, Eugenie?«

Sie nickte. O *nein*, Hilfe! In ihren langen Wimpern plinkerten zwei dicke Tränen wie schillernde Tautropfen.

Er reichte ihr sein Taschentuch, und Eugenie ließ ihre Tränen hineinkullern.

»Darf ich bitte die Karte bringen, vielleicht schon etwas zu trinken?«

»Ja, bitte zwei Gläser Champagner.« Eugenie holte Luft mit kurzem Doppelatmer. Das, was Claus ihr offenbarte, schnürte ihr den Hals zu und nahm ihr die Luft. Mit traurigem Blick reichte sie Claus das Taschentuch zurück.

»Du trinkst jetzt Champagner, jetzt?«

»Warum nicht, Claus, bei allen denkwürdigen Ereignissen haben wir Champagner getrunken, also warum nicht auch heute?«

»Bitte, Eugenie, versteh mich. Bitte! Wir hätten keine Zukunft, meine Schöne.« Claus fühlte sich auf sicherem Grund und ergriff ihre Hand.

Der Champagner kam.

»Grüß Gott, Herr Doktor Bernbacher«, kopfnickend ging Lilly Mayreder an dem Tisch vorbei.

Die Mayreder, die fehlt mir noch in meiner Sammlung. Was soll's, daß er in Kitzbühel war, hieß doch nichts, und wann sah man die Mayreder schon mal, man hörte nur ihre Hunde Queenie und Martha kläffen. Claus lächelte Eugenie Mut zu.

Sie ließen die Gläser aneinanderklingen. Da waren sie wieder, die Tautropfen ... Claus tupfte ihr die Tränen vom Gesicht.

»Die Kälte treibt einem die Tränen in die Augen, nicht wahr, Herr Doktor?« Lächelnd passierte die Mayreder wieder den Tisch, als sie vom »Nasepudern« zurückkehrte. »Ich wünsche einen guten Appetit. Übrigens, das Backhendl ist vorzüglich, allererste Klasse.«

War das nun auf Eugenie gemünzt oder ein freundlicher Gourmet-Tip?

Während des Essens, in dem Eugenie Mathilde verständlicherweise nur herumstocherte, leistete Claus moralische Aufbauarbeit. Er pries all ihre Vorzüge, hielt ihr vor Augen, wie unabhängig sie wäre, alles würde im Grunde nur für sie sprechen, alles.

»... und einer so schönen Frau stehen Tür und Tor offen. Betrachte mich als zur Behandlung dazugehörig, und die ist nun erfolgreich abgeschlossen. Nun lächle doch mal, nur für mich.«

Im Laufe seiner Erklärungen hatte er wieder den Ton Arzt zu Patient angenommen, und siehe da, es blieb nicht ohne Wirkung. Eugenie Mathilde lächelte. Fast hätte Claus »So ist es brav« gesagt.

»Du wirst immer meine Schönste bleiben«, sagte er beim endgültigen Abschied. *Er* meinte sein Werk, und Eugenie faßte es anders auf, doch das durfte sie getrost, denn in wenigen Minuten fuhr er aus ihrem Leben davon.

»Darf ich dir das Handy wiedergeben?« Claus ließ es in ihre offene Handtasche fallen.

»Ich danke dir für alles, Claus, du hast aus mir nicht nur äußerlich einen anderen Menschen gemacht, ich ertappe mich doch tatsächlich dabei, daß ich manchmal nachdenke.« Sie lachte leise.

»Madame Konsul, ich bin stolz auf Sie. Auf uns! Wir waren ein tolles Team. Auf Wiedersehen, Eugenie mit den schönen Augen.«

Claus stand auf und ging mit großen Schritten in die Freiheit.

Eugenie klappte ihre funkelnde Puderdose auf, tupfte die leichten Spuren, die die Tränen hinterlassen hatten, fort, sah ihr schönes Spiegelbild …

»Bitte noch ein Glas Champagner.« Auf die neue Eugenie wollte sie trinken und mit dem zweiten Schluck die aufgekommene Traurigkeit herunterspülen, und dann: Kitzbühel, ich komme!

Als Annina und Sophie von ihrer Schnäppchenjagd aus München zurückkehrten, saß Claus entspannt mit der Samstagszeitung im Sessel. Auf dem Fernseher lag eine neue Fernbedienung.

⁂

Es war einer dieser typisch Münchner Tage im März, knallwarm, richtiges T-Shirt-Wetter. München saß draußen.

Die Theatinerkirche wirkte unter dem strahlenden Blau des Himmels noch ockergelber.

Sophie kam vom Baby-Check-up bei Doktor Ungerer. Die laue Luft des herannahenden Frühjahrs kitzelte Sophie wohltuend Nase und Seele, mit anderen Worten: Sie hatte heute ganz besonders gute Laune. Sie schlenderte rüber zur Residenz, um einmal den Löwen Dankeschön zu sagen, denn das mit den Glitzerpantinen hatte sich so, wie sie es sich gewünscht hatte, in Wohlgefallen aufgelöst, und zum zweiten hatte sie wieder einmal einen Wunsch an die Löwen.

»Ich könnt' Ihnen sagen, was Sie erwarten, liebe Frau Bernbacher«, hatte Doktor Ungerer gesagt, und Sophie hatte geantwortet: »Ich will es lieber nicht wissen. Es ist spannender, es *nicht* zu wissen.«

Aber einen Wunsch hatte sie schon, und den wollte sie den Löwen mitteilen. Und das tat sie auch. Ganz fest mit Augen zu.

Da sie nun schon in München war, wollte sie ein bißchen herumlaufen und sehen, ob sie irgendwo zufällig ein hübsches Zweimannzelt finden konnte, in das sie im Mai zur anstehenden Hochzeit von Lars und Agnès schlüpfen konnte.

Sie trödelte durch das Kaufhaus Beck, fuhr mit der Rolltreppe in die oberen Etagen und hörte plötzlich, wie eine männliche Stimme »Sophie« rief.

Auf der gegenüberliegenden Rolltreppe, die abwärts fuhr, stand Christopher Waldeck.

Christopher Waldeck! An den hatte Sophie seit »Cymbelin« beziehungsweise dem darauffolgenden Tag nie mehr gedacht.

Christopher fuchtelte mit der Hand und rief: »Ich komme wieder rauf, bitte warten Sie, Sophie!«

Sophie erwog kurz, im Gewusel der Menge unterzutauchen, verwarf es aber genauso schnell.

Strahlend schwebte Christopher ihr auf der Rolltreppe entgegen.

»Sophie, treulose Sophie. Aber Sie sehen, wir treffen uns immer wieder«, begrüßte er sie. »Es ist Mittag, darf ich Sie zu einem kleinen Imbiß einladen?«

»O ja, ich würde gern einen Heringstopf essen«, antwortete Sophie.

»Und ich ahne auch, warum. Kommen Sie.« Christopher legte beschützend seinen Arm um sie und führte sie durch Menschen und Gedrängel.

Lächelnd betrachtete er ein Weilchen später den leergeputzten Teller von Sophie.

»Hach, es war wundervoll«, seufzte sie glücklich, »ich lebe seit Monaten von Fisch und Gurken.«

»Und wann ist die Diät zu Ende, ich meine, wann kommt Ihr Baby?«

»Im Juli, wahrscheinlich bei dreißig Grad im Schatten.«

»Ich würde mich sehr gern als Patenonkel vorschlagen, dann kann ich Sie sehr oft sehen, nicht nur zweimal im Jahr.«

»... und mein Leben richtig schön komplizieren«, fiel sie ihm ins Wort.

Später begleitete er Sophie in die Parkgarage an der Oper.

»Sophie, ich hätte Sie sofort geheiratet, gleich damals, vom Fleck weg.«

»Im nächsten Leben, Christopher, ich merke Sie vor.« Sophie strich ihm die Haarsträhne aus dem Gesicht, die ihm schon wieder vor den Augen baumelte. Dann stieg sie ins Auto.

»Alle sagen: I love you«, sagte er leise in die Schlußlichter ihres davonfahrenden Wagens.

Lars war auf dem Weg zum Drucker, um die Hochzeitseinladungen abzuholen. Alles was in Schaernlach anfiel, wurde in einer kleinen Druckerei in Starnberg gedruckt. Auf dem Rückweg machte er einen Schlenker zur Klinik seines Bruders.

»Nein, der Herr Doktor Bernbacher operiert nicht«, sagte Frau Queisser, »er ist in seinem Zimmer. Soll ich Sie anmelden?«

»Nein, danke. Überraschung«, antwortete Lars und klapperte mit den Augendeckeln.

Nach kurzem Klopfen trat er ein.

»Du?« Claus staunte.

»Nein, ich bin Frau Gamswald als dein Bruder verkleidet.«

»Lars, laß den Quatsch. Aus den Augen, aus den Sinnen.«

»Apropos Sinnen. Ich habe neulich beim Zahnarzt, wo sonst, in einem bunten Blättchen geblättert, da war sie drin. Sie ist dir gelungen, lieber Bruder. Ein scharfer Feger! Da war irgend so ein Fest in Marbella und sie im Arm von Rodrigo Irgendwer, glutäugig und wild, Witwenbalsam vom Besten.«

»Lars!«

»Was heißt: Lars! Sie genießt ihr Leben, ohne dich gäbe es auch keinen feurigen Rodrigo, allenfalls einen etwas lendenlahmen Hubertus. Wenn überhaupt! So, nun Schluß mit Leberwurst. Ich bin eigentlich hier, um dich zu Anna und Carlo zu Spaghetti mit irgendwas einzuladen. Raffel die Unterröcke und komm.«

»Wollen wir unsere Mutter nicht mitnehmen?«

»Und ob. Komm, wir überfallen sie. Wo steckt sie?«

»Die piepen wir an.«

»Bella Signora, herzlich willkommen!« Carlo breitete die Arme aus und drückte Annina an sein großes italienisches Herz. »Sie wissen schon, Sie haben eine sehr schöne Mamma.«

»Sonst wären wir auch nicht ihre Söhne geworden«, pflaumte Lars.

»Bella Mamma, wo willst du sitzen?« fragte Claus pathetisch.

»Es ist wunderschon in der Sonne, Signora«, meldete sich Anna zu Wort und begrüßte herzlich die Frau Doktor und ihre Söhne.

»Sitzen wir mit die Mamma in die Sonne, molto bene.« Lars umarmte seine Mutter und zog sie mit.

»Ist nicht zu freddo für die rognoni, die Nierchen, Mamma?« fragte Claus voller Anteilnahme.

»Wie sagen Tante, he? Bin kein alte Schachtel, kein antiqualitätisches Einrichtung, per favore. Dov'è la tavola?«

»Das heißt auf deutsch: Wo ist John Travolta«, sagte Claus erklärend.

»Weiß ich, piccolo dottore, Mamma hat mich auch studieren lassen.«

Annina fand es wunderbar, mit ihren Söhnen zusammenzusein.

»Alles, was spontan is, Frau Doktor Bernbacher, dascha das Salz des Lebens«, hamburgerte Lars.

»Du, da fällt mir ein, eure Großeltern kommen zur Hochzeit angereist. Großmutter Luise hat gesagt, wenn Herr Heesters in seinem Alter noch auf der Bühne steht, werden wir doch wohl zur Hochzeit von unserem Enkel nach Bayern reisen können. Sie hat dann noch kokett hinzugefügt: Außerdem bin ich jünger.«

»Fürstenhochzeit in Schaernlach, halb Paris hat sich auch angesagt.«

»Und Tante Edith rennt schon seit Wochen durch die Boutiquen«, warf Claus ein. »Stellt euch vor, neulich hat sie ernsthaft zu Sophie gesagt: ›Mein Tag ist zu kurz, denn er ist angefüllt und ausgefüllt.‹ Wir erwarten täglich die Adoptionspapiere, so narrisch wie die seit neuestem mit Florian und Bastian ist.«

»Kinder sind eine Aufgabe«, sagte Lars mit gespieltem Ernst.

»Wem sagst du das, mein Sohn.« Annina strubbelte ihm durch die Haare.

»Claus, sie zerstört meine Fönwelle«, winselte Lars.

»Ich liebe euch, Kinder! Es war eine göttliche Eingebung, hierher zum Essen zu fahren, und wie lange ist es her, daß ich euch ganz für mich allein hatte … Nehmen wir noch einen Espresso?«

»Wir woll'n 'n Eis, Mama«, quäkte Claus wie in Kinderzeiten, und Lars nickte.

Nach dem Espresso fuhr Lars wieder nach Schaernlach, und Annina und Claus kehrten wieder zurück in die Klinik.

»Am Wochenende kommt dein Onkel Winnie mit Frau und Kindern nach Schaernlach. Wenn du magst, komm doch mit Sophie und den Kindern auch zum Essen.«

»Diese Großfamilie, immer ist irgendwo irgendwas los. Ruhe hat man vor euch allen nie, und das ist sehr gut so, Mamina.«

Claus griff nach der Hand seiner Mutter und küßte sie.

»Ich möchte ein Bademantelwochenende, nur Ruhe und Gemütlichkeit«, erbat sich Sophie.

»Darf ich denn wenigstens dabei sein, ich habe auch einen Bademantel«, sagte Claus gespielt schüchtern.

»Du wohnst doch hier, was bleibt mir anders, als zuzustimmen.« Mit gespielter Verzweiflung breitete Sophie die Arme aus.

»Recht so, Frau Bernbacher. Brav!« Claus nickte. Er warf ihr aus dem Handgelenk ein seidenes Kissen vom Sofa zu, das Sophie lässig mit links auffing.

»Wer schwangere Frauen mit Seidenkissen bewirft, ist zur Wochenendfron verdonnert. Inklusive Frühstück ans Bett.«

Erhobenen Hauptes stolzierte sie aus dem Zimmer.

»Mach ich alles, aber vorher bringe ich Edith und die Kinder nach Schaernlach.« Mit drei Schritten war er bei Sophie. »Ich wollte dir nur sagen, ich bin glücklich, du anspruchsvolle Person.«

»Ich auch, nun mach, daß du wegkommst, damit du gleich wiederkommst. Abflug, Bernbacher!« Sophie wedelte ihn zum Ausgang.

Nach einem kleinen Abendessen bei Kerzenlicht hatten Sophie und Claus es sich in den Polstern bequem gemacht. Claus las, und Sophie sah ein bißchen fern.

»Wie wollen wir unser Kind nennen, Cläuschen, gesetzt den Fall, es wird ein Mädchen?« Sophie schmuste sich in seine Armbeuge.

»Wie, na ja, wieso meinst du, es wird ein Mädchen?«

»Könnte doch sein.«

»Was würdest du meinen, hast du schon darüber nachgedacht?«

»Ja, wie findest du Luise oder Elisabeth?«

»Nee, nee, das wird dann Lizzy oder, noch schlimmer, Sissy.«

»Vielleicht Josephine, französisch ausgesprochen, oder Eugenie …«

Ein Starkstromstoß durchfuhr Claus. Er sprang auf. »Niemals heißt eines meiner Kinder Eugenie. Wo kämen wir da hin.« Er rannte aufgeregt im Zimmer auf und ab.

»Ich weiß gar nicht, was hast du gegen Eugenie, es hört sich sehr weich und zärtlich an. Die Frau von Napoleon dem Dritten hieß auch Eugenie.«

»Mir doch wurscht, äh, nein, nicht wurscht, ich will sagen, der Name ist doch, ist doch … Käse, jawohl Käse.«

»Hattet ihr eine schreckliche Eugenie in der Klasse, so eine mit Zahnspange, Pickeln, und gepetzt hat sie auch noch?«

»Wie kommst du darauf?«

»Na, man könnte den Eindruck gewinnen, der Name bereitet dir ein fast körperliches Unbehagen, dabei finde ich ihn schön … Eugenie«, flötete sie sanft.

»Thema durch, ich hole mir ein Glas Rotwein, für dich auch eins, Sophie?«

»Ein ganz kleines, bitte ja.«

Der Film im Fernsehen war zu Ende, und der Abspann war mit dem Song *J'attendais* von Celine Dion unterlegt.

»Hör mal, Claus, erinnerst du dich an die Melodie? Haben wir bei Kay gehört …«

Claus stand mit den beiden Gläsern vor seiner Sophie, legte seinen Kopf zärtlich an den ihren, und beide wiegten sich zu der schmusigen Musik …

Die Morgensonne blinzelte durch die Vorhänge, und im frischen, zaghaften Grün der Bäume zwitscherten die Vögel um die Wette. Claus war damit beschäftigt, Sophie das versprochene Frühstück zu bereiten.

»Sophie, Liebling, was willst du zum Frühstück?«

Aus dem Kissenberg trompetete die glückliche Sophie nach unten: »Drei Fabergé-Eier! Und keinen Toast!«

*

Bleibt noch zu erwähnen, daß in der Nacht vom sechsten auf den siebten Juli in Starnberg Hetty Elena Bernbacher geboren wurde und in Schaernlach eine kleine schwarze Katze zugelaufen ist.

Ich bedanke mich bei

Dr. Alex Baumer (Chirurg)
und
Dr. Ulrich Reuters
(Plastisch-ästhetischer Chirurg), Hamburg

Luise Dachs,
Arbeitsamt Freising/Weihenstephan